精神科医が教える

50歳からの時間の使い方

保坂隆

セカンドライフがうまくいく！

新星出版社

prologue

時間と向き合うと、セカンドライフが見えてくる

50代になったら、第二の人生、セカンドライフの過ごし方を考え始めましょう。

人生100年時代、仮に100歳まで生きるとすると、50歳から100歳まで50年あります。

あるいは、もう少し現実的に「健康寿命」（＊1）で考えた場合、50歳の男性で約22年、50歳の女性で約25年（＊2）あります。

22年って、時間にすると何時間でしょう。

24時間×365日×22年＝19万2720時間

いかがですか。50歳を過ぎると「もう年だから」などと口にしがちですが、実はまだまだこんなにたくさんの時間がありま す。この時間に何をするのか、どう過ごすのかがセカンドライフの人生を決めるのです。

＊1 健康寿命とは「健康上の問題で日常生活が制限されることなく生活できる期間」のことをいい、2019年の健康寿命は、男性72・68歳、女性75・38歳となっています（厚生労働省のe-ヘルスネットより引用）。

＊2 ここでは男性の健康寿命72・68歳を72歳、女性の健康寿命75・38歳を75歳として計算しています。

充実した時間を過ごすには、「こんなことをやりたい」「こんな生活をしたい」などと、イメージすることが大切です。

セカンドライフにあなたは何をしたいですか。どう生きたいですか。

まずは思い浮かぶことを自由に書き出してみましょう。

うまく書けない人、頭に浮かばない人は、30ページをヒントにしながら、29ページの「やりたいことリスト」に書き出してみるといいでしょう。

何をしたいのか＝何に時間をかけるのか

頭にぼんやりあった「やりたいこと」を書き出すことで、セカンドライフでの優先順位がおのずと見えてきます。

ところで。

「時間」ってなんでしょう？

時間について、あなたが知っていることはなんですか。また、「時間」について考えたことはありますか。

思いつくままに書いてみてください。

時間について知っていること、感じていること

-
-
-
-
-

時間ミニ知識

生き物には体内時計がある！

体内時計とは、生き物に生まれつき備わっている時間を測定する機能のこと。人間はもちろん、動物や植物などあらゆる生物が専用の時計を体内にもっていて、睡眠周期などに影響を及ぼしています。体内時計の周期は平均で24時間12分とされていますが、個人差があるようです。

楽しい時間はあっという間に過ぎる！

楽しい時間は短く、つまらない時間は長く感じた経験は、誰でもあるでしょう。心理学の実験によると、時間が長く感じられるのは、時計を見るなど時間経過に注意を向ける機会が多いことが影響しているからなのだとか。ほかにも、恐怖を感じた場合は、実際より長く感じることがわかっています。

「時間」の正体に迫った偉人

「時間」とは何か。古代から現代まで、多くの研究者たちがその謎に迫ってきました。代表的な人物を紹介します。

ガリレオ・ガリレイ

初めて望遠鏡で天体を観測し、「地動説」を唱えたイタリアの科学者。「振り子の等時性」「落体の法則」を発見。

アイザック・ニュートン

「万有引力」を発見したイギリスの科学者・数学者。「絶対時間」と「絶対空間」を基礎にニュートン力学を作り上げた。

アルベルト・アインシュタイン

「相対性理論」を発見したドイツ生まれの物理学者。

ちなみに古代の人は天体の動きを時間の基準にしていたといわれています。

さて、あなたにとって、ワクワクする時間は何をしているときでしょう。

今までと同じことをしていると、年を重ねるごとに、何かにときめく時間は少なくなります。

でもワクワクする趣味や学びの時間をもつことは、充実したセカンドライフを過ごすうえで欠かせません。

充実したセカンドライフにするかしないかは、50代の過ごし方次第。新しいことを始めたり、新しい人間関係を築いたりして、ワクワクする時間を見つけましょう。

はじめに

近年、日本人の平均寿命は世界最高水準になり、今や人生１００年時代ともいわれるようになりました。しかし、健康寿命という概念が定着するにつれ、70歳代になった健康寿命（人のお世話にならない健康な年代）を少しでも延長するよう努力しつつ、この時期の人生を充実させてセカンドライフの意義を考えていこうとするのが本書の狙いです。

私は人生のコアの部分は30～40代だと思っています。この時期はプライベートでは結婚があったり、子どもが生まれたりし、仕事面でも手応えが生まれ、充実感や満足感が出てくるなど、忙しい毎日が続きます。「突っ走る」感じで過ぎていきますが、50歳を過ぎてから振り返ると「自分の人生のできごとの重要な要素がぎっしり詰まっていた時期だったなあ」と思うのです。

私は以前から50歳代には特別な意味があると思っています。それは50歳を過ぎた頃から、急に『同窓会』の通知が届くようになるからです。子どものことでは一段落ついて、仕事上でも一段落、と言うか、余裕が出てくる時期だからでしょうか、同窓会の出席率はとても高いです。だから同窓会などを通して『正しい自分史』をつくるのが50歳代の課題だと思うようになりました。そしてその『正しい自分史』ができて、人はめでたく「還暦」を迎えられるのではないかと思っています。

50歳から「第二の人生」、セカンドライフの準備が始まります。

本書もここから始まり、50代の時間の有効な使い方を軸に、仕事との関わり方、家族とのつきあい方、脳の活性化、心の癒やし方、社会貢献など、セカンドライフを充実させるためのテクニックを紹介していきます。

「いよいよおもしろい」時代になっていきます。皆様もご一緒にセカンドライフが始まる「幕間（まくあい）」に一歩進み出しましょう。

保坂サイコオンコロジー・クリニック　保坂 隆

第1章 セカンドライフの準備は50代から始めよう！

第2章 充実したセカンドライフのために。50歳からの賢い時間の使い方、考え方

第3章 50歳から習慣にしたい、毎日が充実する過ごし方

第4章 セカンドライフが楽しくなる50歳からの心がけ

主な参考文献

『50代から「楽しい老後」の準備をはじめなさい』（KADOKAWA／中経出版）／『図解 50歳からの人生が楽しくなる生き方』（ディスカヴァー・トゥエンティワン）／『精神科医が教えるちょこっとズボラな老後のすすめ』（三笠書房）／『精神科医が断言する「老後の不安」の9割は無駄』（KADOKAWA）／『精神科医が教える60歳からの人生を楽しむ孤独力』（大和書房）／『人間、60歳からが一番おもしろい！』（三笠書房）

第1章

セカンドライフの準備は50代から始めよう！

50代に入ったらセカンドライフを意識することが大切です。そして具体的に準備を始めること。先んじて動くことで、定年後、新しいステージにすんなり移行できます。

01

充実したセカンドライフを過ごすコツは、50代の過ごし方が鍵に。今から、準備をスタート

老眼や体力の衰え、記憶力の低下など、老化による衰えを自覚し始める50代。「老後」という言葉が現実味を帯びて迫ってきているのではないでしょうか。その一方、将来について質問すると、「元気なうちは働いていたい」「趣味を楽しみながらのんびりしたい」など、どれも漠然とした答えばかりなので、その後の人生を具体的にイメージしている人は少ないようです。

でも、考えてみてください。**日本の平均寿命は80歳を超えていますから、65歳で定年を迎えたとしても、その後の人生は15年以上あります。**これは、老後という言葉でひとくくりにして漠然と暮らすには、余りある時間といえます。

そうであるならば、何もしない手はありません。**定年後のセカンドライフは、今までできなかったことを実現するステージと考えましょう。**

衰えを自覚し始めたとはいえ、50代はまだまだ元気です。人生経験を積んできた分、心身ともに成熟している時期ともいえます。人にもよりますが、子どもが自立し、金銭、時間、精神的なゆとりも出てくるでしょう。**つまり、50代は、充実したセカンドライフに向けて準備をスタートする、絶好のチャンス。**家族がいる人は、家族ともよく話し合っておきましょう。

セカンドライフへの準備を進めるにあたり、まずチャレンジしたいのが、26ページからの「ワークブック」です。「やりたいこと」や「やっておきたいこと」を紙に書き出すことで、自分が本当にやりたいことが明確になり、定年後の生活もイメージできるようになります。このとき、「自分史」をつくるのもおすすめです(23ページ)。「ワークブック」を書き終えた後は、それに向けて行動を起こしましょう。

大切なのは、準備のための時間をもつこと。平日の就寝前の30分、お昼休みの15分、週末の1時間などいつでも構いません。今の生活と並行しながら、着々と準備を進めていきましょう。

column

人生を振り返り、自分史をつくりましょう。セカンドライフの課題が見えてきます

還暦とは文字通り生まれた年（の干支）に還ることで、いわば人生の再スタート。**その還暦を目前に控えた50代は、一度立ち止まって人生を振り返るときです。**このとき、ただ漠然と振り返るのではなく、自分史をつくってみるといいでしょう。

自分史をつくる時間は、本来の自分を取り戻す時間。書き出すことで、忘れていたできごとや、そのときに感じたことも思い出されるでしょう。その結果、自分の長所、短所、やり残したこと、本当にやりたいことなどが明確になり、**セカンドライフのテーマや課題が見えてくるのです。**

自分史をつくるうえでよい機会になるのが、同窓会。人によって記憶しているこ

とが違いますから、話すことで記憶がより鮮明になります。また、旧友と語り合って気づくのが、思い出は美化されるということ。「オレ、サッカーの練習、毎日がんばってたよな」と言ったら、「おまえ、いつもサボってたじゃないか」と返されたり、「修学旅行、楽しかったよね」と言ったら、「えっ！　あなたと○○さんがケンカして空気が最悪になったじゃない」と返されたり、驚くことはたくさんあるはずです。**同窓会は、美化された自分を本来の自分の姿へ戻す作用もあるのです。**50代は同窓会の通知が増える時期ですから、ぜひ、参加してみましょう。

なお、**「自分史」をつくることは、26ページからの「ワークブック」をつくるうえでも大きな手助け**になります。なぜなら、これまでの自分を振り返ることで、自分は本来どんな人間なのか（どんな性格なのか）、何が好きなのか、何を望んでいるのかなどが、明確になるからです。あまり難しく考えず、楽しみながらつくってみてください。

自分史のつくり方

①同窓会に出席したり、昔の友人と話したりするなかで、過去の自分を思い出す。また、テレビや映画を見たり、小説などを読んだりするなかで、昔の自分と重なる部分を思い起こし、メモをとっておいてもよい。

②ノートを用意し、生まれてから現在までのできごとや体験、当時考えていたことを時系列で書く。このとき、自分を主人公にして小説風にまとめたり、絵が得意な人はマンガ風にまとめたりしてもＯＫ。

③②をじっくり見ながら、自分の考え方や行動パターン、特徴などを再認識する。

自分史をつくるポイントは、あくまでも事実を書くこと。本来の自分を知ることが目的ですから、当然といえば当然なのですが、人は過去の自分をつい理想化しがちです。その点もしっかり認識し、客観的視点で書くようにしましょう。

セカンドライフがより鮮明になるワークブック

頭の中に漠然とあることは、書き出すことで鮮明になり、現実味を帯びます。さっそくチャレンジしてみましょう。

WORK 1

定年までの時間を確認してみましょう

２０２１年4月に施行された「改正高年齢者雇用安定法」により、70歳まで働ける環境が整いました。しかし、60歳や65歳でいったん定年を迎える人も少なくないでしょう。あなたは定年まであと何年ですか。

仮に大学を卒業した22歳から定年の65歳まで働くと仮定すると、労働年数は43年。現在の年齢を52歳とすると、残りの労働年数は、65－52＝13年。

13年がどのくらいかを実感するためには、43年を1としてその比率を見てみるといいでしょう。13÷43＝0・302＝30・2%。つまり、定年までの13年は、全体の3割程度になります。

この時間をあなたはどう過ごしますか。定年後に後悔しないためにも、今からアクションを起こすことが大切です。28〜33ページおよび74〜83ページのワークも活用し、具体的に考えていきましょう。

時間のふしぎ

大人になると時間が短く感じるわけ

「年を追うごとに、時間の経過が早く感じられる」と思う人が大半ですが、この答えの一つが「ジャネーの法則」にあります。「ジャネーの法則」は、19世紀のフランスの哲学者ポール・ジャネ（1823-1899）が発案したもので、「体感時間は、それまで生きてきた時間に反比例する」と説明されています。つまり年を追うごとに、体感として時間が短く、早く過ぎるように感じられるようになるといわれているのです。

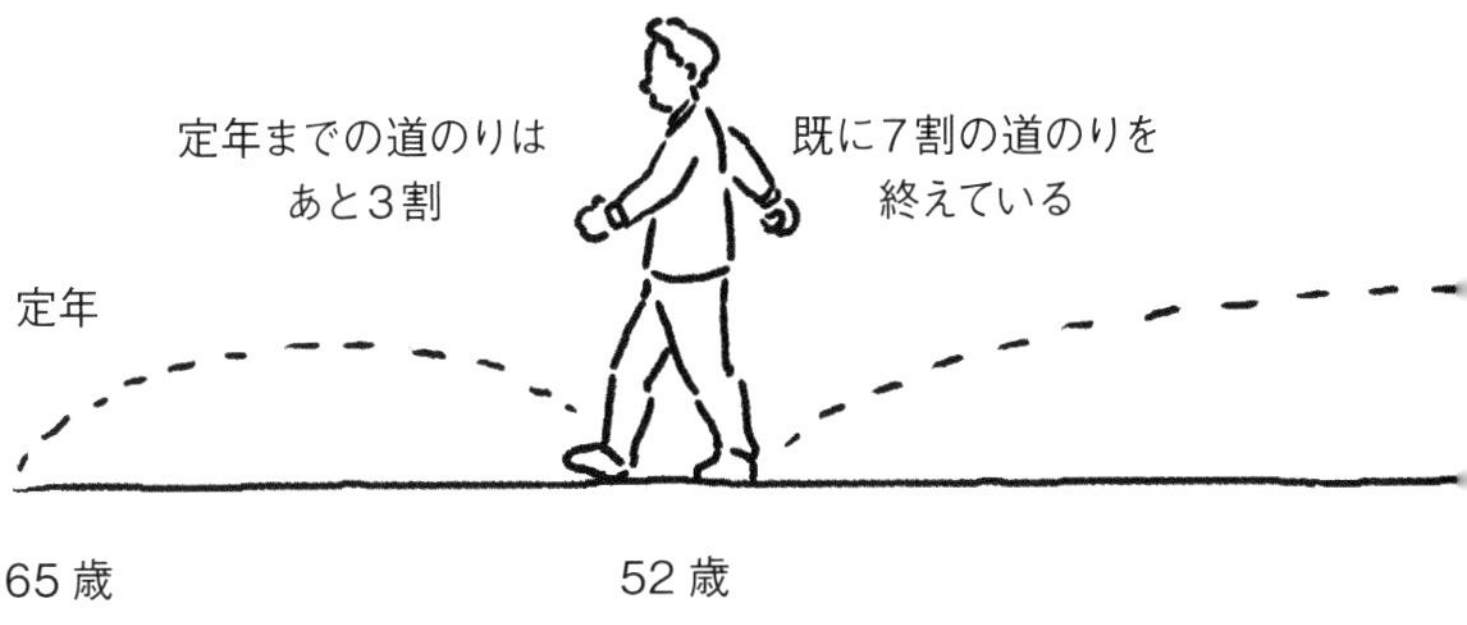

定年までの道のりはあと3割

既に7割の道のりを終えている

定年

65歳

52歳

WORK 2

セカンドライフで「やりたいこと」を書き出してみましょう

定年後、セカンドライフに入ったら好きなことを楽しむ時間がたっぷりあります。あなたの「やりたいこと」はなんでしょう？　まずは自由に書き出してみましょう。

このとき、実現できるかどうかは気にしなくてＯＫ。思いつくままに書き出してみましょう。

次に今から始められそうなことには、○をつけてみましょう。セカンドライフを待たずにスタートできることは、たくさんあるはずです。

視覚化することで、具体的なイメージが湧き、「今から始めてみようかな」と思ったらしめたもの。定年に先んじてスタートが切れます。

セカンドライフでやりたいこと

- 社会貢献
- 旅行
- 料理
- 起業
- 映画鑑賞

セカンドライフでやりたいこと

-
-
-
-
-
-
-
-
-
-
-
-

セカンドライフでやりたいことを見つけるヒント

やりたいことを書き出そうとすると、何も思い浮かばないという人も少なくありません。そんな人のためのヒントが次の３つです。お風呂あがり、晩酌しながら、寝る前など、心身ともにリラックスしているときに行うのがおすすめです。

①がんばって考えない。かかる費用や結果がどうなるかなど突き詰めて考えず、純粋に気になることや興味のあることをピックアップする。
②子どもの頃に好きだったこと、仕事を始めてから諦めたことなどを思い出す。
③やらないと後悔するのは何かという視点でも考えてみる。これまでやらなくて後悔していること、やらないと後々後悔しそうなことを考えてみる。

また、やりたいことのリストは、折に触れて更新していくといいでしょう。書き出すことが習慣になると、気持ちもワクワクして、セカンドライフが楽しみになるかもしれません。

WORK 3

50代で「やっておきたいこと」を書き出してみましょう

「やりたいこと」の次は、50代のうちに「やっておきたいこと」を書き出します。たとえば、家事を覚える、近所づきあいを始めるなど身近なことから、資格の取得や独立、住み替え、リフォーム、財産の整理などです。本章も参考にしてください。

実行に移すときは、時間や体力、気力が必要なことを優先的にピックアップするといいでしょう。また、大まかな日程や期日、期間などを設けると、実現性がグンと高まります。

50代でやっておきたいこと

- [ ]
- [ ]
- [ ]
- [ ]
- [ ]
- [ ]

WORK 4

「今」と「定年後」で変化することを書き出しましょう

ここまで、セカンドライフでやりたいことや、やっておきたいことを見てきましたが、忘れてはならないのが、生活環境の変化です。現在と定年後では、生活圏、人間関係、収入、自身の健康など、様変わりします。

これらの変化は、頭でわかっていても、定年後に戸惑う人も少なくありません。今から紙に書き出し、客観的な視点で眺めてみましょう。可視化することで、定年後の生活の変化がよりリアルに感じられます。心の準備にもつながるので、ぜひ実践してみましょう。

＊「今」と「定年後」を見比べるために、下の例のように、「↓」で結んで書くといいでしょう。

生活圏の変化

例）会社 → 自宅周辺

-
-
-

人間関係

例）会社の知り合い→近所の人、友人、親戚

-
-
-

収入

例）会社からの給料〇円→年金△円、再就職先からの給料□円

-
-
-

健康、その他

-
-
-

02

セカンドライフの生き方を左右する、定年後の働き方と目的を考えておきましょう

10年後、あるいは定年後の仕事や働き方について考えていますか?

ご存じの通り、定年後の再雇用の報酬は、減額されることがほとんどです。業務内容は同じケースも多いですから、「やってられるか!」とやめてしまい、新たな雇用先を探す人も多いようです。ところが、ほかの企業への再就職は予想以上に狭き門。**運よく仕事を得たとしても、再雇用以上の待遇が得られる保証はありません。**実際、再雇用を辞退し、後悔した人を数多く見てきました。人間は同額の利益と損失があった場合、損失のほうが強く印象に残り、ダメージを受けるものです。このことは「プロスペクト理論」という行動経済学で証明されていますので、定年後の働き方や再就職は、くれぐれも慎重に考えてください。

定年までまだ時間のある**50代のうちに、再雇用ではどの程度の収入になるのか、今からきちんと確認しておきましょう。**また、再雇用の収入が生活資金のためなのか、趣味を充実させるために必要な資金なのか、収入ではなく働きがいがほしいのかなど、**働く目的を考えておく**ことも必要です。生活資金として不十分なのであれば、ダブルワークを視野に入れる、新しい仕事に挑戦したい人は今から必要な資格を取得して転職や起業を目指すのも一案です。働きがいがほしいのであれば、再雇用は辞退してシルバー人材派遣センターなどに登録し、ボランティアとして活動する方法もあります。

ほかにも、人生を楽しみながらほどほどに仕事もするワークシェアリングやコラボワークという働き方もあります。様々なニーズに応えたネットワークが広がっていますから、**多様な働き方を調べておきましょう**。

セカンドライフを快適に過ごすには、社会と接点をもつことが鍵で、働くことはそれをかなえる早道です。定年後の再就職は、目先のお金だけにとらわれず、社会とのつながりをもつ機会を与えられたことに感謝する気持ちで考えてみましょう。50代の今からどう生きたいのかを考えて、準備を始めるといいですね。

03

成熟した知識や多くの経験をもち、体力・気力もある50代。学ぶこと自体を目的に学び始めましょう

学生時代はもとより、40代までの学びは、試験のため、進学のため、就職のため、キャリアアップや転職のためなど、将来の夢を実現することが目的だった人が大半でしょう。つまり、学ぶことそのものが目的ではなかったということです。しかし、学ぶことはそれ自体が素晴らしいことです。学ぶことで世界を広げ、知識を深めることができれば、人生はより実りある幸せなものになるからです。

そこで50代の方には、「学ぶこと自体を目的に学び始める」時間をもつことを強くおすすめします。学ぶこと自体を目的にすれば、テーマを純粋に選ぶことができるのはもちろん、学びが義務ではないので楽しんで勉強することができるはずです。

なぜ50代の方に「学ぶこと自体を目的に学び始める」ことをすすめるかというと、50代になると、仕事もある程度先が見えて自分のペースを守れるようになり、物理的にも精神的にもゆとりが出てくるからです。また、経験を積んだ分、**物事を深く見ることができるようになっているので、同じことを学んだとしても、若い頃には**

気づけなかった物事の本質を読み取ることができます。

それは、10代に読んだ本を読み返したときなどに、きっと感じたことがあるはずです。また、何かのニュースなどに触れたとき、「あれはそういう意味だったのか！」と、あやふやだったことが急に腑に落ちた、という経験もあるのではないでしょうか。いつもそのことを考えていたわけではなく、むしろ忘れていたはずのことなのに、なぜか突然思い出す――。これは脳には過去の記憶や経験が蓄積され、忘れたはずのことであっても、無意識レベルで残っているからなのでしょう（もちろん、脳の構造は、現代医学でもすべて解明されたわけではありません）。

学ぶことは、こういった記憶や経験を呼び覚ますきっかけにもなり、途切れていた情報がつながり、知識のネットワークが縦横無尽に広がっていく可能性を秘めています。言い換えれば、記憶や経験は学びの種。種が多い分、**若い頃より50代のほうが学びの効果は高い**わけです。これこそ50代で学ぶ意義であり、年を重ねてきたことの意義でもあるのです。ちなみに、最新の脳科学研究によると、脳はいくつになっても進化を続けるそうですよ。

「脳が進化し続ける」と聞くと、では60代から学び始めてもいいのではないか、と思いたいところですが、残念ながら還暦を過ぎると気力や体力がだんだんと衰え、集中力が続かなくなります。その点からも、「学ぶことそのものを目的」にした学びは、50代からスタートするのがベストです。**50代の10年間は、人生において特別な時間なのだと肝に銘じてください。**

50代で学び始めることは、セカンドライフでの新しい仕事や生きがいを見つけるきっかけにもなるでしょう。また、脳が活性化されれば認知機能低下の予防になり、生きがいがあれば「キレる老人」とも無縁でいられるでしょう。

しかし、これはあくまで二次的なメリットです。**50代では「学ぶことそのものを目的」にすることで、より実りある人生がひらけることを心にとめておきましょう。**

04

退職後を想定して、アドレス帳や名刺を整理。セカンドライフの人間関係を見直す大切な時間になります

スマートフォンや携帯電話、手帳には、何人の連絡先が登録されていますか？その中に仕事の関係者は何人いるでしょう？　今は主に仕事を軸にしたコミュニティに所属しているわけですから、仕事関係者が多いのは当然。そして、飲み会やゴルフなど、頻繁に誘い、誘われる相手もいることでしょう。**ただし、退職後も同じとは限りません。仕事上の関係がなくなれば、縁が切れてしまう人がほとんどです。**そのまま残しておけば、無駄に容量や労力を消費しますから、定年後は削除することをおすすめします。でも、それはちょっと乱暴ではと思われますか？

以前、大手商社の常務にこのアドバイスをしたことがあります。親分肌で交友関係も広かったその方は、「とんでもない！　培った人間関係こそ私の財産。社内外を問わず多くの方から慕われていると自負していますから」と、おっしゃいました。

ところが、いざ定年になったら、あんなにあった誘いはぷっつり途絶え、年賀状は4分の1以下になってしまったそう。後日、「あなたのアドバイス通りでした。でも、聞いておいてよかった。それがなかったら私の人生はなんだったのかと、もっとショックを受けたことでしょう」と、連絡がありました。

いかがですか？　そもそも仕事を通じての関係ですから、人望があろうとなかろうと、関係が切れるのは必然。ショックを受けて精神的なダメージを負う必要などないのです。むしろ、**セカンドライフを快適に過ごすために必要な棚おろしだと思えば、精神衛生にもプラスに働きます**。

連絡先の中には、趣味が同じで仕事抜きに意気投合した方や、年賀状だけでつながっている旧友もいるでしょう。顔を思い浮かべながら、将来も関係を続けていきたいか、定年を区切りに関係を断つか、今から考えておきましょう。**退職後の人間関係が見えてくるはずです。**

ちなみに、**名刺も同じです**。残しておいても自慢の種にしかならず、もし自慢の種にすれば間違いなく嫌われます。スッパリ処分しましょう。

column

骨休めの期間は決めておきましょう。休みが長すぎると体調不良になることも

学校を卒業して以来30年以上、ずっと働き詰めだったのですから、**定年後は少しくらいの骨休めは必要**です。実際、多くの人がしばらくのんびりしたいと思うことでしょうし、心身ともにリフレッシュできれば、満を持してセカンドライフのスタートが切れることでしょう。

ただし、この骨休めは「少しくらい」にとどめておくことが大事。「しばらく」「いずれは」などと言ってダラダラしていると、やがてそれが日常になり、あっという間に10年たってしまった！　なんてことも、あながち大げさなことではありません。

なぜなら、年をとればとるほど、時間は短く感じられるからです。これは27ページ

でも述べた心理学者のジャネが解明した「ジャネーの法則」といわれる心理的事実です。また、最初は「ゆっくり休んでね」と言ってくれていた家族からの視線も冷たくなり、**休みが長くなるとやる気がそがれ、脳も停滞し、生きる意欲さえ見失ってしまい、老人性うつを発症する**場合もあります。つまり、骨休めのつもりが骨抜きにされてしまうのです。そんなことになったら、楽しみにしていたセカンドライフも台無しですので、50代の今から、**骨休めをするかどうかも含め、期間を考えておきましょう**。また、骨休めの時間はセカンドライフの準備期間と捉え、のんびりするだけでなく、スキルを磨く、リサーチするなどの時間に充てるといいでしょう。

休む期間はできれば3か月以内、どんなに長くても6か月以内にし、次の仕事なり、ボランティアなり、活動を始めてください。求職活動をする場合は、休めば休むほどライバルが増えてきます。脅かすわけではありませんが、望む職に就ける可能性が少なくなることも心しておきましょう。

05

家庭内での役割分担を見直してみましょう。存在意義が明確になり、家で過ごす時間が心地よくなります

年齢とともに家族の形や関係性はおのずと変わってくるもの。改めて家庭内での役割を見直してみましょう。**家族の一員としての立ち位置が明確になれば、家の中に居場所ができ、精神的に安定するもの。**また、役割があればそれを果たす時間ができるので、やがてくる定年後の生活リズムが乱れにくくなる利点もあります。

家庭での役割を見直す際は、男性、女性、父親、母親としてのステレオタイプな役割にとらわれず、独身時代に極めていた掃除、前から興味があった料理なども含め、自由で柔軟な発想で話し合ってもいいでしょう。新たな人生のおもしろさや、自身や家族の意外な長所を発見できるかもしれません。さらに、50代から始めれば、定年後はお手のものになっているメリットもあります。**もちろん、役割を見直すだけでなく、1日のスケジュールに「新たな役割」を組み込むことが大切です。**

既に子どもが巣立っている場合は、二人の時間を取り戻すよいタイミングです。

「パパ・ママ」の関係から卒業し、二人だけの関係へ。一緒に映画を観に行く、旅行に出かけるのもいいですね。子どもと一緒に暮らしている場合も、いずれくるその日に備えておきましょう。**ただし、相手の気持ちを確かめることが大切。**自分勝手に暴走しては、逆効果になることもあります。

ところで、長く子育てを最優先にしてきた女性は、「ああ、もう私は必要のない存在なのだ」と、自分の価値を見いだせなくなり、抑うつ症状が起こりやすい傾向にあります。家族のためにとせっせと働いてきた男性も、ある意味同じ。定年を迎えれば、自分の役割は終わったのだと一抹のさびしさを感じるはずです。そんな気持ちは、夫婦だからこそ、誰よりも共感できるはずです。**今までの人生を振り返り、家族のために役割を果たしてきたその労をねぎらう気持ちでそれぞれの役割を見直し、併せて家での時間の使い方を見直しましょう。**お互いの存在を尊重し、いたわり合うことにつながります。

06

使わない子ども部屋はすっきり片づけて、夫婦の家へチェンジ。家にいる時間が充実します

定年を迎えると以前より家にいる時間が増えるので、**家族に気兼ねせずに自分の時間を楽しめる空間があれば、生活は格段に充実します**。書斎が無い場合は、子ども部屋の改造はいかがでしょう？　子どもが巣立った後、物置になっているケースもよくあることですが、これはもったいないこと。**家族のための家から夫婦、自分のための家へ、空間の見直しも始めましょう。**

同時に行いたいのが不要品の処分です。何が入っているかわからない戸棚、引っ越してきたときのまま放置されている段ボール、何年も聴いていないCDなど、心当たりはありませんか？　思い出の品をすべて捨てろとはいいませんが、必要最小限だけ残して思いきって処分し、どこに何があるか、管理しやすい状態にしておきましょう。加齢とともに体力も気力も落ちていきますから、後回しは禁物。捨てるのが心苦しい場合は、売る、寄附するという方法も検討してみましょう。

ちなみに、家のどこに何があるのかを把握できない状態は、精神的にも混乱した状態。**スッキリ処分して肩の荷を下ろし、ゆとりのある空間とともに心の自由を取り戻しましょう。**収納スペースは80％ほどモノが入った状態に抑え、床にはモノを置かない状態がベストです。きっと、あまりの快適さに驚くはずです。

一度スッキリ片づけたら、維持することも大切です。一つ新しいモノを手に入れたら一つ古いモノを処分します。そして節目ごとに見直し、徐々にシンプルにしていきましょう。**将来、後に遺された子どもたちからも感謝されること必至です。**

現在住んでいる家が夫婦二人には広すぎる、駅から遠い、坂が多いなど、高齢者には利便性が悪くなることが予測できれば、**思いきって適正サイズの住居に転居を考えるのも一案です。**掃除がラク、光熱費が節約できる、防犯効果が高いなど、セカンドライフを快適に過ごせる要素が揃っています。引越しも加齢とともに負担が増しますから、20年先、30年先を見越して早めに検討しましょう。

column

子どもとの同居はデメリットも多いもの。夢を見すぎず、冷静になって考えましょう

「親の面倒は子どもがみるのが当たり前」という考えからか、「老後は子どもと同居することが幸せ」と考える人がまだまだ多いようです。

でも、本当にそうでしょうか？　同居した子どもが共働きだった場合、家事全般や孫の面倒の担い手として期待されることが多いでしょう。子や孫はかわいいですし、頼られるのはうれしいですから、やぶさかではないかもしれません。しかし、それが毎日だとどうでしょう？ **せっかくの趣味を楽しむ時間はなくなりますし、体力的にも負荷が高く、金銭的負担も増えるかもしれません。**それに、子の配偶者はもちろんのこと、自分の子であっても親とは別人格。インテリアや食など、好みが一致するとは限りません。**ただでさえ加齢とともに頑固になる傾向にありますか**

ら、合わせるのはストレスフルでしょう。家事を分担する場合でも、それぞれにやり方があり、こだわりがあるものです。家事には正解がない分、それも大きなイライラの原因になります。

子どもが独身の場合も同じです。ひとり暮らしの高齢の知人が、娘と二人暮らしの友人に「さびしくないし、お嬢さんなら気兼ねもなくていいわね。うらやましいわ」と言ったところ、「とんでもない！ いちいち口うるさくてイヤになっちゃう。私こそ、自由なあなたがうらやましいわ」と返されたそうです。**ものごとは表裏一体ですから、どちらにしても不満はあるわけです。**そもそも、母親に対してやさしく献身的な娘など稀少な存在でしょう。

元気なうちならまだしも、介護が必要になったらさらに大変。子どもが献身的であれば申し訳ないという気持ちも膨らみ、金銭的にも精神的にも共倒れになる可能性が高いのです。同居はメリットとデメリットを冷静に比べ、判断しましょう。

07

両親の介護問題も老老介護問題も、今のうちに話し合っておきましょう。いざというとき慌てません

ご両親は健在ですか？　50代の親世代というと70～80代ですから、まだまだ元気で暮らしている方も多いでしょう。でも、油断は禁物です。**男性が80歳、女性は85歳くらいでしょうか。そのあたりを境にガクッと衰え、なんらかの介護が必要になるケースが増えてきます。**健康に問題がなくても、運転免許証を返納したことを境に、今まで通りの対応では事足りないことも出てきます。遠く離れて暮らしている場合は、なおさらです。今はきょうだいが少なくなっていますから、そうなった場合の負担は相当なもの。**両親が70代に入ったら、夫婦、きょうだいで話し合い、準備しておきましょう。**

話し合うべきことは、介護の費用や実際の世話の分担方法。そして、行政サービスの種類や受け方、施設の種類など、調べることも山ほどあります。そして忘れてはいけないのが、両親の気持ち。まだ元気なうちに聞いておきましょう。

ちなみに私は、親の介護は自分の配偶者を頼るのではなく、実子自身が担うべきだと考えています。その場合も、長男だから、ひとりだけ独身だから、一緒に暮らしているからなど、誰かに押しつけてはいけません。配偶者の協力を得るときも同じです。長男の配偶者だから面倒を見るのは当たり前、などと思ってはいけません。**必ず協力することが大切です。**

介護が大変なのは、子育てとは違って状況は徐々に悪化し、終わりが見えないから。もし、支援しかできないとしても、精一杯の謝意を伝えましょう。

この介護問題。いずれは自分の問題になります。一般的に女性のほうが長生きですから、女性が介護する立場になることが多いですが、思わぬ病やケガにより、男性が介護者になる場合も少なくありません。**お互いに、介護が必要になったらどうするか、今から話し合っておきましょう。**家事全般が不得意であることが多い男性の場合、その負担はさらに大きくなります。そのためにも、50代になったら配偶者任せにせず、ひと通りの家事はこなせるようにしておきましょう。

08

年に一度は、資金会議の時間をつくりましょう。経済状況が可視化され、セカンドライフの不安が解消されます

老後の不安として挙げられるのが、生活資金です。「老後資金2000万円問題」「老後破産」といったキーワードで煽られるのも不安になる大きな要因。生きている限りお金はかかりますから、人生100年時代なんていわれると、余計に暗澹（あんたん）たる気持ちになってしまうようです。

ところで、あなたは今ある資金や将来の年金支給額をきちんと把握していますか？ **不安がある人の大半は、具体的に把握していないといわれています。** つまり、不安なのは、わかっていないから。だからマスコミの情報に振り回されてしまうのです。必要なのは、不安に思うことではなく、**セカンドライフに向けてしっかりした資金計画を立てること**です。

まず、年金や資産などの収入額と、生活費や医療費、税金、保険料、ローンの残債といった最低限必要な支出額を表にします。これで、セカンドライフの経済状況が可視化されます。さらに、年に一度は夫婦で旅行したい、元気なうちは働きたいなど、どんなセカンドライフを過ごしたいかを夫婦でよく話し合い、それに必要な費用や予測される収入を割り出し、表に追加します。資金が不足する場合でも、何歳までは働こう、資格を取っておこう、住み替えを検討しようなど、準備や心構えができます。こうしてやるべきことや目標が明確になると、不安は解消します。**ぜひ1年に一度を目安に、夫婦でこの資金会議を行ってみましょう。**

もう一つやっておきたいことが、**銀行口座や証券会社との取引を一本化しておくこと**です。資金が一目瞭然になるほか、管理しやすい、融資が受けやすい、相続するときにも手間が減るなど、利点は数えきれないほどあります。夫婦それぞれに口座がある場合も、**情報は共有しておいたほうが安心**です。

やることをやったら、後は「ケ・セラ・セラ」の精神です。がんばって生きていれば、人間なんとかなるものです。

column

自分のお金は自分で使いきること。結果的に子や孫のためになります

少子化が進み、今の子どもは「6つの財布をもっている」などといわれます。孫はかわいいでしょうから、お小遣いをあげたい、様々な援助もしてあげたいと考えるのもわからなくはありません。

でも、ちょっと待ってください。**一番大事なのは、自身の老後資金。子や孫に頼ることなく、最後まで経済的に自立できるように資金を確保しておくことこそ、子や孫のためになります。**親の責任は子が成人するまでに果たしているわけですから、セカンドライフでは、自分が稼いできたお金は自分の生活を豊かにするために使いたいもの。

子や孫のことは、スタンドから応援するくらいのスタンスでいきましょう。

09

セカンドライフの活動の中心は、地域のコミュニティ。よい関係をつくるために挨拶から始めましょう

セカンドライフでは、活動の中心は仕事関係から地元のコミュニティに移ります。仕事上でコミュニケーションが重要だったように、**快適な時間を過ごすには、地域の人たちと上手にコミュニケーションがとれるかが鍵になります**。「遠くの親戚より近くの他人」ですから、「困ったときはお互いさま」といえる関係性を今のうちから地域で築いておきましょう。

そのためには、まずご近所から。とはいえ、いきなり自己紹介をする必要はありません。**やるべきことは、笑顔で挨拶です。**「おはようございます」「こんにちは」とにこやかに声を掛けてみましょう。挨拶された側も悪い気はしないものですし、笑顔は人の心を解きます。少し慣れたら、「今日は久しぶりに晴れましたね」「春らしくなってきましたね」など、お天気や季節の話題を加えます。繰り返すうちにすっかり顔見知りになり、話題も広がっていき、やがてはお茶をしたり、留守にするときは声を掛けあったりする関係性に発展していくでしょう。町内会や自治会の役員を買って出るのもいいですね。

ところで、会話に苦手意識をもっている人は、おもしろい話をしなければと構えすぎていることが多いようです。**「最近肩がよく凝るんですよ。やっぱり年ですかねえ」「駅前においしい寿司屋ができるみたいですね」など、たわいもないことでよいのです。**日常によくあること、同じ地域のことなどは共感を得られやすく、打ち解けやすいもの。会話は自然とつながっていきます。

気をつけたいのが、相手の心に土足で入り込んでしまうこと。「お子さんは独立されたのですか？」「ご主人は単身赴任ですか？」といった質問攻めや決めつけは厳禁です。お子さんに恵まれなかったかもしれないし、離婚された可能性もあります。必要以上に深入りしない適切な距離感とマナーを守ることが、良好な関係を築く秘訣です。もちろん、**一方的な自慢話や無責任な噂話もやめましょう。**

10

会社や家以外の行き場をつくって「定年難民」を回避しましょう。新しい行き場ができれば、刺激的な時間も過ごせます

「定年難民」という言葉があります。現役時代、仕事だけに邁進していたため**趣味がなく、会社に行く必要がなくなった途端、行き場をなくしてしまった高齢者**のこと。仕事で家庭を顧みなかったためか家にいても居心地が悪く、仕方なくパチンコやゲームセンター、図書館などに吹きだまっていることが多いようです。また、家族関係が良好だったとしても、ほかに行き場がないために何かと配偶者にまとわりつき、「濡れ落ち葉」などと呼ばれて辟易されている人の話もよく耳にします。

平均して15年以上もあるセカンドライフを、「定年難民」のまま過ごすのではもったいないと思いませんか？　国立長寿医療研究センターの西田裕紀子博士の調査によると、**行き場のない人は認知機能にもマイナスの影響を及ぼすそうです**。定年後を見据え、会社と家以外に、今から行き場をつくっておきましょう。

趣味を見つけることがおすすめですが、見つけられないという方は、カルチャーセンターや行政が行っている体験講習会などを利用して、興味がもてることを探してもいいですね。たとえば映画や落語鑑賞など、ひとりで楽しむ趣味ならば、劇場や寄席が行き場になります。昔と違い、最近はSNSを通じて同好の士と出会うことも容易ですから、**趣味を通じて仲間ができれば、会社と家族以外のコミュニティができ、それも新しい行き場になります**。

ほかにも、ボランティア活動に参加する、馴染みのお店をつくる、スポーツクラブに通う、あるいは、社会人講座などで学び直すのもいいでしょう。同年代、同性に限らず、しかも肩書や立場に頼らない人間関係は新鮮で刺激的で、学びも多いものです。**ポイントは自分本位で選ぶこと。**流行っているから、近くにあるからなど消極的な理由で選ぶと長く続かず、結局「定年難民」になってしまいます。

新しくできたコミュニティで**楽しい人間関係をつくるコツは、笑顔で接することと相手の名前を覚えること**です。肩書や経験をむやみに振りかざさず、フラットな姿勢で参加しましょう。

11

時間をかけて、「かかりつけ医」を探しておきましょう。今後の健康管理にも役立ちます

50年も生きていれば、人間誰しも体のどこかにガタがきます。何年も病院にかかったことはないという人も、これからはお世話になる確率が高くなるでしょう。また、人生はまだ折り返し地点ですから、**セカンドライフを快適に過ごすためには健康であることが最重要**。今までよりしっかりした健康管理が必要になります。

そこで鍵となるのが、相性のよい「かかりつけ医」を地元に見つけること。既にかかりつけ医がいる人も多いかもしれませんが、なんとなく通っていたり、会社の近くのクリニックに行っていたりする人も多いことでしょう。しかし、自宅から遠いと、退職した後は徐々に通院が難しくなっていきます。**50代のうちから、ぜひ、自宅の近くにかかりつけ医を見つけておきましょう。**今から通えば、体質や健康状態を知ってもらうことができ、また、信頼関係も構築されます。

ところで、相性がよい医師とは、どんな医師のことだと思われますか？　それはズバリ、**コミュニケーションが上手に図れる医師**のこと。こちらの状況をしっかり理解し、的確な診断をくだしてくれますし、症状や治療法をわかりやすく説明してくれると、こちらも安心して治療を受けることができますね。

相性は人それぞれなので、どんなに評判がいい医師でも、気が合わない場合もあります。だからこそ、**自ら探しておく必要があるのです**。「声のトーンが落ち着く」「穏やかな雰囲気が好き」といった、直感に従うのもいいでしょう。

反対に、すべてを老化のせいにして話をまったく聞いてくれない医師は言語道断。どんなに腕があっても、信頼関係は築けません。その点で、年齢が近い医師を選ぶのも一つのポイント。どんなに医学の知識が豊富でも、その年齢にならないと実感できないことがあるからです。

コミュニケーションは大切ですが、医師も忙しいですから、要領を得ない質問や、同じことを繰り返し聞くのは考えもの。聞きたいことはメモにして持参し、聞いたこともその場でメモをとるようにしましょう。

column

老後は体が資本。1年に一度は人間ドックを受けましょう

これまでも毎年、勤務先や自治体による健康診断を受けてきたことと思います。もちろん受けてきた意味はありますが、多くの場合、検査項目は必要最小限。老後は特に体が資本ですから、50歳の声を聞いたら、できれば**1年に一度は広範囲の検査が受けられる人間ドックを受けましょう**。さらに、**尿や血液でわかるがん検診、CTやMRI検査、それに脳ドックなども受けておくと安心**です。

また、病気には遺伝的な要因も関係しますから、両親やきょうだい、祖父母の死因や病歴を知っておくことも重要です。備えあれば憂いなしですから、**リスクが高い病気があれば、検査しておく**といいでしょう。病気になれば老後資金も圧迫されます。人間ドックや検査費用がかかったとしても、費用対効果は高いはずです。

第2章

充実した
セカンドライフのために。
50歳からの
賢い時間の使い方、考え方

セカンドライフを充実させるには50代の過ごし方が鍵。50代はどんなことに時間を使うとよいのかを考えるヒントやアドバイスをまとめました。1日のスケジュールの立て方から紹介します。

12

時間は意識しないと
あっという間に
過ぎてしまいます。
まずは1日の時間割を
つくることからスタート

第2章では、1日の時間の使い方を中心に考えていきます。

まず74ページからのワークに取り組んでみましょう。初めに現在の時間の使い方を確認します。次に、第1章で見えてきた**セカンドライフでやりたいこと、目標をかなえるために今すべきことを1日のスケジュールに組み込んでいきます。**

本章の84ページ以降には、50代でやっておきたいこと、考えておきたいことをまとめました。続く第3章では、セカンドライフに備えて、今から身につけておきたい習慣について紹介しています。**これらも参考にしながら、1日のスケジュールを立ててください。**

ポイントは、**スケジュールはあくまでも目安として考える**こと。その日にできなかったことは、次の日にやる。そんなふうに、柔軟に考えます。そう、50代になったら80％の力で余裕をもって物事に取り組む**「80％主義」にシフト**すればいいのです。

途中で投げ出したら目標はかないません。**細く長く続けていくことが大切です。**

セカンドライフの準備がうまく進む

ワークブック

50代の時間を賢く使いこなすためには、現在の1日のスケジュールや時間の使い方を確認することが大切です。円グラフに書いてみましょう。

WORK 5

現在の1日の時間の使い方を振り返ってみましょう

まず、現在の平日のスケジュールを書いてみましょう。「そんなことしなくても、毎日ほぼ同じスケジュールだから」と思うかもしれませんが、可視化することで何に（どこに）時間を使っていたのかが明確になり、そこから気づきが生まれます。これは、今後の1日の過ごし方を考えるうえで大きなヒントになります。

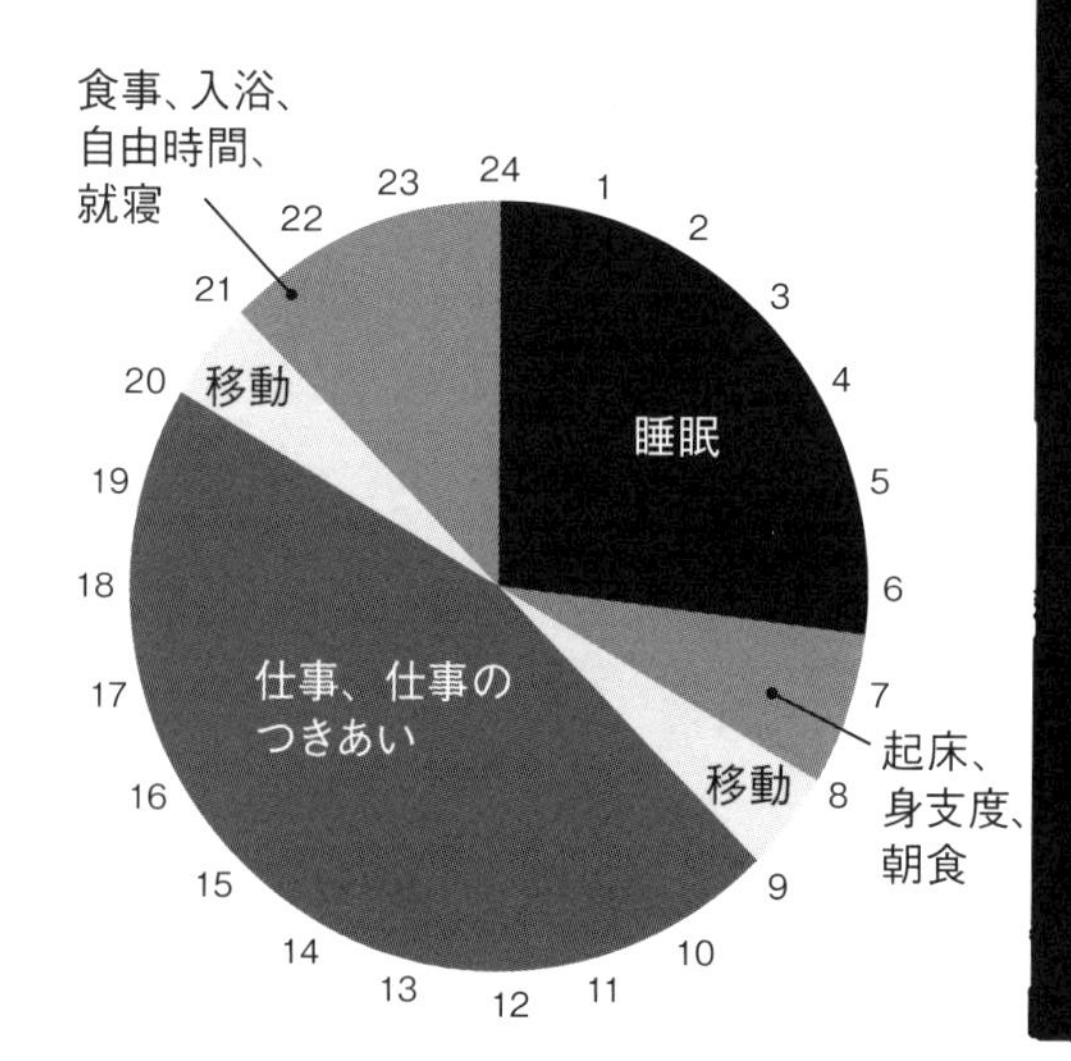

現在の1日のスケジュール

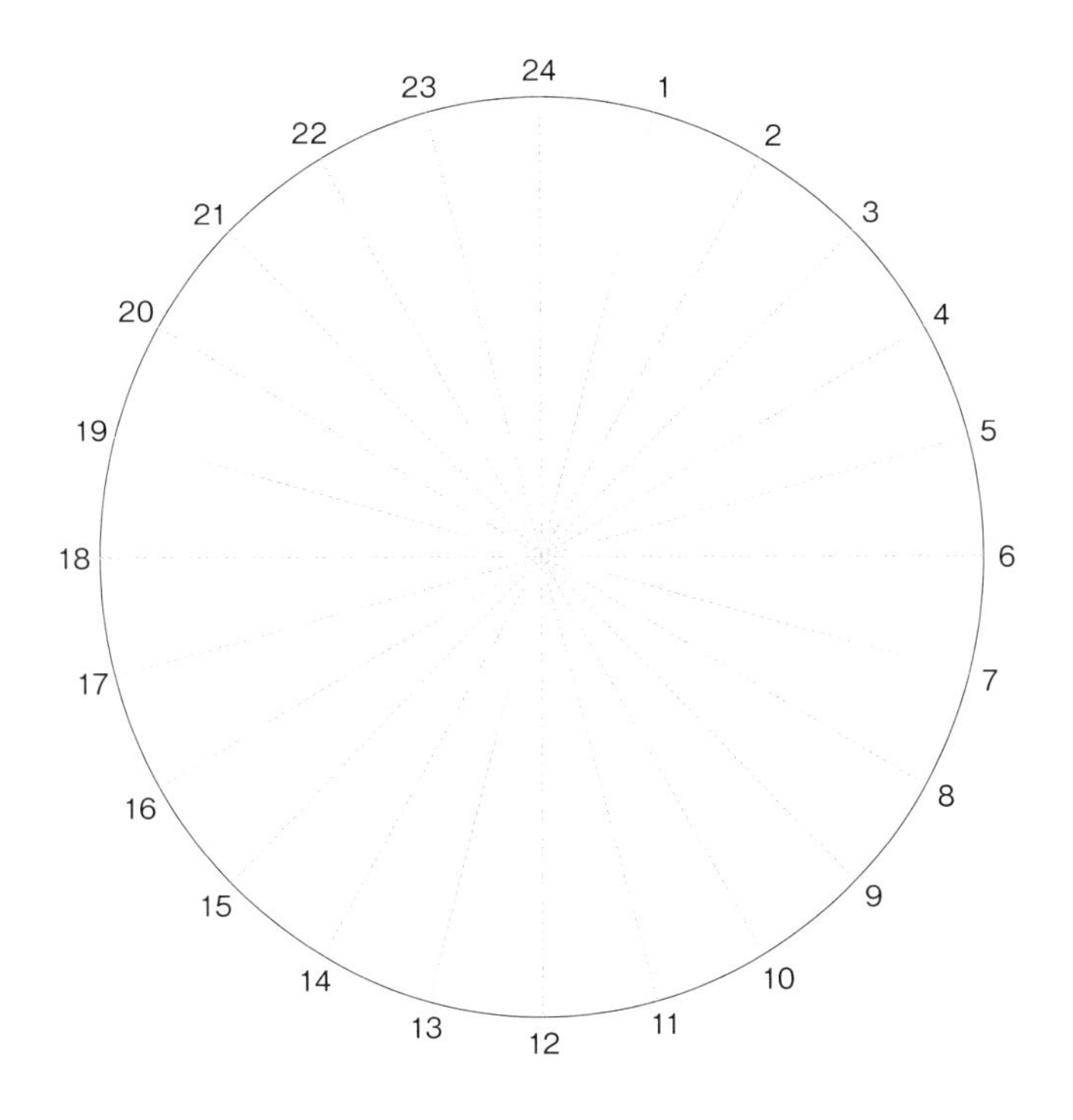

平日の他、休日のスケジュールも書いてみましょう。1日を自由に使える休日のスケジュールを俯瞰して見ることは、定年後の時間の使い方を考えるうえでも参考になります。

WORK 6

セカンドライフを見据えた1日のスケジュールをつくってみましょう

今度は、「定年後に向けた準備」を行う時間を組み込んだ、1日のスケジュールをつくってみましょう。項目を紙に書き出してから円グラフに移していくとスムーズです。

ステップ1 78ページまたは付箋に、**「やること」「やりたいこと」**などを書き出します。セカンドライフを見据えた勉強や習慣なども忘れずに書いてください。このとき、朝の身支度→毎日、資格取得の勉強→1日おきなど、頻度も書いておきます。

ステップ2 79ページの円グラフに、ステップ1の**「やること」**を書き移します。続けて**「やりたいこと」**を書き移し、スケジュールをつくります。

ステップ2の工程で、**「やりたいこと」**を書き入れられるスペースが思いのほか少ないことに気づくでしょう。そう、現役生活を送っている今は、「やりたいこと」に使える時間はごくわずかなのです。今まで漠然と使っていた時間が貴重に感じますね。

なお、**「やること」「やりたいこと」**には、旅行や年中行事などの年間計画的な内容も別途書き出しておきましょう（81ページ）。日々のスケジュールを更新する際に役立ちます。

1日のスケジュールのつくり方

ステップ1

「やること」「やりたいこと」を紙や付箋に書き出す。新しく始めたい趣味や勉強、習い事などすべて書く。

ステップ2

「やること」「やりたいこと」の項目を見ながら、円グラフに書き移し、スケジュールをつくる。週単位、月単位でスケジュールを立ててもいいでしょう。

1日に「やること」

- 例）睡眠、食事、身支度、仕事など
-
-
-
-
-

1日に「やりたいこと」

- 例）英語の勉強、プチ筋トレなど
-
-
-
-

平日の1日のスケジュール

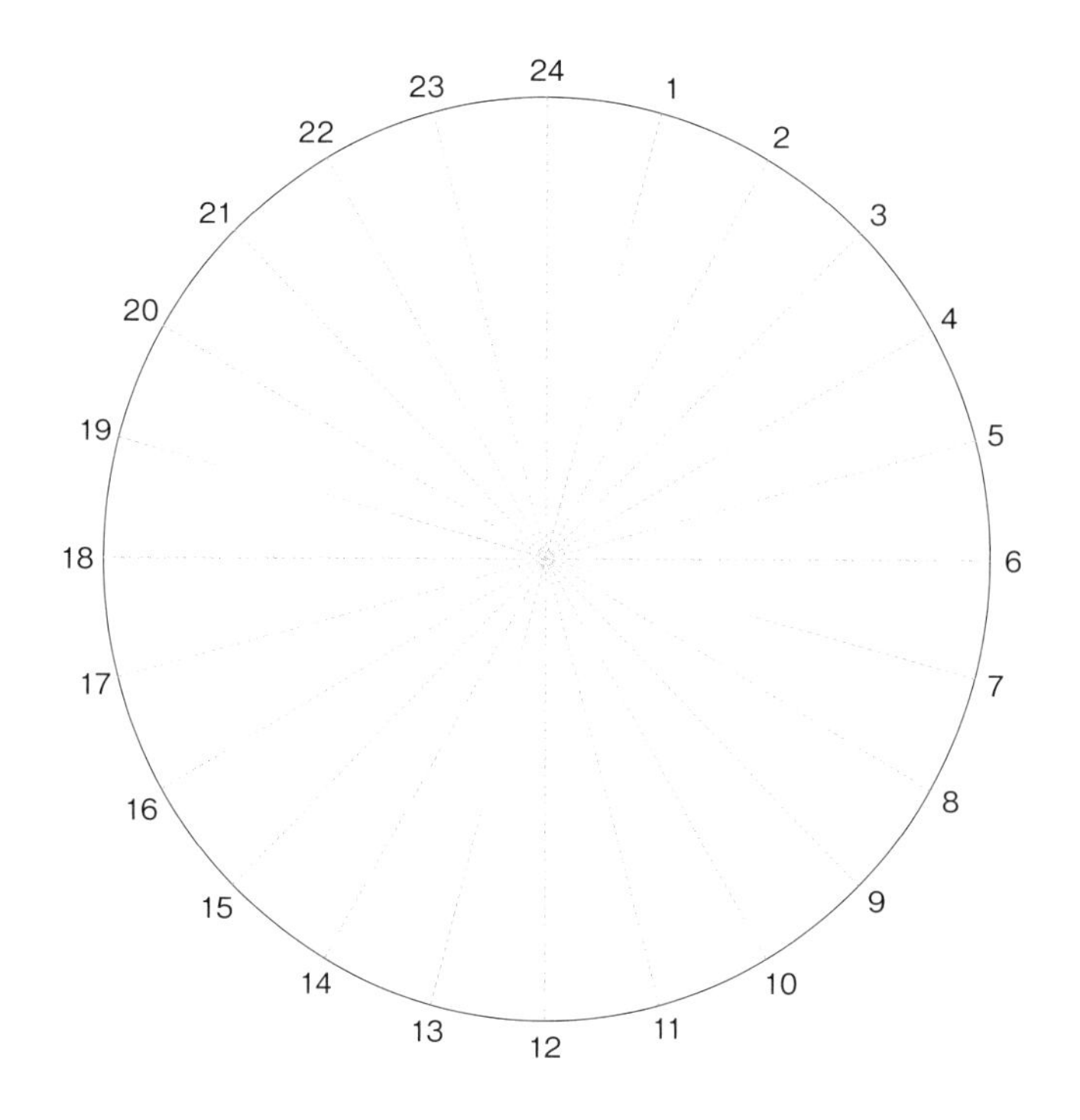

自分の生活パターンに合わせていくつかつくってみるのもおすすめです。また、休日のスケジュールもつくり（p.80）、1週間単位で考えると、余裕をもったスケジューリングができます。

休日の１日のスケジュール

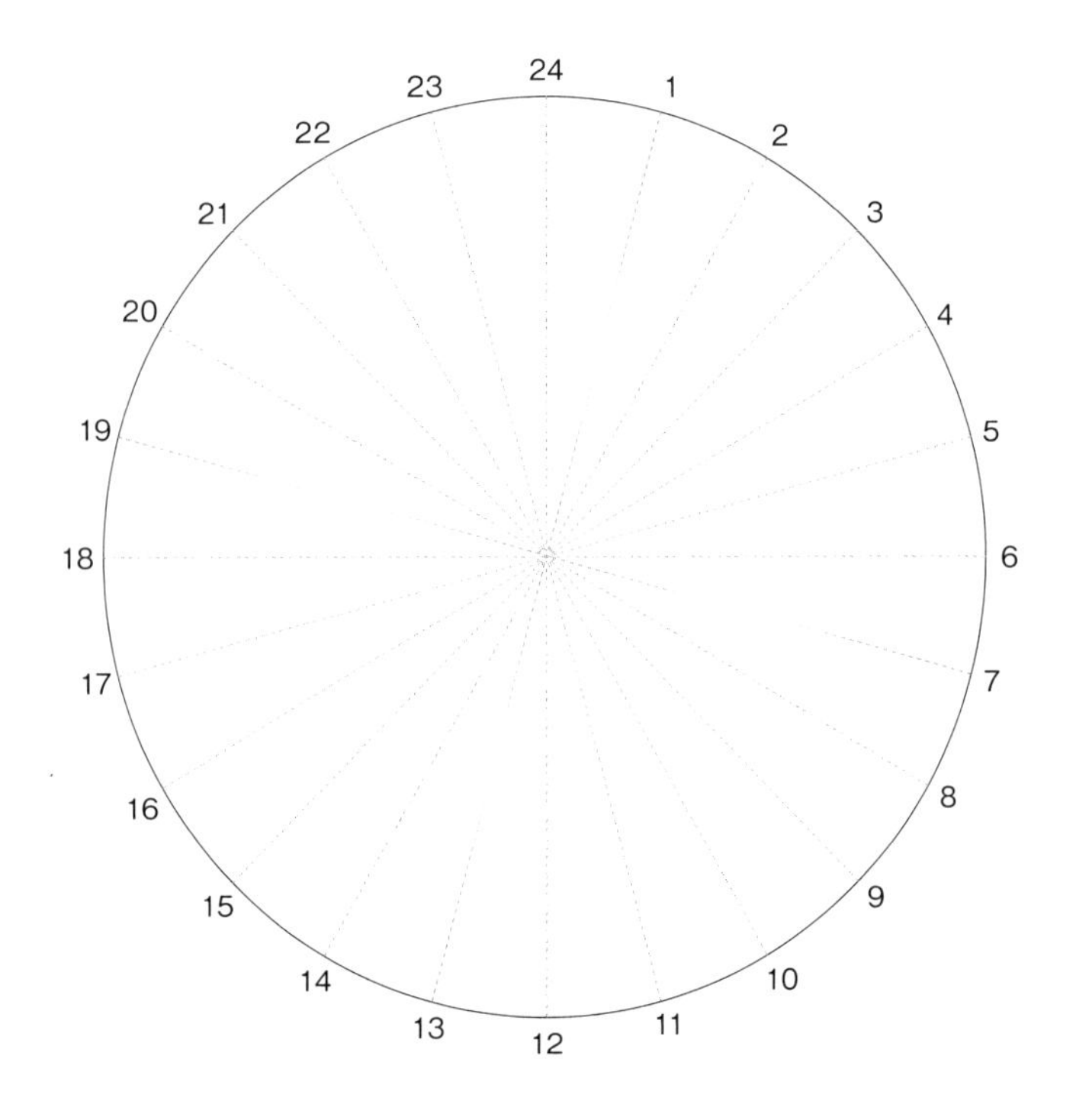

休日のスケジュールも、予定に合わせて数種類つくってみましょう。資格取得など、目的や目標を達成するには、休日を上手に使って計画を立てることがポイントです。

年内に「やること」「やりたいこと」

- 例）両親の介護、老後の資金についての話し合い、
  ○○の資格取得
-
-
-
-
-
-
-
-
-
-
-

まだまだ多忙な日々だから…。
50代の時間を上手に使うコツ

セカンドライフを見据えた自分だけのスケジュールができたら、後は実行あるのみ。ただ、多忙を極める50代にとって、実践するのは難しいこともあるでしょう。そんな人に向け、時間を上手に使うコツをまとめました。これらも参考にしながら、「やりたいこと」を続けていきましょう。

① いつやるかを決める

「英語の勉強をする！」などの目標を立てたら、いつやるかを決めることが大切です。朝30分早く起きてやる、通勤時間を活用するなど、まず時間を確保します。「時間が空いたらやる」という発想は捨て、時間は自らつくり出すことが大切です。

② 期間を設ける

やるべきことが決まったら、ある程度の期間を決めて取り組みましょう。たとえば、資格を取得するのであれば、〇月〇日に試験を受けるなど、具体的に目標を立てます。

③ **思い立ったら行動に移す**

定年までの時間はどんどん近づいてきます。「そのうち」「いずれ」などと言って先延ばしするのは避け、思い立ったことはすぐに行動に移しましょう。興味があるテーマの本を読む、カルチャーセンターの講座に申し込むなど、頭で考えすぎず、気になるものがあったら、すぐにチャレンジしてみましょう。やってみて合わなければ、また別のものに挑戦すればいいのです。

④ **時々、見直す**

やりたいことや気になること、目標などは、時々見直すことが大切です。気持ちや体の変化により、変わってくることがあるからです。どんどん軌道修正していきましょう。そこから新たな発見が生まれることもありますよ。

⑤ **うまくいかない日があっても気にしない！**

予定通りに行動できない日があっても、気にしすぎないことが大切です。「今日は予定通りいかなかったけど、明日はがんばろう」などと発想を切り替えましょう。「今日できなかったから、もうや～めた！」などと投げ出すのはNG。長い目でみましょう。

13

時間は貴重な財産です。
好きなことを
楽しむ時間は
セカンドライフを
豊かにしてくれます

定年後に再雇用されれば収入は得られますが、自由な時間は限られます。逆に、仕事をしなければ収入は得られませんが、自由な時間は増えます。また、パートタイムで働く選択をすれば、再雇用よりも得られる収入は少なくなるかもしれませんが、ある程度自由な時間をもつことができます。

お金は生活するために必要ですが、**お金があればセカンドライフが豊かになるわけではありません。**なぜなら、**好きなことを楽しむ時間もまた、セカンドライフを豊かにしてくれる大切な財産**だからです。

人生100年時代とはいえ、現在の健康寿命を考えれば、元気で生活を楽しめる時間には限りがあり、その時間は貴重です。お金と時間、どちらに重きを置くかは個人の価値観で、正解はありません。ただし、漠然としていては、お金にしても時間にしても足りないことへの不満が募るだけでしょう。**経済状況を把握しつつ、「お金もち」になるか「時間もち」になるか、自己本位で選びましょう。**今までがんばって働いてきたわけですから、「わがまま」に生きていいのです。家族には正直に気持ちを伝え、話し合うことで折り合いをつけましょう。

ところで、セカンドライフを楽しむにはお金が必要だと思われる方も多いでしょうが、そうとも限りません。ウォーキングや俳句の投稿、図書館での読書など、**お金がかからない趣味もあります**。また、映画や交通運賃などのシニア割引を活用すれば、現役世代よりリーズナブルに遊ぶことができますし、時間が自由になるので、高速道路や新幹線、飛行機にこだわる必要はなく、割高になる休日を避けることもできます。知人の中には、広すぎる自宅を処分してキャンピング仕様の軽バンを手に入れ、1年かけてのんびり、リーズナブルに日本各地の温泉巡りをしたご夫婦もいます。

そもそも、若い頃より食べる量が減りますし、ドラッグストアやスーパーなどのシニア割引も利用できるので、今よりも生活費を抑えることができます。**要は工夫次第なのです。**

14

新しいことを始めるには、時間の確保は必須。「時間が空いたらやる」という発想は捨て、時間は自らつくり出しましょう

気持ちの上で多少ゆとりができたとはいえ、まだまだ忙しい50代。仕事や家事、家族のケアなどで予定が詰まっている人も多いでしょう。そこで**何かを始めるにあたり課題になるのが、時間の確保の仕方**です。まず、私の経験をお話ししましょう。

私が通信制の大学院で学び始めたのは、59歳。精神科医として病院に勤務していたため、平日は自由になる時間はほぼありませんでした。そこで**私が活用したのは、休日の時間**です。日曜日は朝5時から夜遅くまで机に向かい、62歳で修士号をとりました。

これは一例ですが、**平日の時間を有効活用するなら、通勤時間を利用する**手があります。何かと苦痛が多い通勤時間ですが、読書をしたり、スマホなどを利用して音声で学んだりして過ごせば、有意義な時間に早変わりすることでしょう。また、時間をつくる上では、コロナ禍で社会が変わったことも利点になります。在宅勤務の機会が増えた人であれば**通勤に使っていた時間を勉強の時間に充てられます**。あるいは、**接待や会食が減ったのならその時間を勉強に充ててもいいでしょう**。時間はないと思い込んでいても、探せば見つかるものです。82ページでも述べましたが、**「時間が空いたらやる」という発想を捨て、時間は自らつくり出し、スケジューリングする**ことが大切です。

ところで、37ページでは、50代で学ぶ意義をお伝えしました。**ぜひ学びに時間を使ってください**。では、何を学べばいいのか——。言うまでもなく、興味がもてることであればOK。考古学、天文学、文学、宗教学、人類学、哲学、スポーツ科学、歴史、料理、映画など、ジャンルやテーマは問いません。いわゆる学問といわれるものでなくてもいいのです。30ページも参考に考えてみましょう。

手当たり次第に本を読んでみることもおすすめです。できれば小説のように筋を追うものや答えがあるハウツー本よりも、事実を掘り下げるノンフィクションのようなものがいいでしょう。あるいは、**カルチャーセンターやセミナーなどの短期集中コースに参加する**手もあります。様々なことを議論したり、情報を発信するサイトやSNSもありますから、チェックしてみてもいいでしょう。
私の場合、精神科医としてがんを患った方の心のケアに携わるなかで死生観を学びたいと思い、前述のように大学院で学び始めました。学ぶなかで弘法大師・空海に惹かれ、彼が生きた平安時代へと興味が広がり、70代に入った今もなおその興味は尽きることなく、学び続けています。

学びたいことが見つかったら、学ぶ場所を検討しましょう。もちろん、独学でもかまいませんが、**誰かに教えを請うことは自分では探せない知識を得ることもでき、修了証書といった形が残ると自信にもつながります**。放送大学をはじめ、今はオープンカレッジとして多くの大学が社会人に門戸を開いていますから、**大学で学び直す、さらには、思いきって大学院で修士号を目指してみる**のはいかがでしょう。修士号を取得するにはただ受け手として学ぶだけでなく、論文などを提出しなければならないので、より学びを深めることができますよ。

15

「NO」と言うことも、時には必要。飲み会などのつきあいは断って、自分磨きの時間を確保しましょう

日本人は「NO」が苦手です。相手の要望に応えたいという気持ちもあるでしょうが、信頼関係を失いたくない、嫌われたくないという気持ちも大きく働いているようです。でも実際はどうでしょう？「NO」と言わなかったがために、「骨折り損のくたびれ儲け」になった経験は誰しもあるはずです。

たとえば、無理な頼まれごとを「NO」と言えずに安請け合いしてしまったとき。なんとかしようと躍起になれば、体力も気力も激しく消耗します。相手は期待して待っているので、できなかった場合は大きく信頼を損ねるでしょう。あるいは、早く家に帰って資格取得のための勉強をしたいのに、飲みに誘われ「NO」と言えずにつきあってしまったとき。予定通りに進まず、ストレスが溜まります。さらに無理につきあっていることを相手に気づかれたら、かえって気まずくなるでしょう。

こんな状況を避けるためにも、**「NO」が必要**なのです。50代は定年後の人生の準備期間。賢く「NO」と言って、自分を磨く時間をつくりましょう。

16

趣味は一つではなく、複数もちましょう。老後の「リスク管理」にも役立ちます

仕事や家事、育児に忙殺されている現在は、何にも縛られずに自由にのんびり過ごせる時間に憧れることでしょう。でも、それが永遠に続くとなれば話は別。**何も予定がない毎日はなんとも退屈なものです。**そして、忙しく働いてきた人ほど、もて余した時間をどう過ごすか、途方に暮れてしまうようです。

その時間を埋めてくれるのが、趣味。ワクワク感や高揚感が得られ、生きがいにつながり、新たな人間関係も構築できます。やりたいことに没頭できるのも、時間に余裕ができたセカンドライフの特権ですので、趣味を楽しまない手はありません。若い頃からの趣味だけでなく、**気になるものがあればとりあえず手を出してみて、今から好きな趣味を複数見つけておく**ことをおすすめします。やってみて自分に合わなければ、やめればいいのです。

趣味を複数もつことをおすすめするのは、趣味が一つだと没頭しすぎてしまう危

険があるから。たとえばスポーツなら、練習しすぎれば体を壊してしまう可能性があります。また、自分と同じ熱量でやっていると思い込んでしつこく仲間を誘って辟易される、資金を注ぎ込みすぎて老後の資金が足りなくなる、あるいは、同じことをやりすぎれば単純に飽きてしまうといったデメリットも。また、体力の衰えや病気、仲間が減る、コロナ禍のような社会情勢や自然環境の変化により、物理的にできなくなることもあるでしょう。そうなると退屈な日々を余儀なくされることになり、想像以上に大きなダメージを受けるかもしれません。

趣味を複数もつ場合、似たような系統のものばかりだと同じ原因でできなくなる可能性が高いですから、**多様性をもたせることがポイント**になります。屋外で仲間とプレーするゴルフや野球、屋外でひとりでもできる釣りやキャンプ、室内で仲間と楽しむ麻雀やコーラス、室内でひとりでもできる書道や水泳、お金のかからないウォーキングや俳句、観客として楽しめる落語や舞台鑑賞などなど。アウトドア、インドア、ひとりでできる、仲間と楽しむ、自ら参加するもの、受け手として参加するものなどを取り揃えておけば、**楽しみの幅が広がるのはもちろん、よほどのことがない限りいずれかを続けられます**。さらに、行う季節や時間にバリエーションがあれば、効率よく時間を埋めることができます。

また、**旅行や社交ダンスなど、配偶者と共有できる趣味があれば、共通の話題で会話が弾み、関係をより深める**ことができます。これは子や孫との関係においても同じで、趣味はコミュニケーションツールでもあるのです。趣味が多ければ、その数だけ所属するコミュニティができ、交友関係が広がる利点も見逃せません。一方、ひとりでできる趣味があれば、人間関係が煩わしくなったときに困ることはないでしょう。

なお、趣味が高じて仕事になることもありますが、趣味の本来の目的はセカンドライフを楽しむこと。上達や勝ち負けばかり意識して純粋に楽しめなくなるのでは、本末転倒です。**まずは楽しむことを最優先しましょう。**

17

ボランティア活動は、メリットがたくさん。「やらせていただく」という気持ちを忘れずに

セカンドライフではボランティア活動に力を入れたいと考えている人が多い反面、これがやりたいという目的をもっている人は稀のようです。ボランティアと一口にいっても、公共の場の清掃活動、観光施設のガイド、高齢者の生活支援、子育ての支援、開発途上国での事業支援など、対象や場所はもちろん、**今までの経験や特技を活かせるもの、新たなチャレンジとなるものなど多種多彩。**

ネットや自治体のホームページなどで、働きながらでもできそうなものを探し、検討してみましょう。ちなみに、60歳あるいは65歳以上になると、地域の「シルバー人材センター」に登録することができます。ライフスタイルに合った紹介を受けられるので、ボランティア活動の入口として最適です。参加しているうちに、やりたいことや隠れていた自分の適性を発見することができるかもしれません。

ところで、ボランティアにはどんなイメージがあるでしょうか？　日本では「無報酬で貢献する」というイメージが強いですが、英語でボランティアという単語を紐解くと、「志願兵・有志」「自発的に奉仕を申し出る」「自ら進んで事にあたる」とあり、報酬の有無は重要ではありません。さらに、誰かに何かをしてあげるというより、**自発的に何かをさせていただく、という意味合いのほうが強い**のです。

シニア世代にとってボランティア活動は、やりがいになり、生活にメリハリをつけるひとつの手段。同時に社会や人とつながることができ、さらに心身の健康にもつながります。なかでも高齢者の支援は、自分より年上の世代と接することで将来像が具体的になる、介護の知識を身につけることができるなどメリットが多々あります。また、高額ではないものの報酬をもらえる場合や次の仕事へつながるケースも。**誰かのためより、むしろ自分のためになることばかりなのです。**

たまに、「ボランティアでやってやってるのに」という態度で参加される人を見かけますが、それは大きな誤り。自発的にさせていただいているのだという気持ちを、決して忘れないでください。

18

自ら整理整頓して
家を快適な空間に。
主体的かつ
習慣化することで、
脳のトレーニングにも

定年を迎えると、家にいる時間が増えます。**長い時間を過ごす空間を快適にすれば、セカンドライフは格段に充実します。**では、どのようにすれば快適な空間になるのでしょう。それは、自ら掃除をし、整理し、必要であればレイアウトを変更してみることです。現在、50代以上の男性のなかには、上げ膳据え膳で洗濯も掃除もせず、まるで客人のような扱いを受けてきた人もいるでしょう。しかし、それでは自分の空間とはいえません。なぜなら快適な空間とは、主体的に暮らせる場所だからです。今から率先して、空間づくりに励みましょう。

ただし、誰かと同居している場合は、勝手にやるのは考えものです。必ず相談して、たとえば、朝10分、あるいは、毎週水曜日は「整理整頓の日」にするなど、タイミングと時間を決めておくといいでしょう。**スケジュールに組み込めば、生活にメリハリがつく利点もあります。**

繰り返しになりますが、快適な空間をつくるポイントは、家族の一員としての責任と主体性をもつこと。やってみて勝手が悪ければ、変更してもいいのです。今まで人任せだった人は、トイレットペーパーやバスタオルはおろか、自分の下着さえどこに収納してあるかわからないでしょうから、これでやっと自立した生活ができるようになります。配偶者にいちいち聞いて、うるさがられることもなくなります。

この一連の作業は、空間が快適になるだけではありません。主体的に掃除と整理を繰り返していると、家の中の動線や作業効率を考えるようになるので、**脳のトレーニングにもなります**。この習慣が身につけば、いつかひとりになったとしても、生活を滞りなく続けることができるでしょう。ゴミ屋敷になる心配も無用です。

気をつけたいのは、家族の気持ちを尊重し、利己的な合理性だけで動かないこと。**よく相談し、みんなにとって過ごしやすい空間を目指しましょう。**

19

自由な時間が増えるからと、家族にまとわりつかない！相手の時間を尊重し、自分の時間をつくりましょう

「定年になった途端、昼食はまだか、晩ごはんはなんだとうるさくて。ちょっと前までは、誰かと飲んできて食べなかったくせに」「1日中家にいられると迷惑。暇なら洗濯や掃除でもしてくれればいいのに」「買い物や友だちと会うときはついてくるのよね。まさに濡れ落ち葉。自分の時間がなくなって本当に辛いわ」——。これは、あるスポーツクラブのロッカールームで実際にあった奥さま方の会話です。

どうですか？　身に覚えはありませんか？　実際、定年を迎えた夫をもつ妻が、うつ症状やノイローゼになる「主人在宅ストレス症候群」という心の病が存在し、これが理由で熟年離婚に至るケースも少なくないのです。団塊世代の定年前のある調査では、男性の大半が定年後の生活を楽しみにしているのに対し、これを憂鬱と感じている配偶者の女性は少なくなかったと言いますから、**定年になって時間が自由になることを相手が必ずしも喜んでいるわけではないことを自覚しましょう**。

女性が定年になった場合も同じです。あれこれ世話を焼くようになって煩わしいと感じる家族もいるようですから、我が身を振り返ってみましょう。

必要なのは、自分の定年が相手の生活に影響を与えうるという事実を理解すること。そして、**相手のプライベートな時間を尊重すること**です。誰にも快適だと感じる生活スタイルがあり、年を重ねた分だけそれが定着しています。いくら仲のいい夫婦でも、ただただ一緒にいることが楽しかった新婚時代とは違うのです。

その一方、「やっと定年になったから二人だけでゆっくり過ごそうと思っていたのに、趣味が忙しくてちっともかまってくれない」なんてこぼす人もいますので、思い込みは禁物です。

週に一度はそれぞれの休日を設ける、日中はお互いにやりたいように過ごして夕食だけともにするといったスタイルを選択してもいいでしょう。たまにデートしたり、趣味を一緒に楽しんだりするからこそ、相手のよさや大切さに気づくこともあります。**束縛しすぎず、お互いの時間とやりたいことを尊重する。**これが、セカンドライフを夫婦円満に過ごす秘訣です。

column

老眼には老眼鏡を活用するように、物忘れにはメモを活用しましょう

多くの人が最初に老いを意識するのが、老眼と物忘れでしょう。会話の中に「あれ」「これ」「それ」がやたらと増え、思い出そうとすればするほど頭が真っ白になる感覚は、誰しもあるはずです。これは「もう年だ！」などとネガティブに捉えるのも一因で、脳の働きを止めてしまうようです。であるならば、忘れることを前提に対処するほうが建設的。老眼には老眼鏡を活用するように、**物忘れにはメモを活用すればいい**のです。

物忘れで多いのは、名前や地名などの固有名詞が出てこないこと。会話のなかで第三者の名前が出てこないならまだしも、相手の名前が出てこないのには困りますね。

ビジネスの場では、相手の名前はテーブルに置いた名刺を見れば済みました。でも、リタイア後のつきあいでは名刺はありませんから、メモを活用しましょう。相手の名前はもちろん、会話の内容を書き留めておけば、同じことを聞かなくて済みます。

ポイントは、**後回しにせず、すぐに書くこと**。紙のメモ帳でも、スマホのメモ機能でも、使いやすいほうで構いません。書いたり入力したりする行為は、記憶が定着しやすくなるという効果も期待できるので、やるべきこと、人との約束、買いたい物など、必要なものはリストにまとめておくといいでしょう。

そもそも、物忘れは悪いことばかりではありません。小さな失敗にいつまでもクヨクヨするより、むしろ**忘れたほうが脳のダメージにもならず、精神衛生上もいい**でしょう。相手があることなら、「ごめん忘れていたよ。最近物忘れがひどくてね」と素直に謝ればいいだけのことです。作家の赤瀬川原平さんが提唱したように「老人力がついてきた」とプラスに考えればいいのです

20

冠婚葬祭への列席は、優先順位を考えましょう。祝意や弔意は、心の中でも示せます

毎年、必ずといっていいほどある冠婚葬祭。自分と同じように周りの年齢も上がってきますから、高齢期になると訃報が増えてくるのは自然の摂理でしょう。知らせを受けた冠婚葬祭には必ず顔を出すのが社会人としての礼儀だと考えられていますが、本当にそうでしょうか。家族葬が増えてきたように、**冠婚葬祭は時代とともに変化するもの**。礼儀の基準も変化していくものなのです。祝意や弔意は、心の中でも示せるものですから、必ずしも列席する必要はありません。

冠婚葬祭は、ご祝儀やお香典だけでなく、交通費、洋服代など、何かとお金がかかるため、定年後は、負担に感じることも少なくありません。収入が限られる定年後は、自分の生活を優先させ、これらを後回しにしてもバチは当たらないでしょう。**セカンドライフを充実させるには、世間体や見栄を捨てることも必要なのです。**

自分自身の葬儀も同じこと。周囲に負担をかけず、シンプルな形態でできるように、今から準備しておきましょう。同様の理由で、惰性で続けてきたお中元やお歳暮の習慣も見直してみるといいでしょう。

21

セカンドライフでは、ひとりの時間を楽しめる「孤独力」が鍵。生きるのがラクになります

家族、学校、会社、地域社会と、私たちは集団に属して生きてきました。「村八分」になるのはもちろん、その集団と肌が合わないと感じる状態も、辛いものです。基本的なルールを守るなど、集団に適応することは確かに必要ですが、**必ずしもその中で行動する必要はありません。**我慢して合わせればストレスになり、かといって奔放にふるまえば周囲と軋轢（あつれき）が起こり、それもまたストレスになるからです。

では、どうすればいいいか。それは、「孤独力」をつけることです。「孤独力」とは、集団に依存せず、ひとりでも行動できる力のこと。たとえば、気がのらない家族旅行なら行かなければいいのです。「ちょっと疲れているからボクは留守番するよ。楽しんできて」と言えば、家族も気持ちよく出かけられますし、行き先でつまらない顔をされるよりよっぽどいいでしょう。あなた自身も、羽を伸ばせます。

「孤独力」がつくと「人は人、自分は自分」と思えるようになるので、集団に依存しなくなり、不思議と集団に対しても寛容になれるもの。年を重ねると人間はどうしても頑固になりますから、**セカンドライフに磨くべきは「孤独力」です。**

22

自由な時間が増える近い将来に備え、今からひとり旅の計画を立てましょう

現役時代の今は、休日も限られているので、長期間ひとりで旅行に行くのはちょっと憚(はばか)られるでしょう。でも、近い将来、自由な時間が増えれば話は別。**自分のために時間を使ってふらりと旅に出るのもいいですね。**今から行きたい国や地域を考えて、計画を立てるといいでしょう。

ひとり旅のよさは、気ままであること。行き先、そこで何をするのかも感性の赴くまま。気になる町があったら途中下車しても、疲れたら早めにチェックインしても、誰に遠慮する必要もありません。行き当たりばったりの旅であれば、さらに自由。そして、偶然に出会ったよき店、よき人、よき景色は、事前に計画した場合よりずっと感動的なもの。たとえ、遠回りなどの失敗があったとしても、その時間さえ忘れられない思い出になるでしょう。

ひとり旅は臨機応変な対応力が必要なので、脳が活性化される利点もあります。また、ひとりで楽しく生きていくための「孤独力」を養うチャンスにも。体力と気力も必要ですから、しっかり準備したいですね。

23

体力や気力は衰えるもの。休めば回復するので、途中で休んでも、途中でやめてもOK

どんなに若いつもりでいても、年を重ねれば誰しも体力や気力が衰えてきます。**若い頃と同じようにやっていれば、疲れるのは当たり前です。**むしろ、疲れを感じるのは「このまま無理すると体を壊すから、ちょっと休もうね」という体からのサイン。休むのは恥ではありませんから、**サインに従って休むようにしましょう。**

近年、問題になっている高齢者の山岳遭難事故も、この無理が一つの要因。山頂を目指すだけが登山ではありませんから、疲れたら途中で引き返せば大事に至らずに済み、長く登山を続けることができるというものです。

体だけではありません。なんだかやる気が起きないときは、心が疲れているサインです。気が滅入ったときも同じで、無理に前を向く必要はありません。たとえ約束があっても、人と会うのが面倒なときは予定を変更してもらえばいいのです。**セカンドライフを快適に過ごすには、体と心の声に従って、自分を甘やかすことも大切。**心配しなくても休めば回復しますから、焦らずのんびりいきましょう。

24

1日1回、誰かと会話する基盤をつくりましょう。健康寿命が延び、シニアになったとき、詐欺被害も防げます。

認知機能や身体能力の低下だけでなく、**健康寿命を縮める大きな要因となるのが、社会からの孤立**です。人間は社会とのつながりの中で生きていますから、それが遮断されると、生きる希望や意味を見いだすことが難しくなり、「セルフ・ネグレクト」（生活環境や栄養状態が悪化しても、それを改善する気力を失ってしまうこと）に陥り、心身ともに衰えてしまうことも少なくありません。

「孤立」に陥らないための何よりの予防策は、人と会話すること。話し相手がいることは幸福度に大きく左右するという第一生命経済研究所の調査もあります。定年後も1日1回は誰かと会話できるように今から準備しておきましょう。家族や友人に限らず、ご近所さん、コンビニやスーパーの店員さんなど相手は誰でもよく、「この暑さは体にこたえますね」「今日はいつもよりレジが空いてるね」など、たわいもない内容でいいのです。会話が苦手なら、アイコンタクトや挨拶から始めてみましょう。続けるうちに、「今日はいい天気ですね」「いつもありがとうございます」

などといった世間話に発展し、これが地域社会とつながる窓口になります。

会話を増やし、社会からの「孤立」を防ぐことは、詐欺や悪徳商法に騙されにくくなる利点もあります。なぜなら、話し相手がいない時間が長くなると、たとえよからぬ目的で近寄ってきた人であっても、相手をしてくれるだけで簡単に信じてしまう傾向があるからです。これを「親和欲求」といい、心のどこかでは騙されているかもしれないと感じていても、頼ってしまうのです。

そんなトラブルに巻き込まれないためにも、会話することは大切なのです。

ちなみに「孤立」と似て非なる言葉が「孤独」。こちらは状態ではなく感情で、社会とつながっていても感じるときは感じるもの。他人に過度な期待をせず、**「自分は自分」とひとりでも楽しめる「孤独力」は、身につけたい**ものです。

25

病気になったら、生きる意味を問い直す時間をもらったと考えましょう。生きていく上でのヒントが見つかります

50代になると、体調を崩すこともあるでしょう。

人は病気になると無意識のうちにその原因を探ろうとします。それが重篤な病であるほどあれこれと思い悩み、ネガティブな思考へと流されてしまうことも。

しかし、病気はそんなに単純なものではありません。食生活や運動状態などの生活習慣、大気汚染などの環境的要因、ストレス、遺伝子など、様々な因子が複雑に絡み合った結果、発症するのです。現代の医学でも全容は解明できないものですから、探るのははっきりいって無駄。探ろうとして生じるストレスは、体の免疫力を低下させ、その病気の悪化や別の病をもたらす要因にもなりかねません。であれば、**病気になった意味を考える時間をもらった**と考えましょう。

私は、がんに罹患された患者さんに、「がんになったことの意味を考えてください」と問いかけます。「ずいぶん体を酷使してきましたから、自分をもう少し大切にしなさいというメッセージなのかもしれません」「家族の大切さが身にしみました」「本当の自分を隠さずに生きようと思えるようになりました」など、みなさんの答えは様々ですが、そこには生きていくうえでの大切なヒントが隠れています。**病気になったことは辛いことですが、同時に、いったん歩みを止めて生きる意味を問い直すチャンス。**それに気づいたとき、やっと前を向くことができます。誰にとっても命は限りあるものですから、余命を宣告されようとされまいと、同じです。

55歳のとき、大腸にがんがみつかった男性がいました。幸いにもごく初期のがんでしたが、医師から「がん」といわれた瞬間、死を意識したそうです。折しも、定年後再雇用で働くかどうかを迷っていた時期。スクーバダイビングが趣味だった彼は、「今回は命に別状はなかったけれど、この先も何があるかわからない。だとしたら、日常の生活は切り詰めてもいいから、日本中、いや世界中の海に潜ってみたい。定年まであと4年しかないが、できるだけ貯蓄をし、再雇用は断って自由がきくパートタイムや季節労働を選ぼう」と考えたそうです。そして夫婦で南国に移住。地域と移住者をつなぐ世話人としても奔走し、充実した日々を過ごしています。

スクーバダイビング三昧の日々を送りたいということが「自分が幸せになりたい」という「小欲」だとすれば、「自分を含めて誰もが幸せになってほしい」と願うのは「大欲」。これは欲がもつ大きなエネルギーを肯定している密教の考えですが、先の男性の例にとどまらず、**人間は「大欲」、つまり社会貢献に生きる意味を求めるもの**なのかもしれません。「小欲」に目を向けることは、その第一歩なのです。

命に関わる病気に罹ったときだけではありません。家族、友人の死や病気、自然災害や戦争といった耐えがたい事実によって「死」を意識したとき、あるいは、家族や親しい人との諍いや交通事故、破産といった不幸なできごとに直面したときも、生きる意味を問い直す機会になることでしょう。**本来の「小欲」に向き合い、「大欲」に目を向け、社会貢献の形を模索してみてください。**セカンドライフが、より実り多きものになるはずです。

26

ほしいものは時間をかけて
じっくり選ぶ。
そうして手に入れたものは
セカンドライフを
確実に豊かにしてくれます

欲望とは厄介で気まぐれなものです。「これがほしい！」と思った瞬間に冷静さを失い、よく考えたらそんなにほしくないものまで、手に入れたくなるものなのです。「ああ、とんだ無駄遣いしてしまった」と後悔した経験は、誰しもあるはず。この後悔には金銭的な痛みも伴っていますし、精神衛生上もとてもマイナス。欲望に振り回される人生は、セカンドライフまでに卒業したいものです。

特に50歳を過ぎれば、必要なものはほとんど揃っているはず。**衝動買いは封印して、本当にほしいかどうかじっくり吟味しましょう。**

衝動買いを防ぐには、買う前に1週間考える、家に似たようなものがないか探してみて比較検討する、口コミをチェックするなど、ルールを決めておくのも一つの手です。「迷っているうちに売り切れてしまったらどうするんだ」という声が聞こえてきそうですが、それはそれ。縁がなかったものと潔く諦めましょう。

むろん、「シニアになったら欲望を抑えろ」と言っているわけではありません。いくつになっても欲望があることはいいことですし、新しいものを買うのはワクワクするものです。しかし、**だからこそ、吟味することが大切**です。たとえば、着るほどに味が出てくる上質なコート、睡眠の質を高めてくれる枕など、吟味の末に選んだものなら長く愛着をもって有効活用でき、人生をより豊かにしてくれるでしょう。老後の資金が許す限りの贅沢なら、惜しむことはありません。

50代以上の世代は、高度成長期からバブル崩壊、その後続く長い不況の時代も経験し、大量生産・大量消費経済の限界を、身をもって感じているはずです。物質より精神の豊かさを重視し、物に執着しない「ミニマリスト」や「断・捨・離」という言葉が心に響くのも、それ故でしょう。**身の回りに物が溢れるほど、心も重くなります。**本当に好きなものだけに囲まれてシンプルに暮らすことを目標にしてみましょう。無駄遣いが減り、**経済的にも精神的にもゆとりが生まれる**はずです。

27

社会とのつながりをもち続けましょう。自分の考えに固執しなくなり、新しい楽しみに出会えます

年を重ねると、考え方の柔軟性が失われがちです。様々な経験をしてきた分、その経験に固執し、他人の意見や新しい価値観を受け入れることが難しくなってきます。特に心身の衰えを自覚して自信を失うと、その傾向が強くなるようです。

ところが、自分を取り巻く社会や価値観は変わっていくのが世の常。たとえば、喫煙。みなさんが20代だった頃は、会社のデスクはもちろん、車内や機内でも喫煙が当たり前だったでしょう。しかし、今はどこもかしこも禁煙。喫煙者はすっかり悪者扱いです。

世界に目を向ければ、女性指導者が活躍し、機会における男女平等の世界は成熟しつつあり、ジェンダー平等も当たり前になりつつあります。いくら「そんなのはイヤだ！　私が親しんできた世界とは違う」と叫んだところで、変化の流れは止まらないでしょう。それでも**過去や自分の意見に固執すれば、脳の老化を加速させ、健康寿命を脅かす**ことにもなりかねません。

ではどうするか。**世の中は変化していくこと、価値観には多様性があることを受け入れる気持ちをもつことです。**そうすれば、「人は人、自分は自分」と思えるようになり、自分自身の存在も受け入れることができるようになります。固執していた頃より、自分に自信がもてるようになるでしょう。

世の中の変化を受け入れるようになるためには、**様々な人と会話し、新聞や雑誌などから情報を取り入れる時間を積極的にもち、社会とつながること**です。そういった意味では、定年後に働き続けることも大切です。世の中の変化や多様な価値観があることを理解できる自分でいられるでしょう。また、しがらみのない趣味の仲間や行きつけの店で知り合った常連さんとの会話も、その絶好の機会となり、固執していては出会えなかった新しい趣味や楽しみが見つかるかもしれません。

第3章

50歳から習慣にしたい、毎日が充実する過ごし方

ここからは、朝起きてから寝るまでの上手な時間の使い方を紹介していきます。どれも楽しいだけでなく、脳や体に有効なものばかり！　毎日のスケジュールにも取り入れましょう。

28

朝目覚めたら、自分のご機嫌をとる習慣を。どんな日も、気分よく過ごせます

朝の気分はその日全体に影響してしまうもの。とすれば、**毎日機嫌よく過ごすためには、朝を機嫌よく迎えるのが近道**です。「そんなの朝起きてみなければわからないではないか」なんて言ったら、身も蓋もありません。どんな気分や体調で目覚めたとしても、天気がどうであろうと、自分で自分の機嫌をとって気分を上げる習慣を今からつけておきましょう。

たとえば、休日の朝にどんよりした気分だったら、「今日は自分にごほうびを買う日にしよう。何がいいかな」、寒い朝なら、「今日は熱燗が最高にうまいだろう。家族も喜ぶし、おでんでもつくるか」、天候が荒れ模様だったら、「今日は買い物も洗濯も無理。家でビデオ鑑賞に決定！」などなど、とにかく**楽しめることを探すことに頭をシフトする**のです。その先に楽しいことがあると思えば、気分が上がり、どんな日も気分よく過ごせます。騙されたと思って、明日からやってみてください。

29

朝時間のボディスキャンを習慣にしましょう。自分の心と体に向き合うと、大事に至る前に不調に気づけます

ストレスや疲労などによってダメージを受けると、体は「ちょっと休もうね」というメッセージを送ってくれます。ところが、**仕事や家事に追われていると、忙しさにかまけてそのメッセージを無視してしまいがち**です。その状態が続くと、やがてメッセージが聞こえなくなり、気づかないうちにダメージが蓄積し、ある日病として顔を出します。

年齢とともに疾患が増えるのは、メッセージを無視した結果でもあり、病は当然の帰結。過重労働による精神疾患などは、その最たる例でしょう。この先、体力も気力もどうしても下降線をたどっていきます。セカンドライフを健やかに過ごすには、50代の今が立ち止まるチャンス。**自分の心と体に向きあい、メッセージをキャッチできるようにしておきましょう。そしてキャッチしたら、その都度きちんと手当てをし、病の芽を摘んでおくことが大切です。**

体からのメッセージを聞く方法として、ぜひやっていただきたいのがボディスキャン。ボディスキャンとはちょうどCTスキャンのように、自分の体を輪切りにするイメージで読み取っていくことです。

まず横になってリラックスし、目を閉じます。自然な呼吸を繰り返しながら、頭から足先、手先へとゆっくりと意識を移していき、頭は重くないか、肩は凝っていないか、腰は痛くないか、お腹は張っていないかなど、体の状態を観察します。最後に、ストレスに感じていることはないか、不満に思っていることはないかなど、心の状態を確認します。これを毎日続けることで、痛み、かゆみ、凝り、むくみ、張り、ストレスといった明らかな不調はもとより、喉の渇き具合、なんとなく気分がのらないなど、ちょっとした違和感にも気づけるようになります。

日によって活動状況が変わりますから、**毎日、できれば朝目覚めてすぐにベッドで行うことをおすすめ**します。起床後であれば、前日と比較しやすく、また、その日1日の行動を考えるうえでも最適だからです。そして、**不調や違和感を感じたら放置せず、その原因を探してできるだけ早く対処**します。ここが大事なポイントです。たとえば、「胃が重い」と感じたら、「昨日ちょっと食べすぎたせいかもしれない」など思い当たる原因を探し、その日は消化のいいものを食べるなど、胃を休めるようにします。それでも解決せず、不調が続くようなら病院で検査してみる、といった具合です。心の問題も同じです。人間関係がストレスの原因ならば、関係を見直すなど、なんらかの対処を施します。ただし、「地震がきたらどうしよう」など、考えても解決しない不安であれば、忘れる努力も必要。防災グッズを揃えるなど**自分でできることをしたら、「あとは野となれ山となれ」の精神**です。

ところで、朝、嫌な気分で目覚めることはありませんか？ それは、夢をそのまま引きずっているからです。この気分も放置してはいけません。夢はだいたいその2〜3日前の経験が加工されたもの。思い当たる節があるはずです。嫌な気分でいると1日を無駄にしてしまいますから、まずはその**原因を探り、リセットすることから1日を始めましょう**。

30

「キレる老人」にならないためには、朝の時間の使い方が鍵に。朝日を浴びながら散歩して幸せホルモンを増量！

コンビニの店員に向かって怒鳴ったり、ちょっと注意されただけで暴力をふるったり、最近、「キレる老人」の話題をよく耳にしませんか？ これは「感情の老化」。**人間は体力だけでなく感情も老化します。そしてその原因は、脳にあるのです。**

簡単にメカニズムを説明しましょう。まず、前頭葉。ここは感情のコントロールなどを司る部分です。続いて大脳辺縁系。ここは、怒りの感情や欲望といった本能を司る部分です。前頭葉は加齢とともに老化しやすく、大脳辺縁系は老化しにくい。その結果、自分の思い通りにならないというちょっとしたストレスであっても、怒りを抑えることができなくなってしまうというわけです。**つまり、誰もが「キレる老人」になる可能性があるのです。**

前頭葉の老化を防ぐ特効薬は、今のところありません。ただし、老化を遅らせる方法はあります。前頭葉の老化は40代から始まりますが、まだ間に合います。今から対処しておくといいでしょう。

前頭葉の老化を遅らせる方法の一つが、俗名「幸せホルモン」と呼ばれるセロトニンの分泌量を増やすことです。セロトニンとは脳の神経伝達物質の一つで、同じく神経伝達物質で感情などを伝えるドーパミンやノルアドレナリンなどの情報をコントロールし、精神のバランスを整えます。また、ストレス耐性を高める働きもあります。セロトニンの分泌は朝、脳が覚醒したときにスタートします。そして日光を浴び、さらに適度な運動をすることで活性化されます。

そこでおすすめなのが朝の散歩です。歩くことで気分もリフレッシュし、1日を快適に始めることができます。自律神経も整うので、**仕事のパフォーマンスが上がり、メンタルが安定し、睡眠の質も上がる**と、いいことずくめ。**15〜30分ほどでけっこうですので、今から朝の散歩を習慣にしましょう。**

ちなみに、セロトニンは咀嚼(そしゃく)することでも活性化されますので、朝食もしっかりいただくといいですね。

column

たまには朝食を外でとりましょう。特別感が出て、心地よい時間が過ごせます

朝は何かと慌ただしく、朝食はパパッと済ませていませんか？　朝食を抜いている人も多いことでしょう。でも、朝食は1日の活力源。脳と体のエネルギーになったり、体温を上昇させたりする効果があります。なんだかだるいなと感じたときも、食べることで緩和されることも。**体力と気力が衰えてくる50代以降は、朝食はぜひとるようにしたいですね。**

とはいえ、朝から用意するのは面倒なこともあります。

そんなときは、**外で朝食をいただく**のはどうでしょう。手間がかからないのはもちろん、ご機嫌な1日の始まりにふさわしい特別感が出ます。喫茶店文化が根付い

ている地方では、行きつけの喫茶店でモーニングを食べるのが日常だといいますから、ぜひ取り入れてみましょう。

ファミレスや牛丼、カレー、ラーメンなどのチェーン店でも、割安で朝食を提供しています。和定食、洋定食、中華風のお粥など、メニューの選択肢も豊富なので、**その日の気分で選び、出勤前や朝の散歩を兼ねて立ち寄ってもいい**でしょう。おいしいものが待っていれば、足取りも軽くなるというものです。

何度か通っているうちに、顔見知りの店員さんや常連さんの知り合いができ、新しい人間関係をつくるきっかけになるかもしれません。たとえひとり暮らしになっても、毎朝顔を合わせ挨拶する人ができれば、わびしさや「孤立」とも無縁になるでしょう。

食べるときはスマホや新聞などは見ず、きちんと食べものに向き合い、よく噛んでいただきましょう。唾液や消化酵素の分泌が促されるので、目覚めたばかりの胃腸の消化を助けるのはもちろん、誤嚥(ごえん)の予防にもなります。

31

健康寿命を延ばすために、起床後と寝る前、1日2回の歯磨きを習慣にしましょう

「8020（はちまるにいまる）運動」をご存じですか？　平成元年から厚生省（現・厚生労働省）と日本歯科医師会が推進している「80歳になっても20本以上自分の歯を保とう」という運動で、20本以上の歯が残っていれば、食生活はほぼ満足できるとされています。食べることは生きる楽しみであり、**噛む行為は脳にもいい刺激がある**といわれますから、20本とまではいかなくても、できるだけ自分の歯を残したいものです。そのために大切なのは、なんといっても歯磨きです。

歯磨きの主たる目的は、虫歯や歯周病の原因になる歯垢を除去し、口腔内の衛生状況をよくすること。衛生状況を悪化させる菌は、夜寝ている間に増殖しますから、**朝起床後と夜寝る前の1日2回の歯磨きが最も効果的**なのです。部分入れ歯はこまめに洗浄し、外した後の口腔内もブラッシングをしましょう。

歯磨きで口腔内の衛生状況を改善する目的は、健康な歯をキープし、口臭を予防すること、そして**誤嚥性肺炎の予防**です。誤嚥性肺炎とは、口腔内の細菌が唾液や食べ物などと一緒に誤嚥され、気管支や肺に入ることで発症する疾患。70歳以上で70％、90歳以上では95％も占める肺炎で、最悪の場合、死に至るケースも。食道ではなく、気道（気管）に入ってしまう「誤嚥」自体を防ぐことも大切ですが、口腔内の衛生状況をよくし、細菌を減らしておくこともとても重要です。ちなみに早食いも「誤嚥」の原因ですから、よく噛んで、ゆっくり味わいながら食べるようにしましょう。今はまだ時間に追われて、急いで食べてしまうかもしれませんが、ゆっくり食べることは肥満防止にも役立ちますよ。

口腔内の細菌は体中を巡るため、動脈硬化や心筋梗塞、糖尿病、さらには、認知症とも関連性があることがわかってきていますから、**健康寿命を延ばすためにも、1日2回の歯磨きはマスト**と考えてください。細菌は舌にも付着しますから、もし余裕があれば舌磨きも併せて習慣にしましょう。

32

高価な健康食品より、毎朝の白湯を習慣に。手軽につくれ、リーズナブル。腸内環境も整います

白湯をご存じですか？　「ぱいたん」と読む中華料理のスープではなく、水を沸騰させて不純物を取り除き、50℃ほどまで冷ました湯のことで、「さゆ」または「しらゆ」と読みます。最近ではペットボトルでも販売されるほど需要が高まっていますが、その理由は体にいいから。もともとはただの水では？　なんて侮ってはいけません。実際、五千年の歴史をもつインド・スリランカ発祥の伝統医療「アーユルヴェーダ」でも、白湯は体にいい最高の飲み物として紹介されています。

効能を紹介しましょう。まず、**白湯を飲むと内臓が温まります**。胃腸の動きがよくなるので消化力が高まり、便秘が解消され、腸内環境が整います。腸内環境は全身の健康に影響しますから、免疫力アップ、心の安定、老化予防などの効果が期待できます。内臓が温まると全身が温まるので血行がよくなり、弱った気力や体力の回復、冷え症改善が期待できます。さらに、**基礎代謝が上がることにより毒素や老廃物を排出させるデトックス効果もある**といわれています。男女を問わず、加齢とともに腸内環境は悪化しやすく、排泄する力が衰えて便秘になりやすくもなるので、その点からも習慣にしておくといいのです。

つくり方は簡単です。ヤカンに水を入れて火にかけ、沸騰したらふたを外して火を弱め、10〜15分沸かし続ければ完成。これを毎朝1杯、残りは保温ボトルに入れて喉が渇いたらお茶やコーヒーの代わりに飲んでもいいでしょう。ただし、**ガブ飲みすると胃液を薄めるので、食事の直前は特に注意が必要**です。

巷には様々な健康食品があり、体力の衰えを感じるとどうしても目についてしまいますが、高価なものも少なくありません。健康のためとはいえ、貴重な老後資金を脅かしてしまっては主客転倒。その点、白湯なら安価で、味に好き嫌いもなく、手軽。飲まない手はありません。余談ですが、白湯を鉄瓶でつくるとほのかに甘くまろやかになり、まさに甘露。試してみてください。

33

休日も部屋着に着替え、身支度を整える。「清潔感」を意識すると若さを保てます

予定がないからと1日中パジャマのまま過ごし、髪はボサボサ。「近所だから、まあいいか」とコンビニや散歩にそのまま行ってしまう——。**年を重ねると、身だしなみに無頓着な人が増えてきます。**そんな日が続けば、生活リズムから気持ちまでだらしなくなり、見た目は老け込み、生きる気力を失い、その延長線上にはゴミ屋敷が待っています。大げさだと思われるかもしれませんが、孤独死をした高齢者の自宅ではよく見られる光景で、これは公的自己意識が低下した結果なのです。

そうならないためにも、休日でも、たとえ**用事がなくても、朝起きたらパジャマから部屋着に着替え、身支度を整えることを習慣にしましょう。**身支度で大切なのは、「清潔感」をキープすること。また、自分がどう見えるのか他人の視線を意識することも重要です。たまには洋服を新調し、外食や映画、美術展など、おしゃれして出かける予定を入れるのもいいでしょう。気持ちが前向きになり、気分が高揚し、いつまでも若々しくいられますよ。

34

セカンドライフこそ、「笑う門には福来たる」。1日1笑いで、健康とアンチエイジングを

ことわざに「笑う門には福来たる」とあるように、**「笑い」には多くの利点があります。**まず、がん細胞やウイルス感染細胞を見つけ次第攻撃する**NK(ナチュラルキラー)細胞を活性化**させます。次に、気持ちが前向きになる**脳内ホルモンのドーパミンを増やしてくれます。**そして、**脳や心臓疾患の発症率を下げる効果**もあります。

アメリカのジャーナリスト、ノーマン・カズンズ氏は難病とされる膠原病を笑いで克服し、また、異論はあるものの、人類史上、最も長生きしたとされるフランスの女性、ジャンヌ＝ルイーズ・カルマンは「いつでも笑顔を保つこと。それが私の長寿の理由を説明する方法です」という言葉を残しています。**笑い、そして笑顔は、健康と長寿のパワーを秘めているのです。**ちなみに、表情が感情を決めるという「自己知覚理論」によれば、つくり笑いでも同様の効果が得られるといいます。

反対に、悲しく辛い表情をしているだけで心身にマイナスの影響を及ぼしてしまいます。セカンドライフこそ、どんなときでも、無理してでも笑顔でいることです。不安も、鬱々とした気持ちも、病気も吹き飛ばしてしまいましょう。

また、**笑いには呼吸を深める効果**があります。残念ながら体内の酸素は加齢とともに減少し、酸欠になると息切れ、疲労、頭痛、貧血、さらには認知機能の低下など、様々な問題を引き起こしますから、酸素不足を補う意味でも笑うことは重要です。「アハハ」、「クスッ」、ちょっとニヒルな「フッ」。いずれもＯＫです。

さらに**効果を高めたいなら、大笑いすること**です。お腹が痛くなることからもわかるように、大笑いをすると腹筋を使った腹式呼吸になるので、大量の酸素を補うことができます。落語、漫才、コメディ漫画や映画など、なんでも構いません。「１日１大笑い」を実践しましょう。「一笑一若一怒一老」（笑えば笑うほど若返り、怒れば怒るほど老いていくという意）という精神科医の斎藤茂太氏の造語もあるように、**笑うことはアンチエイジングの一番の良薬**なのです。

何にせよ、あなたが笑顔でいれば、周りもつられて笑顔になります。いつも笑顔、そして「１日１大笑い」で、周りを幸せな連鎖に巻き込んでしまいましょう。

35

30分以内の「プチ昼寝」を習慣に。記憶力が上がり、認知症予防効果もあります

夜になると眠くなるように、人間は午後2〜4時にも眠くなります。これは、朝から活動していた体を休めるため、体が睡眠を求めているからです。厚生労働省から出されている「健康づくりのための睡眠指針2014」には、「午後の早い時刻に30分以内の短い昼寝をすることが、眠気による作業能率の改善に効果的」と公表されていて、**昼食後の短時間睡眠を推奨**しています。また、1995年頃から睡眠研究を行っているNASA（アメリカ航空宇宙局）の実証実験によると、昼に26分間の仮眠を取ることで認知能力が34%、注意力は54%も向上したという結果も出ています。そのほか、**昼寝にはストレス軽減効果が認められ、なんとアルツハイマー型認知症のリスクが5分の1以下に低下する**という報告もあります。つまり、スペインなどにあるシエスタ（昼にとる長い休憩）は、とても理にかなっている習慣。体の求めに従って、眠ければ寝るほうがよいのです。日本でも、15〜30分程度の仮眠を推奨する企業が増えてきました。可能な人はランチの後に15〜30分ほどの仮眠をとる時間をもつといいでしょう。

ただし、厚労省の指針でも**昼寝は30分以内、NASAの実証実験でも26分とあるように、寝すぎは禁物**です。毎日1時間以上の昼寝をしているシニアはアルツハイマー型認知症のリスクが3倍に、2時間以上の昼寝をしているシニアはリスクが14倍にも高まるという調査報告もありますから、30分以内の「プチ昼寝」がいいのです。短いように思いますが、集中して眠ればそれだけでも頭がスッキリ。午後の活動への活力が湧いてきます。

ところで、シニアからよく相談される睡眠の質の悪化と寝付きの悪さですが、この原因の一つが昼の寝すぎにあります。これを解消するためにも、定年後の昼寝も「プチ昼寝」にとどめておくほうがいいのです。ちなみに**シニア世代になれば、睡眠は6時間で十分**。夜眠れないことをあまりくよくよする必要はありません。眠ろうとすればするほど逆効果ですから、読書などを楽しんでみてはいかがでしょう。

36

カラオケや音読は、脳の活性化に有効です。楽しく歌って、声を出して、大いに脳トレしましょう

50代以上の世代にとっては、「カラオケ健康法」といってもいいくらい、カラオケはいいことずくめです。まず、**脳の活性化に役立ちます**。たとえば、懐メロ。歌うことで懐かしい気持ちになると脳の中に眠る記憶が刺激され、知的な部分を司る脳が活性化します。介護施設などで懐かしい童謡や往年のヒット曲を歌うと、既に認知症を発症した高齢者であっても明らかに反応がよくなるのは、このためです。もちろん新曲でもOK。新しい歌詞や曲をがんばって覚えることで、やはり脳が活性化されます。新しい経験をすると神経回路がつながるので、脳力の進化も期待できるのです。

もう一つのカラオケのメリットが、**新陳代謝が活性化すること**です。なぜなら、上手に歌おうとすると腹式呼吸を意識するので、その結果フレッシュな空気を体いっぱいに取り込むことになるからです。新陳代謝が活発になれば自律神経が整うので、内臓の動きも活発になります。腸内環境がよくなれば、全身の健康に役立ちます。もちろん、気持ちよく歌うことはストレス解消にもなるので、**心にもいい効果をもたらします。**カラオケ施設は昼間のほうがリーズナブルですから、シニア世代になればあまりお金のかからない趣味のひとつにもなり、仲間と友好を深めるチャンスにもなります。カラオケに限らず、コーラスサークルでもいいでしょう。

歌はどうも苦手という場合は、小説などを声に出して読む「音読」がおすすめです。黙読が単純に目から脳のみの刺激なのに対し、音読は目から脳へ伝わった情報が発声器官にアウトプットされるため、より複雑な刺激が脳に届き、脳がより活性化します。これもある介護施設の話ですが、オムツが必須だった利用者に1日15分の音読を習慣にしてもらったところ、なんとオムツがとれて自立した生活を送れるようになったという例もあるようです。

老人がキレやすくなるのは、脳の老化が一因だといわれますから、**今からカラオケやコーラス、音読で大きな声を出し、楽しく脳トレ**しましょう。

37

オンラインゲームにチャレンジしましょう。脳の前頭葉皮質の働きが活発になり、脳トレにもなります

「スペースインベーダー」「マリオブラザーズ」「ドラゴンクエスト」といったコンピューターゲームが登場したのは、１９７０年～80年代。現在50代の世代がちょうど子どもから10代の頃ですから、当時、ゲームにハマっていたという人も多いのではないでしょうか。大人になるにつれて遠ざかっていたとしても、そのおもしろさにはきっと共感できるはず。技術は格段に進歩して内容も多彩になっていますし、専用のゲーム機がなくても**スマートフォンさえあればできるものも多数あります。ぜひオンラインゲームにチャレンジしてみましょう。**

多くのゲームは続けることでステップアップしていきますから、生活にちょっとしたワクワク感が生まれることもあるでしょう。実際、２０１６年にスタートしたスマートフォン用アプリ「ポケモンＧＯ」を愛好している50代以上の人は、ユーザーの20％前後を占めるとか。「ポケモンＧＯ」は歩くことでステップアップし、複数のプレイヤーと協力して闘う機能もあるため、楽しいだけでなく、**運動量が増える、**

新しい仲間ができるなど、実はセカンドライフが充実する要素が備わっているエンターテインメントの一つといえるのです。

ゲームをおすすめする最大の理由は、**脳が活性化する**こと。ここで、カリフォルニア大学の神経学者グループのプロジェクトによる研究結果を紹介しましょう。研究のために開発した「ニューロ・レーサー」というカーレースゲームを、60〜85歳のシニアに6か月ほど練習してもらったところ、最初は64%あった失敗率が25%前後まで向上したそうです。その上、**思考、判断、感情のコントロール、コミュニケーションといった高度な分析・判断を司る脳の前頭葉皮質の働きが活発になった**という結果も出ました。ちなみに6か月後の失敗率は、初めてゲームに挑戦した20代と互角。つまり、一度は切れてしまった脳の神経回路が再生する証明にもなったのです。**脳は加齢とともに衰えるのではなく、むしろ使わないから衰える**といえるかもしれません。ハマるゲームを見つけて、適度に楽しく脳トレしましょう。

38

SNSで情報を発信。承認欲求が満たされ、人間関係も広がります

フェイスブックやツイッター、インスタグラムといったSNSはやっていますか？　SNSとは、「社会的なネットワークを築くためのサービス」。**多様な情報が得られるのはもちろん、自分の経験や意見、作品が発信でき、様々な人とつながれる、とても便利なサービス**です。50代以上の世代にとっても音信不通だった旧友や共通の趣味をもつ人と巡り会えるチャンスとなり、自分が発信したことに「いいね！」が付けばときめき、セカンドライフを充実させる貴重なツールになります。

ところで、「いいね！」がうれしいのは、自分が価値のあるものとして認められたいという**承認欲求が満たされる**から。承認欲求には、「他者から認められたい」他者承認と、「自分で自分を認めたい」自己承認があります。SNS上の反応は否定的なものもあり、自分とは違う意見を見かけることも多いでしょう。よって**SNSと上手につきあうには、「他人の意見」だと割り切り、多様性があることを受け入れること**が鍵。より自己承認を満たすことに注力しましょう。もちろん、インターネットを正しく使いこなす**「ネットリテラシー」を養うことも大切**です。

39

毎日の生活に スロージョギングや プチ筋トレを取り入れて。 健康寿命を延ばす 後押しになります

セカンドライフはなんといっても健康第一。病気を患ったり、足腰が弱ったり、認知機能が低下すれば、生活を楽しめないばかりか、医療費や介護費用といった金銭的な負担も重くのしかかります。そうならないためには、食生活はもちろん、**体を動かす習慣をもつことがポイント**になります。ただし、**激しい運動はNG**。心臓に負担をかけますし、継続して運動をしてきた人はともかくとして、思わぬケガにつながる可能性も少なくありません。

そこで、**おすすめしたい運動が、スロージョギングとプチ筋トレ**の2つです。どちらも生活習慣病の予防や脳の活性化が期待でき、さらに足腰が丈夫になりますので、健康寿命を延ばす大きな力となります。毎日のスケジュールに取り入れましょう。

スロージョギング

スロージョギングのコツは、歩くくらいの速度でゆっくりと走ること。背筋をまっすぐに伸ばし、体はやや前傾にし、脚は蹴らずに軽く押し出すイメージです。きつければ速度を落としてもOK。その場で足踏みをしてもいいでしょう。これを1日30分ほど行います。継続することで糖や脂肪が燃えやすい体になるので、ダイエット効果も高く、スマートな体型になれば、自信にもつながるでしょう。

脚のプチ筋トレ

筋トレといっても、ジムに通う必要はありません。お馴染みの**スクワットや台を上り下りするステップ運動、椅子の立ち座り、あるいは、平面を後ろ歩きして普段使わない筋肉を刺激する**などです。足は第二の心臓ともいわれますから、プチ筋トレで血行がよくなり、体温が上昇し、免疫力も上がります。どれも家の中でできる手軽な筋トレですが、効果は絶大。毎日時間を決めて、ぜひチャレンジしてみましょう。

運動する際は、決して無理をせず、また、自身の体調と相談しながら行いましょう。心配がある人は、かかりつけ医に相談してから始めると安心です。

40

ストレスを感じたら、
腹式呼吸の習慣を。
息と一緒に
ストレスの原因を
吐き出しましょう

ストレスは、生きていれば多かれ少なかれ感じるものです。無理にストレスがかからないようにしようとするより、**上手に解消することが大切**です。**ストレスを感じたときにすぐにできる解消法が深呼吸。**気持ちが安定し、イライラが治まります。深呼吸は、息を吸うときは新しい空気を体いっぱいに取り入れ、吐くときはストレスのもとになるものをお腹から吐き出すイメージで行います。

できれば胸の筋肉を使った**胸式呼吸ではなく、お腹の筋肉を使った腹式呼吸がいい**でしょう。腹式呼吸というと難しく感じる人もいるかもしれませんが、リラックスしているときや寝ているときなどは自然と腹式呼吸を行っているので、誰でもできます。ここでちょっと練習してみましょう。

まず、仰向けに寝て両膝を立て、両手をお腹の上に置きます。軽く息を吐いてから、ゆっくりと息を吸い込みます。このとき、**おへその下を中心にお腹が膨らむのを意識**しましょう。息を目一杯吸い込んだら、**吸うときの倍の時間をかけ、お腹が**

凹むまでゆっくりと吐き出します。すべてを吐き出せば、次に新しい空気をたっぷり吸い込むことができます。お腹が膨らんで凹む感覚をつかめたらＯＫ。慣れてくれば、座っていても立っていてもできるようになります。

腹式呼吸をすると内臓の動きや血行がよくなり、免疫力を上げる効果や血圧を下げる効果も期待できます。また、腹筋を使うのでお腹周りがスッキリするなどのメリットも。ストレスを感じたときに限らず、**腹式呼吸を習慣にしましょう**。

ストレスを解消するには、誰かにグチを聞いてもらうことも効果的です。辟易されないようにするには、一方的に話すのではなく相手のグチも聞くこと。同じようなストレスを抱えている人を選べば、共感が生まれ、よりスッキリするでしょう。いずれにしても、話は短く簡潔に、を心がけてください。

すぐに解決しないような不安や悩みなら、割り切るのも一つの方法です。「なるようにしかならないさ」の精神で、人生を楽しむことを優先しましょう。

41

平均体温が1℃上がれば、免疫力は約60%アップ。ぬるめのお風呂で、芯から温まりましょう

平均体温が1℃上がると、免疫力は約60%活性化するといわれています。逆に1℃下がると免疫力は37%ダウンし、脳の働きも下がります。加齢とともに平熱は下がる傾向にありますから、**体と脳の健康維持のためには、体温を上げる工夫が必要**になります。

体温を上げる最も簡単な方法は入浴です。体を温めることができるうえ、副交感神経が優位になるのでリラックス効果も抜群。どんなに疲れていても、嫌なことがあっても、それらは立ち上る湯気と一緒にどこかに消えてしまうでしょう。

湯の温度は、深部体温を温めるなら40℃ほどのぬるめが正解で、体への負担も軽減されます。じんわり汗が出てくるまでゆっくり浸かれば、体の芯までポカポカ。お気に入りの入浴剤を入れれば、思わず鼻歌が飛び出すほど寛げるはずです。

なお、睡眠の質を高めたいなら、就寝直前ではなく、ベッドに入る2~3時間前の入浴がおすすめです。

42

自分で自分を褒める、「褒め日記」を寝る前の習慣に。毎日、ご機嫌で過ごせ、周りからも好かれます

「年をとったら丸くなる」――。そう信じていた人は多いのではないでしょうか。でも、生まれながらの性格はそうそう変わるものではなく、むしろ「頑固」になる人が多いのが現実。

脳機能の衰えなど、頑固になる理由は様々ですが、大きな要因となるのが「不機嫌」です。さびしさ、自分を尊重してもらえない苛立ち、年老いていく自分へのもどかしさなど、年を重ねるほど不機嫌になる要素は増えてくるもの。その結果、自己嫌悪に陥ったり、周りから疎まれたりすれば、ますます不機嫌になります。

この悪循環を断ち切るためにやっていただきたいのが、**自分で自分を褒める**こと。「今日も滞りなく仕事をこなした」「慣れない家事をよくがんばった」「部下に笑顔で接した」「電車が遅れたけどイライラしなかった。なんて寛容なんだ」「ちゃんと時間に間に合った」など、自分を褒める内容はさりげないことで構いません。この習慣がつくと自分のことが好きになり、あるがままの自分を受け入れられるようになります。「自分は自分」と思えるようになるので、**他人からの反応が気にならなくなり、さびしさも解消され、不機嫌になる要素が減っていきます。**

自分を褒めたいことを書き出した**「褒め日記」をつければさらに効果的。**併せて、その日のよかったことも書いておきましょう。残念なことしかない日だったとしてもそこはプラス思考で考えます。たとえば、月曜の朝に雨が降っていた場合、「あぁ、月曜から雨か。イヤだな」と思うか、「雨か。それじゃ、今日は社内で企画をじっくり考えられるな」と思うか――。つまり、何ごとも捉え方次第、一得一失（いっとくいっしつ）なのです。**いずれにしろ、〆には「今日もいい日だった」とひと言。**これを**寝る前の習慣**にすれば、気持ちよく眠りにつくことができ、目覚めもよくなり、毎日機嫌よく過ごせるでしょう。

機嫌がよくなれば周りにも伝わり、人から疎まれることも少なくなり、よい循環が生まれます。きっと「年を重ねたら丸くなったね」と言われますよ。

43

マインドフルネス瞑想で、脳を休めましょう。ネガティブな気持ちに振り回されなくなります

人間の脳は本来ネガティブ思考の臓器なので、「病気になるんじゃないか」と今ありもしない将来の不安の種を探そうとしたり、「ああすればよかった」と過去を振り返って後悔したりします。これは、安全に生きるために必要な脳の仕事なのですが、「本当の自分の気持ち」とは乖離（かいり）してしまうこともあり、思っている以上に後ろ向きな気持ちになってしまうことも少なくありません。

これを防ぐには、**「脳＝本当の自分の気持ち」ではない**ことを理解し、脳と上手につきあうようにしましょう。脳が疲れてくると悲観的になりやすいので、まず、脳を休めることを心がけることが大切です。

脳を休める方法として真っ先に思い浮かぶのは睡眠かもしれません。でも、睡眠中は脳が休んでいるノンレム睡眠と活発に活動しているレム睡眠が交互に訪れるので、完全に休んでいる状態とはいえません。そこで、やっていただきたいのが瞑想。中でも、手軽にできる**マインドフルネス瞑想**がおすすめです。

マインドフルネスとは、「今ここにいる自分」を感じること。自分の人生を動画にすると、今この瞬間はそのひとコマに過ぎません。過去、未来ではなく、そのひとコマに集中する訓練をすると、過去や未来にとらわれがちな脳を休ませることができます。マインドフルネスは、感情のコントロール、不安や不眠の解消、ストレスの軽減、免疫活性化、慢性疼痛の改善などその効果は多岐にわたり、しかも、誰でも、どこでもできる手軽さもあり、多方面で注目されています。

やり方はとてもシンプル。まず、椅子や床など、好きなところに背筋を伸ばして座ります。次に肩の力を抜いてリラックスし、目は閉じるか半眼にし、自然な呼吸を繰り返し、呼吸に意識を向けます。このとき、できれば腹式呼吸がベスト。途中、雑念が浮かんできますが、その雑念を追いかけることなく、ひたすら呼吸に意識を向けます。**時間は5分程度**で、慣れてくれば移動中に行うこともできます。**ポイントは毎日続けること。**132ページで毎朝のボディスキャンをおすすめしましたが、そのときに一緒に行ってもいいでしょう。

第4章

セカンドライフが
楽しくなる
50歳からの心がけ

セカンドライフを楽しく過ごすには、煙たがられる存在にならないことが大切です。ここでは、「老害」にならないためのコツをまとめました。できること一つから、始めていきましょう。

44

気持ちは言葉にして伝えましょう。言葉を発するそのわずかな時間から、幸せな関係が生まれます

「沈黙は金」などの格言もありますが、**気持ちは言葉にしなければ伝わらないものです**。家族なのだから、もう数十年も一緒にいるのだから、そんなこと言わなくてもわかっているはずだ、いちいち言うのは照れくさい、なんて考えは捨てましょう。家族だからこそ、言葉で伝えることが大切なのです。**何も言われないことが続くと、だんだんと自分の存在を無視されたような気になってくるもの。**それが何十年も続いた結果、熟年離婚の危機が到来することもあるのです。

それは、我が身を振り返ればわかること。役割として当たり前のようにやったことでも、「ありがとう」と言われてうれしくないはずがありません。ごはんをつくったときは、味がどうだったかは気になるもの。「ごちそうさま。おいしかったよ」「またつくってね」なんて言われたら、ますますやる気になりますね。

もし、家族が誰も言わないのなら、これからは率先して言うようにしましょう。「おはよう」「行ってきます」「お帰りなさい」「おやすみなさい」という挨拶はもちろんのこと、特に感謝の言葉は人間関係を良好にする潤滑油。第1章で、家庭内での役割を見直すこと、夫婦の関係を見直すことをおすすめしましたが、見直したときが絶好のチャンス。また、「いつもありがとう」の言葉に、ちょっとしたプレゼントを添えるのもいいですね。高価なものである必要はなく、花束、スイーツ、お酒など、相手を思って選ぶものならなんでもいいのです。ぜひ実践してください。

ちなみに、ある調査によると、パートナーから言われてうれしい言葉の第1位は、男女ともに「ありがとう」だそうです。そして、「愛している」という言葉も上位に顔を出します。私自身、アメリカでの生活で驚いたのが、いくつになってもお互いをハニーと呼びあい、「I love you.」と口にし、頻繁にキスやハグすること。キスやハグはちょっとハードルが高いかもしれませんが、「愛している」ならどうでしょう？　ラブラブな夫婦に戻る、魔法の言葉かもしれませんよ。

45

相手との距離は、適度に保つこと。良好な人間関係をつくる、何よりの秘訣です

新しい趣味をもつことで、新しい知り合いが増えてきます。なかには何十年も前からのつきあいだったかのように、ウマが合う人もいるでしょう。年齢や立場を超えた、直接の利害関係がないつきあいは、なかなか楽しいもの。趣味と同じように、セカンドライフを満喫するうえで重要な要素になるでしょう。**その楽しいつきあいを長く続けるコツは、相手とほどよい距離感を保つことにあります。**

まず、初対面のときから、パーソナルなことに関する質問や話題は控えたいもの。特に、男女でいる人に向かって「ご夫婦ですか？　仲がよくてうらやましい」、女性に対して「お子さんはおいくつ？」、若い男性に対して「今日は仕事はお休み？」など、見かけから想像した思い込みによる質問は厳禁です。これはある程度親しくなっても、あるいは、同窓生など旧知の仲でも同じです。「なんで独身なの？」「再雇用を受けなかったのはやっぱり報酬が悪かったから？」など、相手のフィールドに入り込む質問や話題は避けるべき。相手のことをもっと理解したいという気持ちはわからなくはありませんが、**それぞれ事情があり、誰だって知られたくないことはあるもの**です。その質問が相手を傷つけてしまう可能性も想像しましょう。

頼まれもしないアドバイスやお説教なども もってのほかです。歩んできた人生も価値観も違うのですから、なんとかしてあげたいという親切心だとしても、大きなお節介以外の何ものでもありません。相談を受けたら意見を言うくらいのスタンスがちょうどいいのです。さらに、自慢話や一方的に話す行為もNG。そもそも、人とのつきあいは、ある意味お互いに相手の時間を奪うことにもなります。しつこく誘ったり、ダラダラと会話を長引かせたりするのもやめましょう。

相手との距離感を誤ると、人間関係が構築できないだけではありません。相手に過剰な期待をもたせて恨まれたり、トラブルに巻き込まれたりする可能性もあります。**セカンドライフでは、相手と適度な距離感を保ちながら、細く長く続くつきあいを心がけましょう。**

46

良好な人間関係を築くには聞き上手になること。好感をもたれるうえ、絶好の脳トレにもなります

良好な人間関係を築くには、コミュニケーション能力が欠かせません。コミュニケーション能力とは、人と積極的に関わり、スムーズに会話を進められる能力のこと。それを得るための近道が、**聞き上手になること**です。

誰でも自分の話を聞いてもらえるとうれしいですから、おもしろい話で楽しませてくれる人より、自分の話を聞いてくれる人により好感をもちます。そして、「また会いたい」という気持ちになり、自然といい人間関係が構築されます。自分から会話を広げなくても会話が進んでいきますから、口ベタな人でも心配無用です。

聞き上手になるには、相手の目を見て、うなずいたり相づちを打ったりしながら、共感と興味を示すこと。相手に「自分の話をちゃんと聞いてくれている」という安心感を与えます。反対に、大げさに驚いたり、話の腰を折ったり、話を一方的にまとめようとするのはNG。相手を不快な気持ちにさせてしまうでしょう。

話を聞いて理解し、反応するというのは、とても高度な脳の作業。つまり、**絶好の脳トレにもなる**というわけです。

47

生きがいとは、
生きていてよかったと
思うこと。
焦って探さなくても、
日常の中にあるものです

「生きがいが見つからなくて、このままでいいのか不安でしょうがないのです」。高齢者から、そんな悩みを相談されることがあります。**これを「生きがい症候群」といい、放置するとやがては精神のバランスを失い、お酒やギャンブルなどの依存症になるケースもあります。**

ところで、生きがいとはなんでしょう？　役員として残って会社に貢献する、あるいは、水泳のシニア大会で優勝を目指すことでしょうか。どれも生きがいになりそうですが、世間から認められるという要素も大きいように思います。広辞苑では生きがいは、「①生きるはりあい　②生きていてよかったと思えるようなこと」と定義されていますから、実は、**生きていてよかったと感じればそれだけでいい**のです。おいしいものを食べたとき、美しい景色を見たときなど、「生きていてよかった」と感じる瞬間は誰にでもあるはずです。つまり、**日常の中にあるものなので、焦って探す必要などない**のです。それでも見つからなかったら？　幸せだ、心地いい、楽しい、好きだと感じることに気を留めてみましょう。きっとあるはずです。

48

セカンドライフは、人間性で勝負。それぞれの個性で周囲に愛される人になりましょう

新しいコミュニティでの自己紹介の際、「私は○○銀行で人事部長を務めていました」「東大卒業後○○省に入省し、定年まで国のためにがんばってきました」など、肩書を出す人がよくいます。信頼を得ようとしているのか、一目を置かれたいのかはわかりませんが、これは残念な自己紹介と言わざるを得ません。「自慢話か」「上から目線だな」と、間違いなく嫌われることでしょう。**現役時代の評価や寄せられてきた信頼は、所属する組織あってのこと。**「退職すればただの人」ということを心に刻んでおきましょう。

肩書になど頼らなくても、穏やかな人、誠実な人、フットワークが軽い人、ユーモアがある人、笑顔を絶やさない人であれば、周囲から自然に愛され、一目置かれるでしょう。「○○さんがいると場がなごむ」「○○さんといると楽しい」など、趣味や地域といった新しいコミュニティにおいて、なくてはならない存在になるはずです。そう、**セカンドライフでの評価基準は、過去のキャリアでも肩書でもなく、人間性**なのです。過去に固執せず、今から人間性を磨きましょう。

49

自分の価値観や流儀を
押しつけていませんか。
相手の考えを尊重し、
受け入れることを
心がけましょう

何かにつけ命令したり、相手のことを馬鹿にしたり、否定する人がいます。心理学者の高橋博之氏の著書『お一人様シニアに絶対知っておいてほしいアドラー心理学』（清里好文堂／キンドル版）によると、これは「部長シンドローム」と呼ぶそうです。そのような人に共通しているのが、**自分がやることや考えることはすべて正しいと信じ込み、他人に「〇〇すべきだ」と自分の価値観や流儀を押しつけること**。そんな態度をとられて喜ぶ人はいませんから、人間関係にはヒビが入り、知人はおろか家族からも敬遠され、待っているのは「孤立」しかないでしょう。

困ったことに、現役時代に役職についていた人ばかりでなく、経験を積んだシニアにもこの手の人が多くいます。一度、我が身を振り返ってみましょう。

相手がたとえ子や孫であっても同じです。誰にでも流儀があり、信じる価値観があります。このことを**理解して尊重し、それを受け入れる**ことが大切です。人生経験を積んできたからこそ、他者を尊重できる心の広さをもちましょう。相手から求められたらアドバイスする。そんなスタンスなら、人は聞く耳をもつものです。

保坂 隆（ほさか たかし）

保坂サイコオンコロジー・クリニック院長。1952年山梨県生まれ。慶應義塾大学医学部卒業後、同大学精神神経科入局。1990年から２年間、米国カリフォルニア大学へ留学。東海大学医学部教授、聖路加国際病院リエゾンセンター長・精神腫瘍科部長、聖路加国際大学臨床教授などを経て、2017年より現職。著書に『精神科医が教える60歳からの人生を楽しむ孤独力』（大和書房）、『精神科医が教えるちょこっとズボラな老後のすすめ』（三笠書房）、『精神科医が断言する「老後の不安」の９割は無駄』（KADOKAWA）などがある。

STAFF

ブックデザイン	別府 拓、奥平菜月（Q.design）
DTP	G.B. Design House
執筆協力	諸井まみ
イラスト	ぷーたく
校正	夢の本棚社
編集	花澤靖子（スリーシーズン）

精神科医が教える
50歳からの時間の使い方

2023年６月25日　初版発行

著者　保坂　隆
発行者　富永靖弘
印刷所　誠宏印刷株式会社

発行所　東京都台東区台東２丁目24　株式会社　新星出版社
〒110－0016　☎03(3831)0743

ISBN978-4-405-09446-8

アリア
ヨーナス
バルトロメウス
大罪が新たな
主の魂を蝕む前に、
取り憑いた財宝を回収して、
この王冠に戻すんだ

両手をひとまとめにされ、
頭上の本棚に押し付けられる。
摑まれた手首からは、
ぐ、と鈍い音が立った。
ラウル

「逃げられると思うな」
「痛い、ったら」

胸に下げた金貨を
そっと握って、
アリアは静かに
笑みを浮かべた。
外にぶら下げた財は、どれだけ貯め込んでも、
盗まれてしまうかもしれない。
けれど、頭に入れた教養と、心に込めた愛は、
けっして誰にも奪われない

猫かぶり令嬢
アリアの攻防

［著］
中村颯希
［画］
イチゼン

Neko kaburi reijou
Aria no Koubou

written by Satsuki Nakamura
illustration by Ichizen

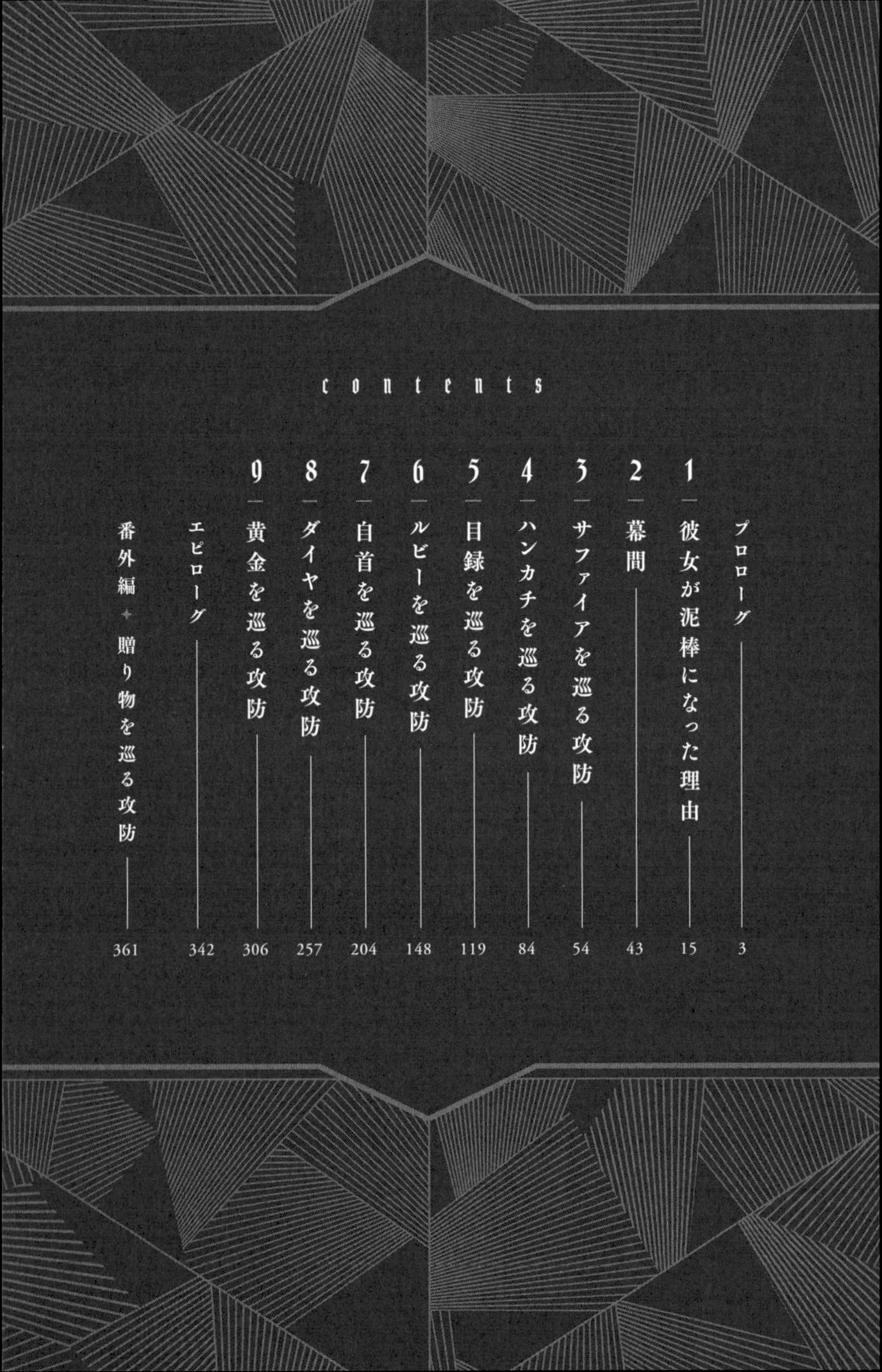

contents

プロローグ

アリア・フォン・エルスター男爵令嬢は、まるで谷間に咲く鈴蘭の花。

その清楚な美貌と儚げな風情を見れば、はっと胸を打たれずにはいられないと、人は言う。

事実、クレーベ子爵家で開かれた舞踏会においても、アリアは現れるなり、賞賛の、品定めの、あるいは嫉妬の、威嚇の——様々な視線を引き寄せていた。

控えめな、けれど美しい挙措で広間にやって来たアリアに最初に近付いたのは、脂下がった中年貴族だった。

「やあ、アリア嬢。今日はお養父上は一緒ではないのかな？　いやはや、夢見る亜麻色の髪に、慈愛深い琥珀の瞳。風に優しくそよぐ花のような美しさだ。まさに『鈴蘭の君』に相応しい佇まいだね」

「まあ……、もったいないお言葉ですわ」

女と見ればすぐ「風にそよぐ花」だなんだと言いやがって、おまえの頭部に優しくそよいでいる毛髪をむしり取って花瓶に活けてやろうか。

内心ではそんなことを思いながらも、アリアは恥じらった風に答え、肩に回されかけた手をさりげなく躱す。

小娘を休憩室に連れ込むまでが舞踏会だと思っている男は多い。巻き込まれるのはごめんだ。馬のように鼻息を荒くしている青年や、視線と毛髪をべとつかせたほかの中年貴族も同様にすり抜けていると、今度は、同年代の貴族令嬢に陰口を叩かれた。

「あらまあ、今日も人気者ね。でもご覧になって、あのドレスの地味なこと。貧乏男爵家の、しかも養女では、あれが精一杯のおめかしなのでしょうけど」

ならあんたのドレスはなに、高熱のときに見る悪夢の柄？

そんな感想が浮かぶが、もちろんおくびにも出さない。

これでも、脳内での口調も淑やかにするよう、極力心がけているのだから。

「…………っ」

意識的に唇をきゅっと引き締め、眉間に力を入れて、瞳をわずかに潤ませる。

軽く視線を落とせば、「心ない悪口に傷付いた、気弱な美少女」の完成だ。

仕上がりは上々と見えて、特に男性陣からいたわしげな気配が醸成されるのを捉えた。

べつに彼らから同情されたところで嬉しくもないが、「繊細」「内気」といったイメージは重要だ。アリア・フォン・エルスターの名の前に、無害そうな形容詞が付けば付くほど、安全を確保できるのだから。

傷心の表情を浮かべたまま、アリアは会場を移動しつづけた。

（ああ、ローストビーフのトレーまであと少し）

諸々（もろもろ）の仕込みがあったせいで、もう深夜になるというのに一口も食事を取っていない。

壁沿いに並べられた銀のトレーを視界に入れただけで、アリアの口内に甘美な興奮が走った。

とそのとき、ちょろ、とトレーの近くを走り回る白トカゲを発見する。

アリアの相棒だ。

誰にも見えないのをいいことに、ちゃっかり食事にありついていたらしい「彼」を見て、アリアの飢餓感はますます強まった。

（抜け駆けなんてして。覚えてなさいよ）

密（ひそ）かに拳を握りつつ、あくまでも優雅にトレーへと接近する。

だが、子爵家の召し使いに配膳を頼む直前、今度はまた違う人物に声を掛けられた。

「あら、どこの貧相な田舎娘が我が家に紛れ込んだかと思ったら、あなたでしたの。アリア・フォン・エルスター」

扇で口元を隠し、不遜にこちらを見下ろすその人は、この舞踏会の主催者の娘、フリーダ・フォン・クレーベだ。彼女は、花のような美貌のアリアを検分すると、ふんと鼻を鳴らした。

「あなたも、我が家の舞踏会に特別に参加なさる、あのラウル様が目当てなの？　うだつの上がらない、貧乏男爵の養女の分際で、身の程知らずなこと」

「い、いいえ、そんな。わたくしはただ、社交期ですので、舞踏会に参じただけで……」

こいつの黒歴史を記した日記が社交界中に流出しますように。

睨んでくるフリーダに、アリアはひとまず身を震わせ、怯えた様子を演出しながら礼を取る。

「どうだか。年頃の娘で、『蒼月の聖騎士』ラウル様に憧れない者などいないもの。しおらしい態度を取りながらも、本当は彼との出会いを狙っているのでしょう！」

「いいえ、そんなことは……」

眉尻を下げて困惑を、胸の前で片手を握り締めて恐怖を強調。

ただし、ラウルとやらに会うために来たわけでないのは本当だ。

アリアは、巷で噂の美男子なんかに、かけらも興味はない。浮かれぽんちで縁談を求めるほかの令嬢たちとは違い、彼女が今日舞踏会に参加するのには、もっと明確で、切実な目的があるのだから。

だがフリーダは、遠慮がちに否定を寄越したアリアに、一層声を荒らげた。

「嘘おっしゃい。彼は清貧を好むと聞きつけたからこそ、そんな質素な装いにしたのでしょう。月を思わせる、真っ白な肌。彼の瞳と同じ水色のドレス。歓心を買おうとする魂胆が見え見えだわ」

「そんな……」

震え声で呟きながら、アリアは内心で「おいおい、まじかい」と嘆息する。

ドレスの色はともかく、肌の色など変えられないのだから、これは完全な言いがかりだ。

「お目汚しでしたら申し訳ございません。肌もドレスも、わたくしはこれしか持ち合わせていないのです。ラウル様は、わたくしなどからは縁遠い、輝かしいお方。まみえようとすら、思ってはおりません」

とはいえ、身分差を考えるに、ここで強く言い返すのは悪手だ。

神妙に目を伏せ、誠意と健気さをふんだんにまぶした謝罪を述べると、やり取りを盗み聞きしていた周囲から痛ましげな溜め息が漏れる。

それを聞いたフリーダは苛立った様子で、「あら」と、軽食の横に並べられていたワイングラスを手に取った。

「そのドレスしか持ち合わせがないというのなら、わたくしが色を変えて差し上げようかしら」

——ばしゃっ。

そして、中身をアリアのドレスに浴びせかけたのである。

「きゃ……っ」

わぁお。

なかなか威勢のよいフリーダの行動に、アリアも少々驚いた。

咄嗟に百種くらいの罵詈雑言を思い付いてしまったが、なんとか呑み下す。

「あ、あんまりですわ……」

「おやまあ、着替えが必要ね。本当にラウル様狙いでないというのなら、今すぐこの場を去りなさい。休憩室はあちら。それと、出口はあちらよ」

さっさと立ち去れ、との態度に、周囲もフリーダの意図を察する。

彼女が、伯爵令息にして美貌の聖騎士、ラウル・フォン・ヴェッセルスに懸想していることは有名だ。

つまり、主催者の娘として彼に接触できるこの機会に、自分以上に美しい娘を割り込ませたくないのだろう。

観衆は呆れの囁きを交わし合った。

「フリーダ嬢は理性を失ってしまっているようだな」

「やれやれ、クレーベ家といえば、夫妻ともども忍耐強い忠臣ぶりで知られてきたというのにな。子爵はどんな教育をしているんだ？」

「いや、最近のクレーベ家は、なにかと醜聞が絶えないぞ。フリーダ嬢にしても、なんと醜い妬みぶりだ。アリア嬢が可哀想だよ」

だが、ワインを浴びせられたアリア当人はといえば、ぎらぎらと瞳を輝かせるフリーダのことを、ごく冷静に見つめていた。

まるで宝石のように、異様なほど光を撥ね返す彼女の瞳。

（これは、「嫉妬」）

フリーダの瞳に滲むのは、妬み。「嫉妬」の念だ。

（なら仕方ないか。きっと、あと半刻もすれば、彼女も落ち着く。……迷惑を掛けたと、詫びるべきかもね）

とそのとき、内心の独白に応じるように、アリアの耳に不穏な音が届いた。

――がしゃぁあああん！

大量のガラスが割れる音だ。

音は遠く、現場が会場内ではないことがわかる。だが、確実にこの屋敷のどこかが、破壊された音。

何事か、とざわめく広間に、ややあってから、慌てふためいた様子の中年女性が飛び込んでくる。この舞踏会の主催者、クレーベ子爵夫人だ。

「フリーダ！　ラウル様はまだなの。この場に騎士殿は、軍官は……その手の方はいないの！」

「お母様？　どうなさったの？」

急いで駆け寄ったフリーダに、子爵夫人は人目も憚らず縋り付いた。

「大変。大変よ。わたくしのガーネットが、いつの間にか偽物にすり替わっていたの！」

夫人は、己の首から下がる派手な首飾りを引っ張る。

真っ青な顔で彼女が放った言葉に、その場は一層騒然とすることになった。

「ヒルトマン家に続いて、今度は我が家が……。家宝のガーネットを、盗まれたわ！」

蜂の巣をつついたような騒ぎになった広間を、アリアはするりと抜け出した。

元々気配を殺すのは得意だ。使用人の仕事をするときは、存在感を消さなくてはいけないのだから。

それに今なら、一人だけ広間を出ていく姿を見つかったとしても、着替えのためと言い訳ができる。

人々に「この時間アリア・フォン・エルスターは広間にいた」と印象づけてくれたばかりか、悠々と現場を立ち去る口実まで与えてくれたフリーダには、感謝しなくてはならないだろう。

アリアは、黒歴史流出の願いを取り消してやることにした。

『おい、アリア、どこ行くんだよ。しれっと俺を置いていくなよな』

と、回廊を歩いていると、いつの間にか先ほどの白トカゲがひょいと肩に飛び乗ってくる。

爬虫類(はちゅうるい)が人語を話すことに驚きもせず、アリアは人差し指で、トカゲの鼻面を押しやった。

「レディの頬に息を吹きかけないでよ、馴れ馴れしいトカゲめ。帰るのよ」

『トカゲって言うな！　偉大なる宝の守り手、白きドラゴンへの敬意を込めて「バルトロメウス様」と呼べって言ってるだろ！　ってか、俺が口臭強いみたいな言い草やめろよ』

「ローストビーフの匂いがする。あたしは食いはぐれたのに。この裏切りバルト」

素の口調で凄(すご)むと、精霊バルトロメウス――バルトは、『なんのことかな』と明後日の方向を向いた。

『それくらいいいじゃねえか。久々に炎息(ブレス)かまして、腹減ったんだからよ』

「縄に火を付けるだけで疲弊してどうすんの？　性能マッチ以下の低コスパドラゴン」

『流れるような罵倒はやめろよ。俺のブレスのおかげで、時間をずらしてガラスが割れたんだろうに』

バルトがぐるる、と唸(うな)る。

「それはまあ、たしかに」

アリアが広間にいるタイミングで、見事ガラスが割れてくれたのはお手柄だった。きっと誰もが、クレーベ家のガーネットは、あの瞬間、ガラス窓を破って逃亡した誰かに盗まれたと思ったろう。

『よく思いつくよな。あらかじめ窓ガラスを割っておいて、破片だけ後から派手に落として、逃亡時間を偽装する、なんてさ』

今日のアリアは忙しかった。

シルバー磨きの使用人としてクレーベ家に潜り込み、舞踏会のために恭しく鏡台に並べられていたガーネットの首飾りを、精巧な偽物とすり替えた。

次に窓拭き女に扮して、人通りのない北棟の窓ガラスを静かに割って、その大量の破片を男服と一緒に縄で屋上にくくりつけておいた。

あとは、舞踏会が始まってからバルトに炎を吐かせ――といっても、彼のブレスはげっぷくらいの小さなものだが――、縄を燃やすだけだ。

縛りを解かれたガラスは落下し、派手な音を立てる。いかにも変装に使いました、と言いたげな、大柄な男服も一緒だ。

先日、ヒルトマン家からエメラルドを盗み出すときも、同様の仕掛けをしておいた。

今後連続してくる宝石泥棒は、堂々と窓ガラスを破って侵入、逃亡する、大柄な男だと、世間は思ってくれるだろう。

回廊を抜け、着替え用の休憩室に立ち寄ると、アリアはワインにまみれたドレスの裾をつまみ上げた。ひどい染みだ。もう二度と使えないだろう。

「まあいいか、実際安物だもん」

あっさり肩を竦(すく)めると、躊躇(ためら)わず裾を裂き、内側に縫い付けておいたあれこれを振り落とす。

変装用のかつら、衣装、ナイフにやすり、縄、小さな布袋。

それから、ガーネットの首飾り。

床に転がった、親指ほどもある大きさの宝石を、アリアは忌々(いまいま)しげに見下ろした。

情熱的に赤く輝く、パイロープガーネット。

その名には、昔の言葉で「炎のように燃える瞳」との意味があるらしい。

なるほど、嫉妬にぎらつく瞳を思わせる、まさに大罪が取り憑(つ)くのにぴったりの宝石だ。

アリアは、ドレスの裾をもう一段引き裂くと、素手で触れぬよう気を付けて、ガーネットをぐるぐる巻きにした。

「これでよし、と」

『おまえさ……仮にも精霊の前で、堂々と足を晒(さら)すなよな。ドレスも可哀想に』

ぼやくバルトに、アリアは肩を竦めた。

「たしかにね。あたし好みのドレスだった」

もちろん柄の話などではない。おしゃれに興味などないアリアからすれば、ドレスを選ぶときの基準は、どれだけ裾が膨らんでいるか――つまり、どれだけ多くのものを仕込めるか、の一点だけだった。

貴族令嬢が馬車にも乗らずに帰宅しては目立つので、今度は、「わがままな主人に夜中の買い物を頼まれた使用人」に扮することにする。

手早くドレスの残骸を丸めると、あらかじめ入手しておいたお仕着せに着替えて、その裾の内側に縫い留めた。裁縫が得意でよかったと思うのは、こんなときだ。

最後に、礼装には似合わないからと外していた、古ぼけた金貨で作った首飾りを、いつもの通り首にかける。

しっくりと肌になじむ金貨の心地よい重みを感じると、アリアはほっと息を吐(つ)いた。

「天にまします我らが母よ。今夜の盗みもうまくいったことに、心より感謝を」

金貨を引き寄せ、軽くキスを落とす。

『精霊の女王に、そんな俗悪な祈り捧(ささ)げんなよ』

肩に乗ったバルトは呆れの溜め息を漏らすが、聞き入れない。

顔を上げたアリアは、ふっと好戦的に口の端を引き上げた。

「今日も、明日も、これからも」

強い意志を宿すとき、アリアの瞳はいつも色が鮮やかになる。

琥珀色だった瞳は、金貨の色味も移ってか、黄金色に光るかのようだった。

鈴蘭に喩えられる「アリア・フォン・エルスター」は控えめな美貌が売りだが、清楚の仮面を外し、瞳を輝かせる彼女は、一層華やかで麗しい。

「あたしは絶対、捕まらない」

盗みを働くときのお決まりの祈りを唱え、アリアは悠々と、休憩室を出て行った。


エルスター男爵家の養女・アリアは、男爵家遠縁の田舎娘でもなければ、気弱でもない。

彼女はこの王都の下町にある孤児院で育った、強かな少女だ。

さらにいえば、ここ最近王都を騒がせている、宝石泥棒でもあった。

おしゃれに興味のない彼女がなぜ、人語を発するトカゲと宝石を盗み出しているのか。

それを説明するには、時を半月ほど、遡らねばならない。

1 彼女が泥棒になった理由

しっかりと髪を整え、化粧を済ませたら、鏡の前で表情の研究をする。

それが、エルスター男爵・ヨーナスに引き取られて以降の、アリアの日課だ。

「恐れ多いことですわ……」

恥ずかしそうに、目を潤ませて。

「わ、わたくしには、もったいないことでございます……」

頼りなげに、消え入りそうな声で。

「あなた様の、仰せのままに」

いかにも全幅の信頼を寄せているように、はにかみ笑いを浮かべて。

ふわふわとした亜麻色の髪はシルクのリボンで結い上げ、清楚(せいそ)な印象を際立たせる。

頬紅はごく薄く、きらめく琥珀(こはく)色の瞳はあえて伏せて、勝ち気さをぬぐい取る。

姿勢を変え、表情を作り、いくつもの角度から念入りに研究を重ね、どこからどう見ても

「可憐で貞淑でたおやかなアリア・フォン・エルスター」像が結ばれるのを確認してから、アリアはおもむろに頷いた。

「よし。好色じじいが好みそうな、健気な幼妻だわ」

そう。男爵家の養女となったアリアが目指すのは、若き貴公子との縁談ではなく、裕福な独居老人の後妻に納まることだった。

彼らが好む「孫のように愛らしい後妻」像に寄せるべく、アリアは日々、こうした鍛錬を重ねているのである。

思い返せば三年前、街路に立っていたアリアがヨーナスに声を掛けられたときから、この生活は始まった。

それまでのアリアは、修道院に併設された孤児院で、修道女ベルタによって育てられていた。ところが三年前、王城で軍部が王権奪取を目指して謀反を起こしたのを端緒とし、王都全域の治安が悪化し、孤児院崩壊の憂き目に遭ったのである。

かくなるうえは身売りも辞さない――。孤児院の中では年長だった当時十四歳のアリアは、意を決して街路に立ったのだったが、そこで出会ったのがヨーナスであった。

もっとも彼は、アリアの春を買おうとしたわけではない。

孤児院を経営している修道院と、仕事上の付き合いがあったとかで、この治安下で経営は大丈夫なのかと見舞いに来てくれたのである。

エルスター男爵ヨーナスは、貴族の中では末端の部類だ。

辛うじて「男爵」の地位にあるが、それは彼の祖父が手掛けた金細工が、当時の王にいたく気に入られたからで、ほとんど名ばかりの叙爵だった。王都に与えられた屋敷を除けば、領地もない。

ヨーナス自身、優しげと言えば聞こえがいいが、押しの弱そうな、緩みきった体つきと顔をしている。

きっと彼は、男爵家当主として社交界に籍を置くよりも、工房の職人として家族と慎ましい生活をしているほうが、よほど性に合うだろう。

そんな善良さと小心さが前面に表れ、かつ、自身でも認識している男だった。

彼は弱り果てた少女を見過ごすことができず――アリアは彼の亡くなった娘と同い年だった――、アリアもまた盛大に窮状を訴えて彼に付け込み、見事男爵家の養女に納まることとなったのだ。

ある日を境に、孤児から貴族の養女へ。

普通の娘であれば、贅沢な暮らしに目が眩み、放蕩の限りを尽くそうものだろう。

しかしアリアはそうではなかった。

なにしろヨーナスには、孤児院を救ってもらった恩がある。受けた恩を返さないのは精霊の教えに反することだと、院長のベルタからきつく躾られていたし、正直に言えば、ヨーナスには付け込むだけの財すらなかった。

それというのも、とにかく彼はお人好しなのだ。

物乞いがいれば有り金すべてを渡してしまうし、使用人が給与の前借りを申し出れば疑いもせずに許可してしまう。転倒した老人に手を貸して財布を掏られ、病身の母を救いたいと商人に泣き付かれれば怪しげな証文にもサインし、そうしているうちに、男爵家はすっかり貧乏になっていたのである。

アリアとて、当初はもう少し、彼を騙したり、搾取したりするつもりだった。

しかしこちらが騙しにかかる前に、彼はもっと悪質な詐欺にほいほい引っかかりにいくのだから、わけがない。

気付けば、呼吸するような容易さで破産しにいくヨーナスを止めて回り、騙されたら騙し返し、盗まれる前にぶちのめし——とにかく、彼の世話役のような立ち位置に落ち着いてしまったのである。

だめだ。搾取しようにも、この人には先立つものがまったくない。

というかたぶん、この人は自分がいなければ即死する。

そう痛感したアリアは、彼に付け込む路線をすっぱり諦め、自ら財を成すことにした。

以降、ちょっとした内職は続けているものの、貴族の娘が大金を稼ぎ出す方法なんて、やはり裕福な男との結婚しかない。

成金の商人に嫁ぐのも一手ではあったが、結局それでは、財産は永遠に「夫の金」のままだ。

アリアが遠慮なく金を使い、たとえばヨーナスに小遣いを渡せるようになるには、彼女名義の財産が必要だった。

そこで、後妻なのである。

この国の法では、財産は当主の死後、妻が半分を相続する。

子がいない場合は全部をだ。

つまり、妻に先立たれた裕福な老人をたらし込みさえすれば、数年後には莫大な財産が手に入る。アリアにはもはや、騎士だの上位貴族令息だのは、視界に入れる価値すらない。

とにかく、老い先短い裕福な男に気に入られようと、そればかりを目指し、この三年を過ごしてきた。

幸い、アリアの外見はかなり愛らしい部類だ。緩く波打つ亜麻色の髪も、大人しい色合いの琥珀の瞳も、「従順な美少女」像に都合がいい。下町時代には、この舐められやすい容姿のせいで相当苦労したものだったが、今ではこの外見だからこそ世渡りができているし、苦労したからこそ、ちょっと珍しい様々な「特技」も身につけることができた。

アリアは努力を厭わない。目的のためなら手段も選ばないし、度胸も計画性も、人並み以上と自負している。

というわけで、その日もアリアは、裕福な老人を釣り上げるための自分磨きに、精を出していたのであった。

「絶対、裕福な独居老人をゲットしてみせるから。見ててよね」

お守り代わりにしている、古ぼけた金貨のネックレスに、アリアは軽くキスを落とした。

さて、表情の研究を終え、礼儀作法を復習し、各国の情勢を記した書物に目を通し、作詩の自主課題を済ませ、お次は老人をイチコロにする甘い声の発声練習でもしようかと、窓を開けたそのときだ。

「わあああああ！」

庭の向こう、重厚な造りの蔵から悲鳴が響き、彼女は怪訝さに眉を寄せた。

「ヨーナス様？」

窓から身を乗り出してみると、蔵の扉から、ふらふらとした足取りでヨーナスが出てくる。

彼は、遠目にも青ざめた顔で、その場に崩れ落ちた。

「は⁉」

アリアはぎょっとし、ついで舌打ちしながら、蔵に向かって走り出した。

「なにやってんの、あの人は、もう！」

今彼がいるあの立派な蔵は、ヨーナスの「仕事部屋」のようなものである。

彼は、細工師の一族である延長で、この国の第三宝物庫の管理を任されていた。

宝物とは言っても、本当に貴重な国宝、たとえば歴代の王族が使用する王冠や、精霊の教えを記した経典などは、王城の最奥にある第一宝物庫や、誉れ高きヴェッセルス伯爵家が管理する第二宝物庫で、厳重に保管されている。

ここにあるのは、それ以外。

「貴重といえば貴重だがかなり場所を取る歴史書の写し」や「美しいは美しいが曰くつきで持ち主が次々と死んでいる首飾り」や「小王国から収奪したものの美意識にそぐわず王城内に

置くにはちょっとアレな彫像」など、つまりは、「微妙な国宝」なのである。

一応「第三宝物庫」と呼ばれる立派な蔵こそ建てられてはいるが、その実態は、片付いていない物置に等しい。

ヨーナスの仕事は、この蔵と同じ敷地内に邸宅を構えて、ぼんやりと「国宝」を見守ること。

まあ、なんというのか、「貧乏男爵」「名ばかり貴族」と呼ばれてもなんら反論できない、閑職だった。

「ヨーナス様！　ちょっと、大丈夫⁉」

だが、閑職の貧乏貴族であろうと、アリアにとっては、懐に入れてしまった身内だ。

本物の焦りを滲ませ駆け寄ると、ヨーナスは蔵の扉付近で、呆然と座り込んだままこちらを見上げた。

「ア、アリアちゃん」

「いったいどうしたの⁉　空き巣⁉　強盗⁉　詐欺⁉　借金取り⁉」

「そ、そういうのは、この前アリアちゃんが一掃してくれたから、違うんだけど」

あの、可愛い顔でボキボキ指鳴らさないで……と弱々しく訴えてから、ヨーナスは震える指で、蔵の中を指し示した。

「蔵の中で一番貴重な、ガザラン小王国の王冠が、なぜか、く、腐っていて」

「はあ？」

腐る。

予想外の言葉に眉を寄せつつ、示された方向を目で追って、アリアはぽかんとした。

薄暗い蔵の中、扉から射し込む陽光を浴び、ベルベットの台座に神々しく輝いていたはずの王冠が——たしかに、見るも無惨に、溶けていた。

「なにこれ!?」

慌てて駆け寄る。

アリアの記憶が正しければ、つい先週の見回りのときまで、この黄金でできた冠には、色とりどりの宝石が嵌まっていたはずだ。

そう、たしか、ぐるりときれいな正円を描く金のサークレットから、七つの尖塔が放射状に配置され、その根元には大ぶりの宝石が埋め込まれていた。

大層麗しい品だが、その小王国では「七つの大罪をそれぞれの尖塔に封じた」という主旨の呪具として使われていたため、第三宝物庫に追いやられたはずのものだ。

それが今や、金のサークレットは途中から黒く変色しながら崩れ、誇らしげに輝いていたはずの宝石は、なぜだかどれも曇ったガラス玉のような色になって、辛うじて冠にこびりついている。

盗まれたのではない。宝石をほじくり出されたのでもない。

火で炙られたのでも、叩き壊されたのでもなく、まさに「腐蝕した」としか表現しえない現象に、アリアは愕然とした。

「貴金属って、腐るんだっけ……?」

「そ、それと、あそこの、白龍(ホワイトドラゴン)の像が、なぜかトカゲに変身していて」

「は？」

ついで、ごちゃついた蔵の最奥を示され、アリアは目を瞬(しばた)かせた。

壁の手前に置かれた、天井まで届くほどの高さの柱。

そこには、柱にぐるりと絡みつくように、白龍の像が彫られていたはずだった。たしかこの蔵が建てられたとき、庫内の安全を願って彫ってもらったという、ドラゴンの彫像柱だ。

それが今や、柱からはすっかり彫刻部分が消え失(う)せ――代わりに、その根元に、ちょろりと小さな白トカゲが動き回っていた。

「…………！」

アリアは本能的に、素早い動きでトカゲを捕獲した。

すぐに産卵してしまう害虫の類いは、見つけ次第即処分。これが衛生管理の基本だ。

ゴキブリや蠅(はえ)とは違って、トカゲは害虫を食べてくれることもあるので、殺しはしない。

ただ、警戒心が高まった状態だったので、つい庫外に放り投げようと、反射的に大きく腕を振りかぶってしまった――そのときである。

『うおお！　投げるな投げるな！　偉大なる精霊を投げるんじゃねえよこの小娘！』

手の中から、威勢のよい声が聞こえてきたので、アリアは体勢を崩し、座り込んだヨーナスの隣に膝(ひざ)を突いた。

「は？」

今、このトカゲから声が聞こえたのだが。

息を呑みながら、恐る恐る手を開く。

すると、白トカゲは素早く掌から逃げ出し、床をぐるぐると走り回りながら、さかんに叫び続けていた。

『潰れるかと思ったし！　おい！　小娘！　この、偉大なる秘宝の守り手、白き鱗のバルトロメウス様を圧死させようとはどういうつもりだ！　地獄に堕とすぞ！』

「…………」

アリアは、たっぷり呼吸三つほど黙り込み、それからふっと笑みを漏らした。

「やだ。あたし、疲れてるのかな」

「あいたたた！　アリアちゃん、どうして僕の頬をつねるんだい！」

「だってヨーナス様。トカゲがしゃべる悪夢が見えるんだもん」

思わず隣のヨーナスの頬をつねっていると、白トカゲが一喝した。

『悪夢ってなんだよ！　現実だよ、直視しろよ！』

「あたしの知ってる現実とは違うんだけど」

腐る王冠。消えた彫像。しゃべるトカゲ。情報量の多い「現実」に頭痛がしそうだ。

「アリアちゃん。このトカゲは、しゃべっているのかい？」

「ヨーナス様には聞こえない？」

「う、うん。なんか、やたら艶のいい白トカゲには見えるし、神々しい雰囲気？みたいなのは感じるんだけど、話しているとまでは」

精霊を信じるこの国では、白い鳥や白い猫、白いトカゲなどは、「精霊の女王の御遣い」とみなされ、神聖視される。

それでヨーナスも、このトカゲに聖なるなにかを感じ取っているようだが、声までは聞き取れないらしい。

「あー……あたしも聞こえないや。うん。全然聞こえない」

アリアはすかさず、事実ごと封殺しようとしたが、そうは問屋(トカゲ)が卸さなかった。

『嘘(うそ)つけ！　おまえ、俺の声が聞こえてるんだろ⁉　で、そっちの中年男には、姿は辛うじて見えていると。よし、おまえらの精霊力か信仰心はよほど高いとみた。この未曽有の危機を解決するため、特別に力を貸してやろう』

偉そうにふんぞり返って、一方的に語り出したのである。

『いいか。伝承によれば、この王冠の七つの輝きには、七つの大罪が封じられていた。ところが、そのうちのどこかが破損したことで封印が解け、散り散りになってしまったんだ』

立ち上がったアリアはドレスの裾を払って、ぐるりと庫内を見渡した。

愉快犯による盗難の可能性がある。ほかに被害がないか確認せねばならないだろう。

『大罪はそれぞれ、近くにある最も相性のいい宝石や貴金属に宿る性質がある。「力ある財宝」にな。つまり、上等だったり、伝統があったり、多くから愛されてきた宝ってことだ。そして、持ち主の魂を蝕(むしば)み、禍(わざわい)を広げ、やがて持ち主ごと世界を破滅に導いていく』

まずは目録を持ってきて、照合作業をすべきだろう。あれには図も載っている。

だが横領防止のため、第二・第三宝物庫の目録は、エルスター男爵家とヴェッセルス伯爵家が互いに持ち合うことになっている。

ということは、伯爵家に事情を訴え、目録を借りにいかねばならないということか。

待て。それでは国宝を破損したと、自白することになるのでは。

『きっと大罪は、この国でもひときわ高価な財宝を持つ人物……つまりは貴族たちを中心に取り憑(つ)き始めているはずだ。悪徳に染まった彼らは、妬み、むさぼり、強欲に利を得ようと争い始める。国の危機だ』

いやいや、貴金属の腐蝕など、誰にも阻止しえないことだ。責任を取る筋合いはない。

……それとも、やはり責任の範囲ということになるだろうか。

たとえばもし自分が誰かに本を貸したとして、その期間中に本が虫に食われてしまったら、アリアは間違いなく怒り狂うし、責め立てる。てめえの目はどこに付いてんだ、読んでる最中に気付けよ対策しろよ、となるだろう。間違いなく、有罪(ギルティ)。

『だが安心しろ。この宝物庫の守り手、偉大なる宝の精霊、バルトロメウス様が、おまえに力を貸してやろう。いいか、大罪が新たな持ち主の魂を蝕む前に、取り憑いた財宝を回収して、この王冠に戻すんだ』

男爵家の監督不行き届きで国宝が破損？

そんな筋書きはごめんだ、断頭台しか見えない。

だいたいどうして、こんなありえない事態の責任を取らなくてはならないのだろう。

そう、こんな、封印の崩壊だとか、しゃべるトカゲだとか、ありえない事態の。

ありえない、ありえない、ありえない――。

『っていうか人の話聞けよ！』

「うるさい！　気合いの力で現実は拒否できるんだからね！」

『できねえよ！』

だが、どれだけ脳内を独白でいっぱいにしても、トカゲが話す幻覚は一向にやまないので、アリアは地団駄を踏んだ。

「なにこれ!?　しゃべるトカゲだの封印だの国家の危機だの、こちとら、絵空事を喜ぶ年齢はとうに越してんの。絵本の世界はお断り！　よそでやってよね！」

『あァ!?　なんだそれ。言っとくが、俺たち精霊が姿を見せりゃ、聖職者どもは泣いて喜ぶんだからな！　おまえも声が聞けるってことは、修道女かなんかじゃねえのかよ。精霊とともに働けることを喜べよ！　おら！』

「単に、修道院併設の孤児院で育ったから、そのせいでしょ!?　こっちはそもそも、精霊すら信じちゃねえんだっつーの！」

相手の気安い口調に引きずられ、ついこちらも下町訛りが激しくなってしまう。

三年でかなり矯正したと思ったが、まだまだだ。

アリアは大きく舌打ちし、「仮に」と息を吐き出した。

「あんたの言うとおり、世の中に呪いや大罪が実在して、それが散り散りになったとする。話すトカゲもいたとする。でもどうして、あたしがあんたに従わなきゃならないの？」

『なんだと？』

「あんた、この蔵の守り手なんでしょ？　なのに王冠の破損を許したの？　そっちこそ職務怠慢じゃない。柱に張り付いて昼寝でもしてたわけ？　王冠が腐る前に防いでよ。それを偉そうに、『力を貸してやる』って、何様？」

指を突き付けて言い放つと、トカゲは「うっ」とその場で尻尾を丸めた。

『まあ、それはその、なんつーか……。っていうかおまえ、めちゃくちゃ口悪くねえ？』

「言っておくけどあたし、登場人物の三分の二以上が死んでからようやく推理を始める探偵を、名探偵とは認めない派だから。肝心なのは未然に防ぐことなの。あんたは――ううん、あんたがそれに失敗したんだからね」

責任の所在を明確にしてから、アリアは怒りで鼻を鳴らした。

「わかったなら、あんたはあんたの尻拭いをすることね。大罪の回収とやらを！　あたしはあたしで、この腐った王冠を隠蔽（いんぺい）する方法を考えるから」

アリアは迷信など信じないし、こんな怪しげなお宝のために、ヨーナスともども断頭台の露となるつもりもなかった。

罪はバレなきゃ罪ではないのだ。どうせこの第三宝物庫の収蔵品なんて、ごく一部の人間しか知らない。

つまり、この王冠の存在ごと、抹消してしまえば。

「とりあえず、ヴェッセルス家にある目録を書き換えよう。盗むか、騙し取るか……。ああ、半年後には視察期間が来るから、その前に片をつけなきゃ」

第二・第三宝物庫で、それぞれ問題なく国宝が管理されるかを監視するため、エルスター家とヴェッセルス家は、三年に一度、互いの宝物庫を視察することになっている。

ということは、半年後に迫る視察期間までに、目録を改竄、あるいは抹消すればいいわけだ。

「ねえ、ヨーナス様。ヴェッセルス家の間取りや家族構成って……」

ところが、目録強奪の計画を練り始めた、そのときだ。

ずいぶん静かだなと思いながら、アリアは背後のヨーナスを振り向き――、

「ヨーナス様!?」

そこに広がる光景を見て、ぎょっと肩を揺らした。

「ちょっと、なにしてんの!?」

なんとヨーナスは、蔵のすぐ外に座り込み、そこに生えている草をむしってはロに入れていたのだ。

「いやあ、なんだか、お腹が空いちゃって」

「はあ!? だからって、雑草を食べなくてもいいでしょ!?」

「うん。そうなんだけど」

困ったように頷きながらも、ヨーナスは草を咀嚼するのをやめない。

「でも……今すぐ、食べたくて」

いつもは優しげで、眠そうにも見える茶色の瞳。

それが今や、爛々（らんらん）と光っていることに、アリアはふと寒気を覚えた。

まるで呪われた宝石のような、強烈で不穏な輝き。

「ヨーナス様？」

「お腹が空いた。喉（のど）も渇いた。ああ、ワインが飲みたいなあ」

手近な雑草がなくなると、彼は肘や膝が汚れるのも構わず這（は）いつくばり、土そのものを掘り始めた。

爪の間からこぼれ落ちた茶色の塊を見つめて、「肉」と呟（つぶや）く。

「肉と、ワイン」

しゃがみ込んだまま、彼はゆっくりと、アリアを見上げた。

「お腹が、空いたなあ……」

ぎらぎらとした目に見据えられて、無意識に後ずさる。

なぜだか、ヨーナスが自分の肉を引き裂いて、血を啜（すす）りそうに見えたのだ。

「や、やめてよ、変な、冗談」

「お腹が空いた」

声を震わせるアリアの前で、口元から土をこぼしたヨーナスが、ゆらりと立ち上がる。

一歩、また一歩、とこちらに近付く動きは鈍いのに、不思議と、こちらが少しでも動けば一気に肉薄してきそうな、奇妙な迫力があった。

「いったい、どうしたっていうの——」

『指輪についているアメシストだ！』

とそのとき、足下から凜とした声が響き、アリアははっと我に返った。

白トカゲはするりとヨーナスの服をよじ登り、彼の手首に乗り移る。

小指にまでたどり着くと、そこに嵌められている紫水晶の指輪を、尻尾で激しく叩いた。

『こいつだ！　このアメシストに、「暴食」が取り憑いている！』

むちゃくちゃなことを主張されて、アリアは途方に暮れた。

「どうしろっつーのよ！」

『回収しろっつってんだろ！　王冠に戻すんだ！　ただし素手で触るなよ！』

畳みかけられて、アリアは咄嗟にぐっと口を引き結んだ。

呪われた宝石に、大罪、回収。とても現実の話とは思えない。

だが、ヨーナスの行動が常軌を逸していて、まさに「暴食」に取り憑かれたように見えることは、たしかなのだ。

『ほら！　早く！　こいつから指輪を取り上げて！』

「…………っ」

こうなれば、一か八かだ。

アリアはぐるりと手首を回すと、覚悟を決め、自身の髪からシルクのリボンを抜き取った。

幅広のそれで、スカーフのように左手を覆い、一方の右手は、勢いよくヨーナスに向かって突き出す。

「ちょっと失礼！」

がっ！と音を立てて相手の目を覆うと、ヨーナスは「ぐふっ」と小さな悲鳴を漏らしてふらついた。

その隙を突き、素早く左手をヨーナスの右手に這わせる。目にも留まらぬ速さで指輪を掴むと、次の瞬間には抜き取った。同時に、顔を押す右手に力を込めて、相手に尻餅をつかせる。

ちなみに指輪を抜き取る際は、関節の膨らみに合わせて少しリングを捻るのがコツである。

『いや、めちゃくちゃ手際いいな、おまえ!?』

「ひったくりの一番代表的なやり方ね」

少し怯えた様子の白トカゲには、短く応じて済ませる。

小柄で愛らしく、油断すればすぐ路地裏に連れ込まれそうになるアリアは、目潰しをはじめとする卑劣な戦法を磨かざるをえなかったのだ。稼ぎを奪われることもざらだったので、飢えたときには、こうして犯罪に手を染めることもままあった。もっとも、規律に厳しい修道女ベルタが孤児院長に就任してからは、一切やめさせられたけれど。

「で、これをどうしろって言うの、トカゲもどき？」

『王冠に近付けるんだ！　あとバルトロメウス様って呼べ！』

「長い。バルトでいいわね」

トカゲ――バルトの促すまま蔵に戻り、アメシストの指輪を王冠に近付けると、たちまち反応は起こった。

サークレットにこびりつくようにして残っていた、くすんだガラス玉。

その内の一つが、突然ぱああっと紫色に光り出したのである。

「うわ……っ」

目を刺すような閃光に、思わず腕で顔を庇う。

やがて、光が収まったのを感じて腕を下ろすと、アリアは思わず声を漏らした。

「なにこれ……」

『「暴食」が、王冠のアメシストの中に戻ったんだ』

先ほどまでは、ひび割れたガラスにしか見えなかった塊が、今や、うっとりするような紫色の光沢を湛えていた。

アメシストに戻ったのだ。

『アメシストっていうのは、神話に出てくる女官の名前でな。石に変えられた彼女の体に、酒の精霊がワインを注いだから、こんな色になったって言われている。きっと、「暴食」にとって、好ましい色なんだろうな』

「ふうん……」

宝の守護精霊らしいうんちくを垂れるバルトの言葉を、アリアは曖昧に聞き流した。

その視線は、ヨーナスから取り上げた指輪に注がれている。指輪を飾っていたアメシストは、辛うじて紫色を保ってはいるが、かなり色褪せて見えた。

「これ、ヨーナス様の奥様の形見なんだけど。取り憑いた大罪を『回収』すると、宝石は皆こうなっちゃうわけ？　くすんじゃうっていうか」

ヨーナスは、妻に先立たれて以降、サイズの合わないこの指輪をなんとか小指に押し込んでまで、ずっと大切にしていた。

だからこそ、その大罪を「剝ぎ取った」後の指輪の無残な姿が、気に懸かったのだ。

『あー、形見かぁ』

バルトは、黒目がちの瞳を軽く伏せることで、トカゲの姿に見合わぬ複雑な感情を表現してみせた。

『道理で、こんな小っせえアメシストに「暴食」が取り憑いたわけだ。遠くにある巨大なアメシストよりも、近くにあるよく手入れされたアメシストのほうが、大罪にとってはよほど「力ある財宝」だった、ってことだな』

「……元には戻らないの？」

『んー や。今は、大罪に取り憑かれて、石が疲れてるだけ。時間が経てば回復する。それに、よほど精霊力が高くなけりゃ、ちょっと輝きが減ったかな？くらいにしか見えねえさ』

「そう」

では、ヨーナスの指輪は、おおむね無事だということだ。

密かに胸を撫で下ろしたアリアの肩に、バルトがちょろりと乗ってきた。

『というわけで、大罪が世の中に放たれちまったら、ご覧の有様だ。まずいだろ？　やばいだろ？　なあ。ちょっと力を貸してくれよ。正直なところ、俺も参ってんだよ』

先ほどとは違い、低姿勢だ。

アリア相手には正直に出たほうがいいと踏んだのだろう。

彼は、トカゲにしてはやけに人間くさい仕草で、はあ、と溜め息を落とした。

『白状するよ。俺、れっきとした精霊だし、ドラゴンなんだけど、素行不良で、精霊の女王から精霊の資格を剝奪されかけてんだ』

「え、精霊って資格制度なの？」

『ああ。女王の一存で決まる横暴な組織でよ……。「本性を取り戻したくば、修行して、精霊のなんたるかを学べ」って、このしみったれた宝物庫の番人役を押し付けられたのさ』

聞けば、精霊の女王とは、バルトの母でもあるらしい。

つまり彼は精霊界の王子様ということだ。

ドラゴンといえば、精霊の中でも最上位種。相応のプライドを持っていたバルトは、トカゲの姿に落とされ、それはもうふてくされた。守り手の役目も放棄して、惰眠をむさぼった。

それでこの惨状があるのだ。

だが、いざ守るべき宝を破損させ、大罪を飛散させてしまった今、彼にようやく危機感が芽生えたという。

『ここでしくじったら、俺、存在ごと抹消されちまうんじゃねえかなー、なんて』

きょろ、と、黒目だけの瞳が、上目遣いを決めるようにアリアを見上げる。

艶やかな白い体表もあいまって、なかなか愛らしい姿ではあったが、アリアはふふ、と可憐な口元を綻ばせた。

「自業自得って言葉を墓碑に刻みつけろトカゲ」

『可愛い面してひでえよ！』

バルトが大げさにわめき立てたそのとき、ふらふらと蔵の扉をくぐる者があった。

「ア、アリアちゃん、大丈夫……？」

指輪を奪われ、尻餅をついていたヨーナスだ。

彼は慌てた様子で駆け寄り、アリアの全身と、一部が修復された王冠とを、困惑も露わに見つめた。

「僕、途中から食べることしか考えられなくなって……。それで、指輪を君に抜き取られた瞬間、急に体の力が抜けて、でも思考がはっきりして、そうしたら蔵が光って、あれって王冠が光ったんだよね？　それで、アメシストが……あれ？　王冠、ええと」

「あたしが説明するわ、ヨーナス様」

混乱している養父に、アリアはゆっくりと、かつ端的に経緯を説明した。

王冠には七つの大罪が封印されていて、どういうきっかけか、その封が解かれて大罪が散逸してしまったこと。

大罪は財宝に宿る性質があり、取り憑かれた財宝の持ち主は、魂を蝕まれてしまうこと。

事態を挽回するために、守護精霊がトカゲの姿で顕現したこと。

取り憑かれた財宝を回収して王冠に近付けてやれば、大罪は再び封印できること。

そして、七大罪のひとつ、「暴食」が、先ほどヨーナスの指輪のアメシストに取り憑いていたこと。

「それで、指輪から『暴食』が戻った途端、アメシストの部分だけ王冠が元の姿を取り戻した、というわけ」

最後に王冠を示して話を締めくくると、ヨーナスはしばし、ぽかんとして黙り込んでいた。

どうやら、話が壮大すぎて受け入れられなかったらしい。

「ええと」

しかし彼は、しばらくしてから顔を引き締め、こう告げた。

「僕、陛下に、ことの次第を報告してくるよ」

「えっ？　信じるの？」

「もちろん。だって身をもって体験したんだ。強欲に憤怒、嫉妬に色欲、怠惰に傲慢。あと六つもの大罪が誰かに取り憑いたら、この国は大変なことになる。そもそも、第三とはいえ宝物庫のものが欠損したんだ。これはきちんと報告しなきゃ」

正論だ。

だが、アリアとしては、こう問わずにはいられなかった。

「でも、そんなことをしたら、ヨーナス様が責を問われるんじゃないの？」

「それはそうだよ、監督不行き届きだ。でも、事態を明らかにしないことには、対策も打てないだろう?」

「そうだけど……でも、事態を明らかにしたら、ヨーナス様は処分されるんでしょ?」

「いや、そうなんだけど」

堂々巡りの会話に、ヨーナスは困惑気味に首を傾(かし)げた。

「でも、そうしなきゃいけないだろう?」

「いや、だめでしょ!」

アリアは咄嗟に胸元――金貨の下がったネックレスを握り締めていた。

「なんで、ヨーナス様がこんな奇妙な事件の責任を取らなきゃいけないの!? 放っておけばいいじゃない。どうしてヨーナス様っていつも、『僕を殺して(キルミー)!』って両手上げて叫びながら馬車の前に飛び出すようなことをするわけ!?」

「僕、そんなことしてる!?」

「ここは放置一択でしょ!? 大罪は、大切にされている高価な宝石に取り憑く。なら、被害に遭うのも貴族だけ。貴族の性根なんて元々ねじ曲がってるんだもん、大罪が憑こうが憑くまいが変わらない!」

僕も貴族なんだけど、としょんぼり眉を下げたヨーナスを見て、アリアは視線を逸(そ)らした。

「とにかく、王冠は自然に腐ったんだから、その責任まで取らなくていいわよ。大罪云々(うんぬん)は、王冠破損とは別件として警告すればいい。きっと、宗教界がなんとかしてくれるわ」

「いやあ、でも、国宝の管理が僕の仕事だし、僕も実際、放置しすぎてたし……。陛下は賢王と呼ばれる寛容な方だ。過失があったからって、べつに死刑にしやしないよ」

「世の中に絶対なんてない」

吐き捨てるように告げると、ヨーナスは困った様子で頭を掻いた。

でもねえ、と苦笑いを浮かべ、わがままな子どもを諭すかのように、アリアに向かって屈み込む。

「やっぱり、こういうことは、きちんとしなきゃ」

「………」

だめな大人のくせに、と、唇を噛み締めたアリアは思う。

朝食の卵のゆで加減さえ即決できず、シャツの裾はしょっちゅうはみ出し、曖昧な言葉遣いのせいでいつもアリアや悪徳商人に付け込まれる。優柔不断で、だらしなくて、言いなり男のくせに、なぜこうした方針だけは、絶対に譲らないのか。

二人の間に挟まれたバルトが、身の置き所がなさそうにこちらを見上げている。

それをぼんやりと見つめながら、アリアは小さく切り出した。

「半年」

「え?」

「ううん、三ヶ月でもいい」

深く溜め息をついてから、アリアは顔を上げた。

「王冠破損の報告を上げるのは、少しだけ待って。その間に、あたしが王冠を元の姿に戻してみせるから」

「へ？」

目を瞬かせるヨーナスに向かって、彼女はきっぱりと言い放った。

「王都に散らばった大罪を、宝石ごと回収する」

「へ!?」

『よしきた！』

ぎょっとしたヨーナスとは裏腹に、会話を見守っていたバルトは快哉を叫んだ。

「で、でも、アリアちゃん。回収すると言ったって、どうやって……。上等な宝石ということは、貴族の家宝なのかもしれないよ。彼らが、王命もなしに家宝を貸し出すとは思えない」

「盗めばいいいわ」

けろりと答えると、ヨーナスがあからさまにぎょっとしたので、少々表現を変えてみせる。

「違った、事後承諾で拝借すればいい」

まったく、院長ベルタといい、ヨーナスといい、すぐくだらない「良識」に囚われるので、困ってしまう。

盗まずの掟と、自分の命と。どちらが大切か、下町の子どもでも知っているというのに。

「大罪付きの宝石は、拝借した後、必ず戻す。悪徳に魂を蝕まれたら、きっと宝石なんて手放したがらないだろうから、こういう荒療治はどのみち必要でしょ」

虫歯になっても飴をしゃぶり続ける子どもから、その飴を取り上げる際に、事前許諾なんているだろうか。

アリアが思うに、答えはノーだ。いったん無理矢理取り上げて、相手が冷静になってから、甘さを排除した菓子を返してやればいい。巡り巡って本人のためだ。

「いや、でもね。対処することと、報告の必要性はべつの話で」

「じゃあヨーナス様は、お皿を割ってしまったら、なにもせず親に泣きつけって言うの？ 片付けるなり、破片を繋ぎ合わせるなり、努力を多少はすべきじゃない。報告はたしかに必要かもしれない。でも、それは解決の努力をした後にすべきよ」

なおも反論するヨーナスを、話をすり替えて言いくるめる。

努力、という耳に心地よい単語に騙されて、「そう、なのかな……？」と呑まれはじめた養父に、アリアは力強く頷いた。

「そうよ。あたし、あと三ヶ月で、残る六つの宝石を、絶対に揃えてみせるから」

結局、ヨーナスが馬車の前に飛び出すようなことばかりするから、アリアは馬に石を投げつけるようなことばかりしてしまうのだ。

だが、べつにいい。

どうせ自分は、ベルタやヨーナスと違って、おきれいな人間というわけではないのだから。

胸に下げた金貨を握り締めながら、アリアはふん、と、口の端を引き上げた。

「捕まるようなへまはしないわ」

2 幕間

月光の射し込む大聖堂に、目を閉じて跪く男がいた。

美しい男だ。

肩口で括られたプラチナブロンドは、夜闇に溶けて銀色に光り、同色の睫毛が、塑像のような頬に、月光の淡い影を落としている。

通った鼻筋に、薄い唇。

精霊のような美貌だが、線の細さはなく、騎士服をまとった体は凛と引き締まっている。

その美しさ——冬の月を思わせる冷たい美貌で知られる彼は、名をラウルと言った。

造幣業で出世を果たしたヴェッセルス伯爵家の一人息子であり、「蒼月の君」とあだ名される聖騎士、すなわち、精霊力を持つ特別な騎士でもある。

ラウルは長時間、目を閉じたまま瞑想を続けていたが、不意に、宝石のような碧い瞳を開くと、静かに片手を掲げた。

――キンッ！

途端に、金属同士がぶつかる澄んだ音が響く。

背後から投げつけられた短刀を、ラウルの手甲が難なく弾き返した音だった。

「ちぇっ、瞑想中なら背後を取れると思ったのに。さすがは聖騎士様だ」

追って、軽やかな足音と、同じくらい軽薄な声が響く。

月の光を背に聖堂へと踏み入ってきたのは、金の巻き髪と明るい緑の瞳が印象的な、ラウルと同じ年頃の青年。

この国の第三王子である、コンラートであった。

「……瞑想を妨げるなと何度言えば」

「瞑想なんてじじくさいこと、干からびた聖職者どもに任せておけばいいじゃない。僕たち高貴なる若者は、もっと活発に動くべきだよ」

「私は聖職者だが」

「聖騎士、ね。聖職者と貴族の中間の存在だ。つまり、君は貴族の若者でもあるわけだ」

ラウルは、まるで夜を紡いだような美声で淡々と反論するが、コンラートはあっさりとそれを混ぜ返してしまう。

伯爵令息のラウルと王子のコンラートには、それなりの身分差があるはずだが、二人は母方の従兄弟同士で、幼少時から共に育ってきたために、その付き合いは気安いものだった。

もっとも、コンラートのずけずけとした態度を「気安い」と表現していいなら、であるが。

「自分の現状を客観的に見てみなよ。大の男が、こんな月のきれいな夜に一人で修行なんて、かなりわびしいよ？　周囲は君を、孤高の騎士なんて言うけど、要はぼっちじゃない」

ずかずかと近づき、従兄の隣——ただし床ではなく、ちゃっかりと礼拝用の椅子——に腰を下ろした王子のことを、ラウルは無言で一瞥するに止めた。

王子の無礼は今に始まったことではないからだ。

「君はさ、せっかく女の子を寝台に連れ込みやすい顔をしているんだから、もっとそれを生かすべきだよ。舞踏会とか舞踏会とか行けばいいのに。あとは舞踏会とか」

「面倒だ」

コンラートによるしつこい勧誘への返事は、短かった。

「騒ぎになる」

「ま、それはそうなんだけどさあ」

意外にも、コンラートはそれを素直に受け入れた。ラウルの答えが、事実そのものだとよく知っていたからだ。

ラウル・フォン・ヴェッセルスは、精霊の愛し子。ただ美貌の青年というだけでなく、剣を持たせれば当代一の武技を誇り、勘は鋭く、書は一度で諳んじてみせる。

さらには、精霊の女王が何より好むと言われるその碧い瞳のせいなのか、彼はただそこにいるだけで、老若男女構わず、周囲の心をかき乱してしまうのだった。

たとえば、女ならばたちまち恋に落ち、男ならば目が合っただけで圧倒され、子どもならば激しく泣き出す、といった具合に——もっとも最後のは、ラウルの冷ややかな佇まいが原因かもしれないが。

「傍目からは面白いんだけどな。君と目が合った瞬間、女の子たちがふらふらーって引き寄せられていくの。光に集まる蛾を見ているみたいで」

「楽しむな」

「いいじゃない。君の精霊力に耐えられる人間だからこそできる娯楽だ」

ラウルの暴力的なまでの魅力は、彼が生まれ持った、王族をも上回る量の精霊力のせいだった。

精霊の祝福、と言い換えられる精霊力は、恵まれれば、常人より優れた五感や美貌、頭脳や武技を宿らせ、ときに天候さえ操る能力をもたらす。

同時にその力は、強く異性を惹きつけ、同性を圧倒する。

精霊力が特に強いラウルの場合、ある程度の精霊力や、よほど強い意志を持つ相手でない限り、女性であれば魅了してしまうし、男性であれば威圧してしまうのだ。おかげで、彼とまともに対話できる相手は、同じ血の流れる親族か、聖職者くらいしかいなかった。

おそらく、程度がここまででなければ、精霊力に恵まれるというのは、素晴らしいことだったのだろう。ラウルはあらゆる資質を誇り、多くの人に愛され、快適な人生を歩めたはずだ。

しかし、あまりに強大な魅了の力は、むしろ彼に諍いばかりを運び込み、疲弊させた。

すべてが、彼の望むよりも早く手の中に落ちてきて、しかもその果実同士が醜く争うのだ。

始終女たちからは媚びられ、男たちには距離を取られ、羨望を向けられる。

過剰な好意と敵意を浴びつづけた結果、ラウルの他者への信頼はすり切れ、関心は薄らいでいった。今では、なにもかもが煩わしい。

そして、その他者への不信感と倦厭が、彼に聖騎士の職を選ばせた。

本当はさっさと出家してしまいたかったのだが、彼の親族がそれを猛反対し、結局、貴族と聖職者の中間のような、聖騎士の地位に落ち着いたのである。

聖騎士と言えば、王族の身の回りを警護し、聖遺物の管理をも任される、騎士の中の騎士。花形である。

ただしラウル自身は、聖騎士の職務期間内に聖職者の資格を得て、今度こそ出家するつもりだった。

一方の家族もそれを悟り、最近では躍起になって、彼に結婚相手を宛がって、俗世に留めようとしている。

「ねえ、ラウル。君、この前のクレーベ家の舞踏会も結局欠席したんでしょ？　頼むから、どこの家のでもいいから、舞踏会に行ってみなよ。好みの子がいるかもよ？　そうだ、男爵家の養女がすごく可愛いって噂だ」

そして、ラウルの母に可愛がられてきたコンラートは、完全にその回し者だった。

「君は文武両道にして品行方正、理想の男だ。だが、頑なところは頂けない。夫人も心配しているよ。君に世継ぎができなければ、伯爵家はどうなってしまうのかって」

「叔父上がいる」

「ああ、いるね、とびきり有能なドミニク殿が。まったく、君の一族は優秀だ。でも、そこは実の息子に継いでほしいんだよ、わかるだろう？」

ドミニク・フォン・ヴェッセルスは、伯爵の弟でラウルの叔父に当たる。金鉱の売買をはじめとした交渉事に長(た)け、この国の造幣業を躍進させた、経済界の功労者だ。

たしかに、伯爵家の後継となっても反発は少なかろうが、やはり夫妻としては、実の子に継がせたいという心情のようだった。

問いに答えず、再び瞑想に戻ろうとした従兄のことを、コンラートは肩を揺さぶり妨げた。

「頼むよ。伯爵夫人が王妃陛下(ははうえ)に泣きつくせいで、君の婚姻はもはや国家の重大事なんだ。国中が、君が誰かと恋に落ちることを望んでいると言っていい」

「馬鹿らしい」

返答は、にべもなかった。

「叔父上がいる。伯爵家の血は絶えない」

「そういうことじゃないんだよ」

あっさりと手を振り払われ、コンラートは業を煮やしたように自身の髪を掻(か)き回した。

「君の両親も、僕の両親も、僕も、ただ血統を気にしているわけじゃない。君を心配しているんだ。本当はわかってるだろう？」

コンラートは甘やかされた末王子らしい大胆さで、ラウルの前に回り込み、眉間に指を突き付けた。

「いつも死んだ魚みたいな目をして。君は笑わない、泣かない、なににも心を動かさない。夢や恋人を追いかけもしない。そんな人生って、人生と言えるのか？」

「出家の夢なら追いかけている」

「そんなの追い求める夢とは言わない。ただ逃げ出したいだけじゃないか」

燃える炎のような力強さで、コンラートは切り捨てた。

それから、緑の瞳に真剣な光を宿し、従兄を見据えた。

「生きるって、君が思うより楽しいことだよ。僕は君に、切実で、どうしても手に入れたい、そういうなにかを見つけてほしい」

ラウルは静かに、氷色の瞳を伏せた。

コンラートは、態度こそ無遠慮だが、善良な青年だ。彼が心からこちらを案じてくれていることは、もちろん理解していた。感謝もだ。

だが、ただ視線が合うだけで陶然とし、あるいは青ざめる周囲に対して、どうしても関係を結びたいと思えないのだ。

だって、周囲もまた、ラウル自身を見ているわけではない。彼を取り巻く精霊力に当てられているだけだ。

ある日突然精霊力が失われてしまったら、彼らはどんな反応をするのだろうかと、ラウルはときどき考える。

己はどうなるのだろうか、とも。

自分なりに努力して磨いたはずの武技や教養、価値観や立ち振る舞い。

それらはどこまでが「与えられた」もので、どこからが自前のものだろう。

積み上げたものは、その努力に応じて残るのだろうか。それとも、跡形もなく消え去るのだろうか。

ラウルは、なんとなく後者であるような気がしていた。

自分はすべて与えられてしまった。

だから自分ではなにも手に入れられず、手に入れようとも思えない。

「……まあ、君の場合、意志を持った女性に出会うことがすでに、難しいかもしれないけど」

黙り込んだラウルに譲歩したのか、コンラートが肩を竦めた。

「ああ、でも、仕事ならどう？　さしあたって、泥棒を追いかける仕事とか」

「泥棒？」

不意に風向きの変わった話に、ラウルが銀の睫毛を瞬かせる。

反応を得たことに気をよくしたのか、コンラートは大きく頷いた。

「そう。さっき言った、クレーベ子爵。そこの夫人の、ガーネットの首飾りが盗まれたんだ。舞踏会の最中に、ガラス窓を破って警備を突破する、豪快な大男らしいよ」

クレーベ家といえば王の忠臣。王のお膝元で大胆なことである。

わずかに眉を顰めたラウルに、コンラートは「しかも」と声を低めて続けた。

「その一週間前には、ヒルトマン子爵のエメラルドが盗まれている。同じ手口でね。同一犯だ。闇夜に紛れる姿から、社交界では『烏（ラーベ）』と呼ばれはじめているそうだよ」

烏（からす）は光り物が好きだから、言い得て妙だね。そう笑うコンラートをよそに、ラウルは物思わしげな表情を浮かべた。

「泥棒を持て囃（はや）す必要などない」

「僕もそう思う」

そこで、コンラートはすうと顔を引き締めた。

「貴族ばかりを狙う……『烏』は義賊気取りの男かもしれない。万一彼が、民衆に妙な人気を博して、国家転覆でも謀ったらことだ」

彼が緑の目を細めると、途端に王者の風格が滲（にじ）み出す。

「この国は、もう二度と、暴動など許してはならないのだから」

「…………」

コンラートが言うのは、三年前の謀反のことだ。穏健派で知られる現王の治政に反発した武闘派が、資金をかき集め、国家転覆を謀った。そのせいで王城は機能停止に陥り、治安維持もままならなくなった王都では、あちこちで暴動が起きたのだ。

姿勢を改め、コンラートの前に跪きなおしたラウルに、王子は堂々と頷いた。

「聖騎士ラウル・フォン・ヴェッセルスに、第三王子コンラートが命じる。王都を騒がす身の程知らずな『烏（ラーベ）』を、なんとしても捕まえよ」

凛とした声で告げてから、コンラートは空気を軽くするように首を傾げた。

「ま、女の子のお尻を追いかけられないなら、ひとまず泥棒でも追いかけておいてよ」

と。

ラウルは、観衆がいたら悲鳴が上がったに違いない美しい挙措で剣を抜き、輝きを王子に捧げた。

「御意」

3

サファイアを巡る攻防

マイスナー伯爵家の警備は厳重だった。

（広間の中央に置かれた、たったひとつのブローチのために、王城から借り受けた騎士が三、四……五人。街で雇った傭兵が五人。伯爵家付きの衛兵が十人）

アリアは燭台の火で赤々と染め上げられた空間で、じっくりと男たちを見渡した。

（いや、九人か）

衛兵たち十人のうちの一人に、アリアは変装していた。

メイドに扮して屋敷に潜り込んだ際に、衛兵の一人を小部屋に連れ込んで昏倒させたのだ。

今アリアがまとっているのは、その彼から奪った胸当てと兜だった。

マイスナー家では、使用人に過ぎぬ衛兵にまで、騎士に近い全装備をさせ、宝石泥棒の『鳥』を必ず捕らえてやると意気込んでいるようだ。おかげで、紛れ込みやすい。

（「鳥」ねえ。まあまあじゃない？）

兜で顔が隠れているのをいいことに、アリアはひっそり笑みを浮かべてみせる。

今回に限っては貴族たちのネーミングセンスがまともでよかった。

これで「漆黒の堕精霊」だとか、「暴虐の紅蓮（ぐれん）」だとかの、貴族が好む大仰な二つ名が付けられた日には、羞恥心でとても盗みなんか続けられない。

（でも、思った以上に早く、泥棒の存在が知れ渡ってしまったのは厄介ね）

重い槍（やり）を反対の手に持ち替えながら、そんなことも考える。

メイドや洗濯女に扮して屋敷に出入りするには、人出が多くなる舞踏会の日が最も都合がよかった。盗みの前後に貴族令嬢として舞踏会に出れば、盗難とは無関係だと印象づけることもできるからだ。

だが、「舞踏会の日に主催家から宝石を盗む」というパターンを二件連続してしまったことで、舞踏会の主催者たちは警戒を強めるようになってしまった。このマイスナー家のほかにも、今日舞踏会を開くいくつかの家から、王城に警護要請があったと聞く。

このぶんだと、騎士団、場合によっては聖騎士までもが、警護に駆り出されているだろう。

（分散されてくれるなら結構だけど）

念のため昨夜、アリアはまったく無関係の貴族の家の前に、烏の羽を置いてきた。

いかにも、「近々ここに忍び込みます」とばかりに。攪乱（かくらん）だ。

宝石泥棒に「烏」という名前が付いたおかげで、今や社交界中がその話題で持ちきりである。

羽を置かれたヴァイゲルト子爵家では大騒ぎだった。

これで、少しでも騎士団たちが警護を割けばよいのだが。

（当然、割かれるはずよ。彼らには、あたしが盗む基準なんてわからないんだから）

心を落ち着ける効果があるとされ、「怠惰」が好むエメラルド。

「炎のように燃える瞳」の意味を持ち、「嫉妬」が好むパイロープガーネット。

ガザラン小王国の王冠を知っていれば、そこに繋がりも感じられるだろうが、「微妙な国宝」の詳細を知っているのは、アリアたちしかいない。

（今日は、「傲慢」のサファイア）

目隠しをほんの少し上げて、アリアは広間の中央を見つめた。

ご大層にも、重厚な大理石の台座の上、ガラスの箱で覆って置かれているのは、マイスナー家の誇るサファイアのブローチだ。

数年前に王から与えられると、それを喜んだマイスナー伯爵によって即座に家宝名鑑に登録され、以降、恭しく屋敷の最奥に飾られてきた。

サファイアは、その空を思わせる色味から、聖職者が好んで身につけるものだった。

いかにも、枢機卿を幾人も輩出してきたマイスナー家に相応しい宝石である。

きっと、このブローチを所持すると、天と一体化して、下界を悠々と見下ろす心地になれるのだろう。

（精霊の忌み嫌うもの——高ぶる目、ってね）

アリア自身は不信心者だが、厳格な修道女ベルタに躾られたせいで、聖書はすべて暗記している。おかげで、人々を見下ろす空色の宝石には、「傲慢」の大罪が宿るのではないかと、すんなり連想することができた。

屋敷にある家宝名鑑を見れば、サファイアを家宝としている家は三つしかない。

同時に、男爵令嬢としてかき集めた噂話から、「最近マイスナー伯爵は人が変わったように使用人をこき使っている」との情報を得て、マイスナー家のサファイアに「傲慢」が宿ったと当たりを付けたのである。

「いいか。『烏』の羽が置かれたのがヴァイゲル家だからといって、けっして油断はするな。肉の盾となってでも止めろ。しょせん、おまえら衛兵にはその価値しかないのだから」

『ひええ。「傲慢」のやつ、ずいぶんこの男の魂を蝕んじまったんだなぁ。見ろよ、あのサファイア、力を得てギラギラしてる』

ガラスケースのすぐ傍に立ち、唾を飛ばして叫ぶマイスナー伯爵を見るに、アリアの推測は正解だったらしい。肩に乗ったバルトが顎を引いている。

伯爵も以前は温厚な人物だったらしく――なんでも「謙虚なるマイスナー」というのがあだ名であったらしい――、彼が居丈高な発言をするたびに、衛兵たちがその変貌ぶりに戸惑う気配が感じられた。

「『烏』め、調子に乗りおって。だが今日がやつの運の尽きだ。なにしろ、精鋭中の精鋭、『蒼月の聖騎士』まで要請したのだからな……。どんな大男でも、必ず捕らえてやる」

マイスナー伯爵は、ぶつぶつと呟きながら落ち着きなくブローチ周辺を歩き回っている。

（おっと。キラキラ二つ名の聖騎士が来る前に、さっさと片付けなきゃ）

おかげでアリアは、気を引き締めることができた。

耳を澄ませば、反対の棟にある大広間では、音楽が鳴り始めている。

夫人主催の舞踏会が、無事に始まったようだ。

泥棒に狙われていても舞踏会を敢行する――ある種の、見栄と意地のようなものだろう。

「バルト、お願い」

さあ、作戦開始だ。

ごく小声で囁けば、白トカゲは『承知！』とばかり尻尾を振って、堂々と広間の中央に躍り出た。

精霊である彼を「見る」ことのできる者は、この場にいない。だからこそできる芸当だ。

バルトはするりと台座を駆け上り、ガラスケースに張り付くと、大きく息を吸った。

（三、二、一……）

――ボォッ！

バルトがブレスを吐き出すや、たちまちガラスケース周辺に炎の線が走る。

この日の昼、メイドに扮したアリアが、ガラスケースを磨くふりをして、ケースの縁と木枠に、たっぷりと油を塗り込んでおいたからだった。

「なっ!?」

「伯爵様、危ない！」

あらかじめ伯爵に近い位置に立っていたアリアは、少年のような声を意識しながら、その場を飛び出す。

炎から庇う振りをして伯爵を突き飛ばし、かつ、ばっと背後――ガラスケースを振り向いて、息を呑んでみせた。

「サファイアが……燃えている⁉」

「なに⁉」

宝石が燃えるはずもないが、突然ガラスケースが「燃えた」ので、思わず信じてしまったのだろう。

ぎょっとした伯爵に差し出すため、という態で、アリアは燃えるガラスケースを床に落として叩き割る。

散らばった破片の中からブローチを拾い上げる――と見せかけてハンカチごと鎧の左腕に押し込み、代わりに、鎧の右腕に仕込んでいた偽物のブローチを掲げ、叫んだ。

「大変です！　サファイアが、真っ黒に！」

「見せろ！」

伯爵がもぎ取るような勢いでブローチを摑み、中央に真っ黒な石が嵌まっているのを見て取ると、へなりとその場に崩れ落ちた。

「……偽物だ」

さすがに、下町で売られている安物のブローチとすり替えたのでは、すぐに偽物だと気付いてしまったらしい。

「すり替えられた……」

伯爵はぐしゃりと髪に両手を差し入れ、震える声で唸った。

「『鳥』だ。『鳥』が出た……」

さすがに魂の深くまで蝕まれたら、即座に元の人格を取り戻すのは難しいのだろう。

彼はぎりりと歯を軋ませ、当たり散らすようにして叫んだ。

「くそっ、『蒼月の聖騎士』はまだ来ないのか！　追え！　皆の者、忌々しい『鳥』を追うのだ！　きっとやつはまだこの屋敷にいるはずだ！」

炎を操り、姿も見えぬ泥棒を、追えと言う。

衛兵や騎士、傭兵たちも、困惑して顔を見合わせたが、それでも頷くと、一斉に広間を飛び出した。

「はっ！」

アリアも、慌てたように返事をして——その実ほくそえんで——、急いで彼らに続く。

「僕は西棟のほうを見てきます！　舞踏会の人混みに乗じようとしているかもしれない！」

誰にともなく宣言し、ガシャガシャと鎧を鳴らしながら西棟へと走った。

このまま、追走するふりをして休憩室に忍び込み、今度は令嬢に変身して舞踏会に出れば、今回の任務も完了だ。

『やるな、アリア！　相変わらず嫌らしいやり口だ！』

「やあね、比類なき天才の所業だなんて、照れる照れる」

ひょいと肩に乗ってきたバルトと、上機嫌に軽口を交わす。

だがそのとき、不意に、バルトがびくりと体を震わせた。

『なんか……やばいのが来る』

「へ？」

アリアは眉を寄せながら角を曲がったが、次の瞬間、その場に急停止することになった。

――すっ。

角の向こうから、一人の青年がやって来たからである。

彼は、月光の射し込む廊下を、静かに歩いていた。

手甲はつけているが、兜は被っていない。

おかげで、淡い光に照らし出される銀の髪や、塑像のような白い頬、そこに落ちる長い睫毛の影までをも、まじまじと見ることができた。

（なんてまあ、おきれいな顔）

恐ろしく整った顔を見て、アリアですら思わず目を見開く。

けれど、逃走中の身の上としては、遭遇するのが絶世の美男であろうと、三年履き古した靴下のように悪臭漂う中年男であろうと同じことだ。つまり、とても厄介だった。

同時に、その図抜けた美貌と、整った身なりから、彼の正体を察する。

蒼月の聖騎士――ラウル・フォン・ヴェッセルス。

（ヴァイゲル家の警護に行ったものと思ってたけど……こっちにも来ちゃったか）

内心で舌打ちを漏らしながら、アリアはすかさずその場に膝を突いた。

高貴なる貴族に接したとき、使用人は声を掛けられるまで、あるいは相手が立ち去るまで、その場に跪くのが礼儀だ。

「君」

だが、そのまま広間に向かうのかと思いきや、ラウルは俯いたアリアに話しかけてきた。

「騒ぎが聞こえた。なにがあった」

まるで湖に溶ける月影のように、ひっそりと美しい、低い声だった。

「そのぉ、伯爵様のサファイアが、盗まれたんでさ……盗まれたのです」

即座に頭をフル稼働し、この「衛兵」の設定を作り上げる。

そのまま話すと、どうしても「少年にしては高い声」と覚えられてしまうから、訛りをつけて、印象をそちらに引き寄せたほうがいい。

たしかマイスナー伯爵は北方と交易があり、使用人のいくらかは、そこから召し上げていたはずだ。

今のアリアは、北方の辺境からやって来て、訛りも矯正しきれていない田舎者の少年。

マイスナー家に存在して違和感のない「衛兵」を、アリアは自然に演じきった。

「盗まれた？」

「へえ……はい。伯爵様がずっと見張ってたんですが、突然炎が付いて、気付けばブローチが、真っ黒の偽物とすり替わっていたんです」

氷のように冴え冴えとした瞳を、あえてまっすぐ見つめ直し、アリアは頷いた。

なぜだか、ラウルが驚いたように軽く目を見開く。

サファイアのごとき碧い瞳を前に、闘志と高揚感が湧いてきた。

色男だろうがなんだろうが関係ない。これは戦いだ。絶対に勝ってみせる。

「どうやら『鳥』は、炎を操る力を持っているようなんです」

泥棒「鳥」に超人のような描写を与えてみせたのは、そうすれば、この聖騎士が反応すると思ったからだ。

精霊力は、よほど高位の貴族か、信仰心の篤い聖職者にしか発現しない。「鳥」は精霊力の持ち主だ、とでも思わせれば、そのイメージは一層「アリア・フォン・エルスター」から遠ざかる。せいぜい、聖騎士同士で疑い合えばいい。

「『鳥』はまだ屋敷内にいるんじゃないかと、皆で捜索しているところです。おいら……僕は西棟を見てきます。聖騎士様も、どうか、お力添えを」

それでは、御前失礼いたします。

もう一度頭を下げて、低姿勢を維持したまま、ラウルの前をすり抜ける。

だが、そのまま走り去ろうとしたそのとき、背後から声が掛かった。

「待ちなさい」

ぎくりとする。

アリアは、兜を被っているのをいいことに、聞こえなかったふりをして走り出した。

廊下の角にある巨大な陶器の壺、あれを曲がれば、もう西棟だ——。

『やばい、アリア、屈め！』

（え？）

なぜだかバルトが小声で叫び、足にまとわりついてくる。

踏み潰すのを避けようとして、結果的に大きくバランスを崩すと、頭上すれすれに「ヒュッ！」となにかが通過していき、

——パンッ！

目の前に飾られていた壺が大きな音を立て、粉々になった。

「…………!?」

「避けたか」

驚きで硬直したアリアに、ラウルはこつ、と靴音を立てて、ゆっくり近付いてくる。

彼から滲み出る、圧倒的な強さと迫力に、アリアは思わずぶるりと身を震わせた。

（こいつ……やばい！）

今彼が投げたのは、おそらく短刀だ。でもまさか、果物ナイフのような大きさの刃物を投擲したただけで、大人三人は潜れそうな壺を粉々にできてしまうだなんて。

（これが頭に当たってたら、即死じゃない？）

いや、兜を被っているから昏倒くらいで済むだろうか。だが、彼に昏倒させられるような所

業を、いったいいつ働いたというのか。

（まさか、バレた？）

いや、そんなはずはない。

「烏」は大胆不敵な大男というのが、世間の認識のはずだ。たった今、精霊力を持ち合わせる高位貴族かもしれない、という設定も付け加えた。

まさか目の前の、「田舎者の小柄な少年」が、疑われるはずもないのに。

だが、悠々とアリアを見下ろしたラウルは、それが決定打と言わんばかりに、こう告げた。

「君は今、私の目を見たな」

（見られたら倒すんかい！）

どんだけ尊くていらっしゃるんだよ、と罵倒が込み上げるが、ラウルの発言の意図は、むしろ後半が重要であるようだった。

「なのに怯（おび）えなかった。よほど高い精霊力を持っているらしい。田舎の少年が」

「…………っ」

どうやら、欺こうとする行為が裏目に出たらしい。

（見るだけで怯えられるって、なにそれ！　「蒼月の聖騎士」がそんな怪物設定だなんて、聞いてないんだけど！）

いや、厳密に言えば聞いたことはあった。「その精霊が慈しみたもう碧き瞳は、男女の心をたちまちに痺（しび）れさせて云々（うんぬん）」みたいな、笑ってしまうような賛美の声は。

だがそんなの、貴族特有の誇張だと思っていたのに。

「今朝、念のためマイスナー家の見回りに来た際には、君のような体格の衛兵はいなかった。それが単身、現場を抜け出し、人の多い西棟に向かっている。奇妙だ」

こつ、と、また一歩、彼はアリアに近付いてくる。

まさかこの高貴な男が、たった一度視察した伯爵家の衛兵の体格まで覚えているのかと、震えが走った。だいたい、鎧をまとっているというのに。

「走るときの鎧の音がおかしい。体と鎧が合っていないからだ」

こつ。また、一歩。

だめだ、体に力が入らない。

「声が高い。重心もやけに高いし、指が細い」

思わずその場に崩れ落ちる。

震える手を、ぎゅっと胸の前で拳の形に握り締めた。

胸当ての下に下げている、お守りの金貨に縋(すが)り付くようにして。

「さては君は——女か」

凍(い)てついた月のような声が、静かに真実を言い当てる。

アリアがじっと俯いたままなのを見ると、彼は剣を抜き、その切っ先を、兜の顎下に当てた。

「兜を脱ぎなさい」

「バルト」

アリアは、鎧の胸元、その隙間に指を差し込みながら、バルトにごく小声で命じた。

「火を吐いて」

『え!? あ、ああ！』

同時に、胸元から取り出した香水を、ラウルに向かって一吹きする。

――ゴォ！

勢いよく噴射された、酒精を含む香水は、小さな炎をたちまち巨大な炎撃に育て上げた！

「…………！」

ラウルが素早く身をよじる、そこに体当たりを決める。

どれだけ鍛えているのか、鋼のような体は尻餅をつくこともなく、少々揺れただけだった。

だがそれでいい。倒すことが目的ではないのだから。

「もう一丁！」

同じ手口で炎を吹き付け、ラウルの背中に隠れていた木製の窓枠に着火させる。

「な――！」

「大変、火事だ！ こいつは見過ごせねえや！ 燃え広がったらどうしよう！」

ぎょっとするラウルの前で、アリアはあえて少年の声のままおどけてみせる。

それからふっと笑い、

「聖なる騎士様なら、烏を追いかけまわすより、消火活動を優先したら？」

皮肉を吐き捨てると、今度こそその場を走り去った。

『おいおい、放火はさすがにやりすぎじゃねえのか』

「大丈夫、高邁な精神を持つ聖騎士様がどうにかしてくれるから」

走りながらちらりと背後を確認すれば、案の定、ラウルは騎士として消火を優先したらしい。

己のマントを切り取り、強く窓枠に打ち付けている。

だが、視線が合った次の瞬間、目にも留まらぬ速さで銀色のなにかが飛んできて、アリアは小さな悲鳴を上げた。

見れば、己の手の甲が切れている。

「痛ぁ！」

『やべえ、あいつ、消火しながら仕留めるつもりだぞ！　精霊の愛し子、パねえ！』

「この距離で当たるってなに⁉　怖っ！　聖騎士まじで怖っ！」

ぞっとしたアリアは、さすがに軽口を叩くのをやめて、一心不乱に廊下を走った。

早く。一刻も早く。遠くへ。

彼に見つからぬ場所へ。

だが、走る背後から、今にも彼の手が伸びてきそうで、胸が恐怖に満ちてくる。

「ねえ！　聖騎士って、具体的になにができるの？　水を召喚して消火したり、瞬間的に場所を移動したり、そういう、絵本みたいなことはないよね。お願い、ないと言って！　言え！」

半ば恐慌状態に陥りながら、肩に乗るバルトに問いただす。

『安心しろ。そんなのはさすがに、精霊そのものじゃなきゃできねえよ。しょせんやつは人の身だ』

「よし！」

『でも精霊の愛し子だから、やつが望めば周りの精霊が力を貸す。たぶん俺の火ももう消えてるし、なんなら風の精霊が、やつの足に加速の加護を吹きかけてんじゃねえ？』

アリアは走りながら、思わず下町言葉で低く呻いた。

「やつにだけ都合がよすぎる世界だなぁ、おい……！」

万能ではないが、人間として考えられる最大値に有能だということだ。

火まで放っても、大した時間稼ぎにはならなかったかもしれない。

『どうすんだよ、アリア！』

「とりあえずバルトは、目立つところに出て、炎のげっぷでやつの注意を引きつけて！」

『げっぷって言うなよ！　っていうか俺、囮なの⁉』

「だってあいつ、あんたの姿は見えてないんでしょ⁉」

先ほど、香水の炎に驚いていた姿を思い出し、アリアは指摘する。

バルトは少々ばつが悪そうに答えた。

『まあな。厳密に言えば、見えないというより「気にしない」っていうか。巨大な牛にゃ、埃みたいに小さな小蠅なんて、見えないも同然だろ？　あいつの精霊力がでかすぎんだよ。だから、トカゲ状態の俺のことは、気付けない』

男の、というかドラゴンのプライドが、傷付いたらしい。歯噛みしている。

「……あーほら、日向(ひなた)できらきら光る埃って、結構きれいじゃない。埃みたいな存在でも、ドンマイ。生きてていい」

「おまえの慰めスキルは埃以下のゴミだな！」

くわっと牙を剝いてから、バルトはちょろりと床に駆け下りた。

『とりあえず、俺は庭のほうに出る。うまく逃げろよ、アリア！』

「頼んだわよ、埃……じゃなかった、バルト！」

『わざとらしく言い間違えんな！』

慌ただしくバルトと別れ、アリアはそのまま廊下をひた走った。

舞踏会の開かれている西棟の、使われていない客間に飛び込む。鎧を脱ぎ捨て、汚れが付かぬよう顔と髪に下着を巻き付けると、暖炉をよじ登って通気口に忍び込む。

この通気口も、メイドとして暖炉掃除をしていたときに当たりを付けた。細身のアリアだからこそ通れる道だ。あの高身長の聖騎士では入ってこられない。

そのまま這(は)いながら、呼吸を整える。巻き付けた布が息苦しくて仕方ないが、この後の「変装」を考えれば、顔は絶対汚せなかった。

（ここが、一つ目。二つ……三つ……）

時折通気穴から吹き上げる風が、その下に部屋がある証拠だ。

記憶と照合しながら、目当ての部屋にたどり着くと、アリアは躊躇(ためら)わず、暖炉を辿(たど)って室内に下りた。

ここは西棟の、舞踏会場にほど近い休憩室。メイドに扮した際、ドアノブを壊して外からは入れぬようにし、内側のクローゼットに、変装用の衣装を何種類か仕込んでおいたのだ。

(どこの屋敷も、女の使用人への警戒心がなさすぎんのよね)

お仕着せを着てシーツを持てば、あるいは盥の一つも持てば、アリアはたちまち「この屋敷の人間」になれる。

広大な屋敷に住む貴族にとって、見慣れぬ顔の使用人、それも女なんて、気に留めもしない存在だからだ。

なにしろ女は無力で、無学だから。盗みもしないし、戦略的な行動を取るはずもない存在だから。アリアが注意すべきは、せいぜい同性の女中頭くらいだった。

(さて)

クローゼットに交ぜておいたのは、この屋敷のメイド服と、小姓が着るシャツとズボン、そして貧乏な貴族令嬢に相応しい地味なドレスだった。

(吹きかけた香水の匂いが染みこんじゃってるもんね。木を隠すなら、森の中)

香水は、いざという時に目潰しをするため、伯爵夫人の部屋から拝借したものだった。わざと証拠として残せば、捜査を攪乱することもできると踏んで、とびきり上等なものを選んだのだが、こんないい匂いをまとったメイドなんておかしい。

ただし、香水の匂いで溢れかえった舞踏会にならば、違和感なく溶け込めるだろう。

アリアは即座にドレスを選んで着替えると、他の一式を丸めて、サファイアと一緒に、裾の内側にしまい込んだ。

長手袋と大量のピンを口にくわえ、走りながら髪をまとめ上げる。

髪結いの短期奉公で身につけた、走り回る幼児の髪を結ぶ技術が、こんな形で生かされるとは思ってもみなかった。

襟の詰まったドレスなので、金貨のネックレスはそのまま胸下に。髪は耳の両側に一筋ずつ毛束を残して、きっちりとまとめ上げる。真珠の留め具を装着。頬紅は――時間がない。軽く叩いて血色をよくする。日頃からナチュラルメイクを売りにしているからこそ許される技だ。

扉をくぐるたびに、舞踏会の喧噪が近付いてくる。

人々の視界に入る直前、長手袋をなんとか嵌めおおせ、アリアは何食わぬ顔で大広間に下りていった。

いかにも、「会場の空気にのぼせてしまったので、休憩室で休んでいました」という態で。

(目指すは……庭)

赤絨毯の敷かれた大階段から広がる大広間。軽食のある談話スペースと舞踏用のスペース、楽団のスペースを抜けた先に、涼むための庭がある。

いくつかの「仕込み」を済ませたら、庭から馬車寄せへと回り込み、こっそりと帰る。

それがアリアの計画だった。

きっとあの聖騎士は、すぐにアリアの足取りを追ってくる。時間との勝負だ。

だが、少しふらつきながら登場したせいで、アリアを「弱った獲物」と見なした男たち数人が、行く手を塞ぐように集まってきてしまった。

「やあ、アリア嬢。今日もなんて愛らしい。僕もタイを新調したんだ。どうかな」

「素敵ですね」

なにそれ、虫の卵柄？

「久しぶりだね、アリア嬢。僕は最近風邪を引いてしまって、なかなか舞踏会に出られなかったんだ」

「お可哀想に」

風邪だっておまえには引かれたくなかっただろうよ病原菌の気持ちを考えろ。

「今日こそは一緒に踊ると言っておくれ。奥ゆかしい君の心を開かせるには、どんな呪文を唱えればいいのだろう」

「まあ、呪文だなんて」

滅びろ！　滅びろ！　滅びろ！

男たちをすり抜ける際、笑みを維持するのに苦労した。

彼らと話している余裕なんて、鼻クソほどもないのに。

アリアは一刻も早く、「仕込み」を済ませて、この場を立ち去らねばならないのだから。

（早く）

本能が確信している。

あの男は、きっとバルトの囮なんか目もくれず、きっとこの場にたどり着く――たどり着いてしまう、と。

「あらあ、アリア様。庭にでもいらしたの？　お誘いがない方は、自尊心を保つのが大変ね」

今度は男爵令嬢・バルバラが話しかけてきた。

普段なら脳内で、バルバラが原形を留めないほどにこき下ろしてやるところだが、今のアリアはその会話に飛びついた。

自分が不在の間、舞踏会でなにがあったかを把握しておかねばならない。

この時間帯、たしかに自分はこの場にいたと、後から主張するために。

「ええ。ですが、おかげで、思いがけないものを見てしまいました」

しおらしく頷き、情報を得る。代わりに去り際、バルバラには「あること」を吹き込んでおいた。彼女の目の色が変わったのを確認してから、アリアはまた一歩庭へと近付いた。

「ごきげんよう、アリア様」

「ごきげんよう」

話しかけてきたほかの令嬢にも同じ対応を取り、また一歩、庭へ。

「まあ、アリア様もいらしていたのね。全然気付かなかったわあ」

「お目汚しのような姿で申し訳ございません」

また一歩。

（もう少し）

あとは楽団の横を通り抜ければ、庭は目の前だ。

香水の匂いも、令嬢たちの香りに紛れてだいぶわからなくなった。

（早く……！）

ああ、あと少しで、庭と広間を隔てるガラス扉に手が届く。

だが、アリアの指先が扉に触れようとした、まさにその瞬間。

――ざわっ。

不意に周囲がざわめいた。

音楽が途切れる。

嫌な予感を覚え、振り向いてみれば――広間の入り口に当たる大階段に現れたのは、聖騎士、ラウル・フォン・ヴェッセルスであった。

（早すぎんだろうがよおおお！）

その瞬間叫び出さなかった自分を、誰か褒めるべきだとアリアは思った。

なんという嗅覚だ。たどり着くのが早すぎる。

冷や汗を浮かべるアリアの前で、ラウルはゆっくりと広間を見渡し、ふと一点で、視線を止めた。

目が合う音が、聞こえるかと思った。

こつ、と、彼の靴音が響く。

ラウルが階段を一段下り、銀の髪がなびくたび、観衆から恍惚（こうこつ）の溜（た）め息が漏れた。

女たちは陶酔の色を浮かべて口を半開きにし、男たちは一歩下がる。

自然にできた道を、悠々と歩き、ラウルはとうとうやって来た。

アリアの元へ。

「また」

完璧な唇が、静かに告げる。

「目が合った」

その瞬間、アリアは自身の失態を悟った。

まじまじと見返してはいけなかった。

ほかと同様に、あほ面をして腰を抜かすべきだったのだ。

（あほ面……うっとり顔……今すぐ！）

だが悲しいかな、ひねくれ者のアリアは、生まれてこの方なにかに恍惚としたことなんかない。「恋にのぼせた表情」の持ち合わせがなかった彼女は、咄嗟に両手で顔を覆った。

「あ……っ」

極力か細い、頼りなげな声を出してみせる。

「あ、あの？」

息を止めて、頬を紅潮。目も潤ませる。

美貌の騎士を前に、緊張で震える初心な少女。これでどうだ。

「聖騎士、さま……？」

己の唇から発される甘い声に、我ながら寒いぼが立った。

（あたしが「鳥」だと確信してるわけ？　なんで？　いやほんと、なんで？）

女、とはバレたかもしれない。

だが、この会場内に数多いる女の中で、アリアを「鳥」だと特定する手掛かりなんて残さなかったはずだ。声色だって変えていた。

（まさか、「彼に恍惚としない女」っていうのが、それほど希少だとでも？）

貴族社会に紛れて日が浅く、基本的に男嫌いで、しかもバルトという精霊と気安く話しているアリアは、知らなかったのだ。

強大な精霊力を持つラウルを前にして、自我を保って発言するというのが、どれだけ異様なことなのかを。

「私はラウル・フォン・ヴェッセルス」

耳に心地よい声が、唐突に名乗る。

「え……？」

「君は」

正体を問われているのだと悟り、アリアは唇を引き結んだ。

（誰が言うもんか！）

ここで男爵家の娘とバレるわけにはいかない。

取り調べを受けるのは、せめてドレスの裾に隠した諸々を、処分した後でなければ。

（その場しのぎだとしても、ここから去らなきゃ）

ちら、と背後に視線を泳がせたのが悪かったのだろう。

逃がさないとばかり、ラウルがアリアの腕を摑んだ。

「明かさないのなら、強引に連れていくことになる」

顔を寄せられ、睦言のように告げられる。

心臓をばくばくと高鳴らせながら、アリアは思わず彼の顔を見つめ返した。

「そんなことを」

連行するというのか。この自分を。

「聖騎士様がなさるのですか……？」

聖騎士ともあろうものが、証拠もなしに？

含意は伝わったのだろう。

恫喝でもされるかと思いきや、ラウルの反応は意外なものだった。

「…………」

その完璧な形の唇を、ふと綻ばせたのである。

「きゃああ！」

すっかり観衆と化していた周囲が、一斉に歓声を上げる。

それをものともせず、ラウルはアリアの腕に、長い指で触れた。

「手袋を、外しても？」

厳密には——甲に血を滲ませた長手袋に。

（ああ、やっぱり）

アリアはぐっと腹に力を込めた。

先ほど彼が投擲した短刀。膝に当てて転倒させることもできただろうに、それをしないのはなぜなのか、気になっていた。

距離が遠かったから？

いいや、彼はかなり遠くの壺さえも、違わず粉砕できてしまう男だ。

容疑者に重症を負わせなかったのは、アリアが女だったから。

そして、それでもなお、生活に支障の無い程度の傷を付けてみせたのは、

（目印）

その傷をもって、正体を照合するためだ。

こちらを摑む腕は揺るぎなく、長い指は優雅かつ強引に、手袋を引き抜く。

万事休す――。

（って、思うじゃない？）

だがそこで、アリアはふ、と淡く笑みを浮かべた。

「あの……っ」

横から声が掛かったのは、そのときだった。

「ラ、ラウル様！　どうかわたくしの手も、お検（あらた）めくださいませ！」

なんと、顔を真っ赤にした女性が、話に割り込んできたのである。

彼女こそは、アリアが先ほど「あること」を吹き込んだ男爵令嬢・バルバラであった。

「まあ！　そ、それでしたら、わたくしも！」

「いいえ！　わたくしもどうか……！」

バルバラの蛮行に勇気を得たか、周りの令嬢たちも次々にラウルに近付いてくる。

皆が皆、己の長手袋を引き抜き、ラウルに見せつけようとしていた。

「あなた様を庇ってできた傷は、こちらです！」

手の甲にできた、傷をだ。

ラウルがその碧い瞳を見開く。

そう。アリアはこのわずかな時間で、令嬢たちに、「聖騎士様は、己を庇って手の甲に切り傷を負った女性を捜している。見つけ出した暁には、デートの申し込みをしたいそうだ」と、嘘八百を吹き込んでおいたのだ。

ラウル・フォン・ヴェッセルスは寡黙な騎士だ。崇高で、清廉で、近寄りがたい。けれど、もし手の甲に切り傷をこさえるだけで、彼と話すきっかけが得られるのなら？

令嬢たちはその機会に飛びついた。グラスの縁や髪留めで、手の甲を傷付けてでも。

「わたくしも」

「わたくしもですわ」

ラウルが珍しく動揺を見せたその隙に、興奮した女たちは一斉に迫っていった。

アリアはすかさずその波を利用し、ラウルから距離を取る。

淑女の庇護を信条とする騎士は、剛剣による攻撃は躱せても、強引に女性の波を押しのけることなどできないのだ。

（ありがとう！　みんな、今日はとっても美人ね！）

高慢な貴族令嬢を毛嫌いしているアリアだが、今日ばかりは上機嫌に相手を褒めちぎる。なんなら頬にキスしてもいいくらいだった。

「待ちなさい――」

ラウルがこちらに手を伸ばす。

ああ、けれど、理性を失った女性たちに押し寄せられて、身動きが取れない。

（残念無念、また来世）

庭までたどり着くと、アリアは、微笑みながら淑女の礼を取った。

「ごきげんよう」

それから、喧噪に紛れてするりと、会場を抜け出した。

『おお、アリア！　無事だったか！　首尾よく逃げたな！』

すでに庭に回り込んでいたらしいバルトが、即座に肩に乗ってくる。

無意識に彼の背中を撫でながら、アリアは小さな呟きを漏らした。

「全然」

『え？』

「全然首尾よくなんかない。控えめに言って超やばい」

なんとかこの場は逃げ出した。あのすかした聖騎士の、裏を掻いてやった。

けれど、庭の夜風に当たっただけで、その興奮はたちまち冷めてしまう。

代わりに胸を満たすのは、冷静な未来予想と、焦りだ。

（目を、付けられた）

彼はアリアの名前なんて、すぐに割り出してみせるだろう。

証拠は処分するし、尋問されてもしらを切るつもりだが――きっと彼は、アリアを上回る速さと手段で、こちらに肉薄してくる。

「天にまします我らが母よ、哀れな娘をお助けください」

思わずアリアは、胸に下げている金貨を、ドレス越しに握り締めた。

「あたしは絶対、捕まらないんだから」

夜空に浮かぶのは、満月。

ひっそりと、けれどどこに隠れても清冽な光を投げかけてくる月のことを、アリアは金色の瞳で睨み上げた。

4 ハンカチを巡る攻防

ブローチを近付けた部分から、ぱぁ……っ、と音を立てて王冠が光る。

まるで宝石間で色を移動させたように、ブローチのサファイアがくすみ、代わりにガラス玉のようだった王冠のサファイアが青々と輝きはじめるのを、アリアはじっと見守っていた。

「……完了、ね」

昼なお薄暗い、エルスター男爵家の蔵でのことである。

徐々に形を取り戻しつつある王冠を前に、アリアは重い溜め息を漏らした。

「これでようやく、七分の四。半分は超えたわけか」

ヨーナスの指輪から回収した、暴食のアメシスト。

ヒルトマン枢機卿から回収した、怠惰のエメラルド。

クレーベ子爵家にあった嫉妬のガーネットに、今回奪った傲慢のサファイア。

指折り数えていると、王冠の周りで寝そべっていたバルトは、呑気に応じた。

『回収を始めて一ヶ月そこそこで半分とは、順調じゃねえか』

「なに言ってんの」

だが、アリアの声は暗い。

手近にあった、人骨で作られたと曰く付きの小テーブルを引き寄せると、ふてくされたように頬杖を突いた。

「あの忌々しい聖騎士とやり合ったのは、つい昨夜のことだっていうのに、半日後の今日、噂話に疎いヨーナス様までもが、そのことを知ってんのよ。噂はがんがん広がるし、ヨーナス様は泣き崩れるし、もう最悪」

脳裏に蘇るのは、朝食の席で縋り付いてきたヨーナスの姿だった。

彼は、宝石を回収するアリアが「烏」と呼ばれだしたことや、精鋭と名高いラウル・フォン・ヴェッセルスに追いかけられたことを知り、身も世もなく泣きはじめたのである。

噂の内容は「蒼月の聖騎士は、エルスター男爵家の養女アリアを見初めて迫ろうとした」というだけだったが、ヨーナスはその裏にあった攻防に気付いてしまったようである。

「アリアちゃん……頼むからもうやめようよ。怪盗だなんて、業務上過失より重い罪だよ。捕まれば、それこそ処刑されちゃう。そして、ラウル・フォン・ヴェッセルスは、絶対獲物を逃さない」

「もう。あたしが捕まったら、ヨーナス様は被害者だった、ってことにして切り捨てればいいじゃない。そういうときこそ、元孤児っていうあたしの出自が生きてくるんでしょ？」

アリアは、ぐすぐすと洟を啜る養父にハンカチを差し出してやったが、彼はそれをぐしゃぐしゃに握り締めると、

「なんてことを言うんだ！　そうじゃないだろう！」

と、今度は顔を赤くして怒りはじめた。

「どうして僕のやらかしのために君が捕まるんだ。おかしいじゃないか。そう、おかしいんだ。アリアちゃん、やはり僕は、今日にでも陛下に事の次第を報告してくるよ」

「ああもう！　ヨーナス様も石頭ね、固くするならまずそのふわふわボディからにしたらどうなの！」

初めて養父に怒鳴られて、アリアも咄嗟に、朝食のナプキンをテーブルに叩きつけた。

「いい!?　これは賭けと一緒なの。そりゃたしかに、泥棒を続けるのはリスクが高いわ。でも、最後まで勝てば、あらゆる罪は無かったことになる。一方で、今自白すれば、その時点で罪は確定する。ヨーナス様は、自分のことも私のことも殺したいわけ？」

世間知らずで、馬鹿みたいに善良なヨーナスのために粉骨砕身しているというのに、なぜその彼から叱られなければならないというのか。

無意識にお守りの金貨を握り締め、アリアはまっすぐにヨーナスを見つめた。

「もう賭けは始まってるの。今さら降りようなんて思わないで」

「でも……」

「でももへちまもない。あたしが、あのすかした聖騎士に捕まるとでも？　舐めてもらっちゃ

困るわね」

養父はなおも言い募ったが、アリアはふんと鼻を鳴らしてそれを躱し、席を立った。

「だって、あともう三つだけなんだから。すぐに片が付く。盗みで良心が咎めるって言うなら、回復した宝石からちゃんと返却する。いいから、ヨーナス様は大人しく見ていて」

そうして、さっさと蔵に引き籠もったのである。

「今後毎日ヨーナス様に泣きつかれるのかと思うと、気が滅入るわ……盗みのペースを上げなきゃ。それと、返却のペースも。クレーベ家のガーネットは、まだ色が戻らないの?」

痛みを覚えはじめた頭を揉みながら、アリアはぶつぶつと呟いた。

大罪が宿った宝石の探索と、計画の立案。間取りを入手して、潜入して、扮装の用意を含む事前準備をして、それから「鳥」に関する噂もしっかり把握しておかねばならない。

あの聖騎士への対策を講じて、それから、浄化された宝石を、こっそりと返却して。

やるべきことが山積みだ。

「ああもう。せめてバルトに、大罪の居場所を探る機能があればいいのに」

『そう言うなよう。俺だって正直戸惑ってんだから』

恨みがましく尻尾を引っ張ると、バルトは激しく暴れて逃れ、肩に乗ってくる。

彼は、つぶらな瞳をきょろりと動かして、首を傾げた。

『たぶん、王都内っていう近い距離に、大罪が集まりすぎてるんだな。常に、どこからともなく大罪の気配を感じて、正確な場所が特定できねえんだよ』

これには彼自身、理由がよくわかっていないようで、ばつが悪そうである。

「じゃあせめて、王冠に元々嵌まっていた宝石がなにか、わかればいいのに」

『いやあ、それも、百年くらい昼寝しちまってたもんだから、すっかり記憶が……』

アリアが、道ばたでひっくり返った甲虫の腹を見るような、冷え冷えとした視線を向けると、バルトは慌てたように尻尾を揺らした。

『色！　色はなんとなく覚えてる！　赤いのが二つだろ？　青いのが一つだろ？　紫と、緑と、えーっと、あとは透明……？』

「赤のうち、一つはガーネットかな。青がサファイア、紫がアメシスト、緑がエメラルド。ということは、残る赤のもう一つは、ルビーあたり？　透明はダイヤモンドなんだろうし」

アリアは横で数え上げてみせたが、そこで顔を顰めた。

「これじゃ、六つしかないじゃない」

王冠にこびりついている宝石の残骸を見ても、すっかり色が抜けてしまっていて、なにがなにやらわからない。残る三つのうち、一つは黒ずんだガラス玉、一つはくすんだガラス玉、そしてもう一つは、真っ黒な塊といった感じだった。

「うーん。黒ずんだガラス玉と、くすんだガラス玉は、表面がカットされてるから、それぞれルビーとダイヤモンド……かなあ。『色欲』はきっと、情熱の宝石と言われるルビー。『強欲』は、宝石の王者であるダイヤでしっくり来る」

ルビーとダイヤは、世界的に好まれる四大宝石の一つだから、王冠に用いられていても違和感はない。だが、残る一つ、『憤怒』はいったいなにに宿っているのか。

他の宝石とは異なり、七つ目に嵌め込まれた石は、表面がつるりと磨かれていた。

多面体にカットされていないということは、水晶やオパールのように、滑らかな曲線を描く宝石ということだろうか。だが、水晶から「色が抜けた」なら、ダイヤと同じように、くすんだ色味になりそうなものだが。

「んー。やっぱり王冠の詳細な仕様は、ヴェッセルス家所蔵の目録を見るしかないか」

アリアは椅子の背にもたれ、蔵の天井を見上げた。

宝物庫の目録は、エルスター男爵家とヴェッセルス伯爵家で互いに所蔵し合っており、アリアがこの家で見られる第三宝物庫の資料は、簡易のリストだけだ。

王冠の詳しい来歴や、嵌められた宝石の種類を知るには、ヴェッセルス家の目録を見るしかなかった。

「ここでも、ヴェッセルス家か……なんて忌々しい」

人目がないのをいいことに、ぐしゃぐしゃと髪を掻き回す。

あの聖騎士と自分の間に、奇妙な縁があることを、アリアも舌打ち交じりに認めずにはいられなかった。

エルスター家とヴェッセルス家は、元を辿れば、どちらも金細工師の一族だ。芸術を愛した先々代王の時代に召し抱えられ、それぞれ叙爵された。

ただ、そのまま男爵として「蔵の番人」に留まっているエルスター家とは違い、ヴェッセルス家は切れ者だった。金鉱の発掘や調整業務を引き受け、金細工師集団を指揮して国の造幣を担うことで、伯爵家にまでのし上がっていったのである。

よって、エルスター家は当主のヨーナス自らが蔵の管理に当たるのに対し、今や重役となったヴェッセルス家は、その任務を下位の者に任せている。

今、蔵の管理役を務めているのは——そう。息子のラウル・フォン・ヴェッセルスであった。

つまり、詳細な目録を調べるためには、あの彼に頼みに行かねばならないというわけだ。

（いやいや。往来でへそ踊りを披露したほうが、屈辱の度合いとしてはいくらかましね）

へっ、と行儀悪く失笑してから、アリアは今一度バルトの尻尾を摑んだ。

「もうさあ、バルト。せっかく常人からは姿が見えないんだから、あんたがヴェッセルス家管理の宝物庫に忍び込めないの？　それで、各所に散った宝石も回収してくる」

『あんな精霊力がとぐろを巻いてるような聖騎士のところに、俺みたいなか弱いトカゲを放り込むなよ。ついでに言えば、宝石の回収は、ちょっと前なら単身でもできたろうけど、今は無理だ』

「どうして？」

怪訝さに眉を寄せると、バルトはこのように説明した。

『大罪は、宿る期間が長くなればなるほど、剝がしにくくなる。すっかり染みこんじまった大罪を引き離すには、清らかな乙女の涙か、ドラゴンのブレスを与える必要があるんだ』

「へぇー。乙女の涙にそんな効果が。え、すごいんですねー」

『おい、その怪しげな勧誘に対する相槌みたいなリアクションやめろよ』

バルトがむっとした様子で尻尾をぴちぴち叩きつけると、アリアは「だってさあ」と乾いた笑いで肩を竦めた。

「いかにもすぎるっていうか。清らかな乙女って、要は処女ってことでしょ？　その手の伝承を考えつく人って、なんなんだろうね。処女に夢を求めすぎじゃない？」

『いや伝承じゃなくて、事実だし。乙女ってのは魂の有りようだし。つーか、むしろ俺は、ドラゴンのブレスと同列だなんて、乙女の涙って凶器扱いだよなって思うけど』

「たしかに。そういえばこの国じゃ、夏に突然降る雨のことも『乙女の涙』って呼ぶのよ。ああ、つまり、予測不能で厄介なもの枠ってことか」

ひどい納得の仕方をしていると、バルトはアリアの正面に回り込み、彼女の腕に、ちょこんと前肢を掛けた。

『見ての通り、俺は真の姿を取り戻せずにいる。正規のブレスが、今の俺には吐けないんだ。元の姿に戻るために、「精霊の条件」とやらも必死に考えてるんだが、さっぱりわかんねえ』

そう告げる彼は、とても悔しそうだ。

『だから、おまえの力が必要だ。俺の姿が見える以上、心清らかな乙女のはずなんだから』

「はずってなに。上下左右天地どこから見ても心清らかな乙女でしょうが。ええ？」

『えっごめん、ちょっと風が強くてよく聞こえねえ』

「屋内だし！」

しっかり突っ込んでから、アリアは嘆息した。

「……ま、今さら止めたりしないわよ。ここで退いたら、待つのは破滅なんだから」

『さすがアリア！　俺は信じてた！』

「はいはい」

雑にあしらいつつ、椅子の背に再びもたれる。

とにかく、片付けていかねばならないのだ。

一つ一つを。ほかの誰でもない、アリアが。

『でもよ、あの聖騎士は、正味な話、怖えよな。なにがって、あんだけ膨大な精霊力を持ってるのに、近付くまで気付けないのが怖え。あれで普段は抑えこんでるってことだ。本気を出したら、さらに厄介になるってことだよな……』

「まあね」

『目録を見に行くにしても、盗みを続けるにしても、あいつに捕まったらおしまいだ。どうすれば、やつから逃げ続けられるのか』

ぐるぐるとテーブルを這い回るバルトに、アリアは「ん？」と片方の眉を上げてみせた。

「逃げ続けなんてしないけど」

『は？』

「捕まるつもりはないけど、逃げ続けるつもりもさらさらない。攻撃は最大の防御なんだから」

ほっそりとした器用な指が、首から下げた金貨を握り締める。天にまします我らが母の加護がある限り、アリアが捕まるはずなんて絶対にないのだ。

『どういう意味？　なにするつもりだ？』

「ふふん」

アリアは軽く金貨に口づけてから、唇の端を引き上げた。

「差し当たっては、淑やかに刺繍でもしようかな」

金貨が反射する光を映し込み、彼女の琥珀色の瞳は、きらりと輝いていた。

◆

「あっ、いたいた、ラウル！」

背後から軽やかに声を掛けられたのは、ラウルが、愛馬の餌やりを済ませたちょうどそのときであった。

崇高にして近寄りがたい「蒼月の聖騎士」に、こうも気安く呼びかける人物なんて、そうはいない。

振り返ってみれば、そこにいたのは案の定、第三王子コンラートであった。

「聞いたよ、ラウル。この色男。君もついに、令嬢に迫ることを覚えたそうじゃない」

表情豊かな末っ子王子は、満面の笑みを浮かべながら近寄ってくる。

ただし、厩舎から漂う臭いには閉口したのか、金色の眉毛を顰めてみせた。

「ああ、臭い。馬の世話なんて小姓にさせればいいのに。どうして君って登城するたびに、聖堂とか馬小屋とか、しみったれた場所ばかりにいるわけ？」

「その二つには、口やかましい人間が近付きにくいからだ」

「あー、たしかに、図書室や庭園なんかだと、君はすぐ口やかましい令嬢たちに囲まれちゃうもんね。こういう臭い場所に避難しているわけか。納得納得」

ラウルの言う「口やかましい」人物の中には、もちろん第三王子も含まれているのだが、コンラートは無視することにしたらしい。

林檎が入った籠を蹴飛ばす勢いでラウルに近付き、「それで」と迫った。

「どうだったんだい、マイスナー家の舞踏会で、『烏』の捕縛もそっちのけで君が迫ったというご令嬢は。グッと来た？　押し倒したくなった？　攫おうとしたんだって？」

怒濤の質問攻めのうち、どれから否定すべきかを悩み、ラウルは溜め息を落とした。

「……捕縛をそっちのけにしたわけでは」

「責めてるわけじゃない。仕方ないよ、『烏』は君が到着する前に来ちゃったんだから。烏の羽を使って攪乱するなんてね。僕の指示ミスだ」

一昨夜舞踏会を開いた三つの家のうち、烏の羽が置かれたヴァイゲル家を警護するよう指示したのは、他ならぬコンラートだった。

ラウルは命令通りにヴァイゲル家の警備を指揮し、十分な態勢が敷かれたことを確認したうえで、自主的に、ほか二つの家の見回りに向かったのだ。

彼が、アリア・フォン・エルスター男爵令嬢と出会ったのは、その舞踏会でのことだった。可憐な「鈴蘭」に一目惚れし、彼女の手を取って強引に手袋を引き抜き、「君を連れ去る」と宣言した――そう見られても仕方ない行為を働いたのも。

「まあ、義賊気取りの泥棒男も気になりはするけど、正直、今この瞬間は、君の恋の行方のほうが重大事だ。ねえ、詳しく教えてよ。どこが気に入ったの？　顔？　体？」

「彼女は、そういうのではない」

ラウルは否定しながら、わずかに目を伏せた。

泥棒男。世間の「鳥」に対する認識はそうだ。

まさかガラスを破って、王家のお膝元で堂々と盗みを働く人物が、可憐な少女だとは思いもしない。この国で女とは――特に貴族令嬢とは、無力で無垢で、男の腕に守られているべき存在だからだ。

ラウルとて、実際に対峙しなければ、彼女が「鳥」だとは信じられなかったことだろう。

いや、厳密に言えば、ラウルも彼女が主犯であるとまでは、信じ切れずにいる。

たとえば、彼女は「鳥」に作戦を授けられ、貴族側のスパイとして動いているだけではないのか。

たとえば、誰かに頼まれて。

あるいは、脅されて。

（いや、あの頭の回転の速さを見るに、彼女が主犯なのだろうが……信じがたい）

それほどまでに、ドレスをまとった彼女は繊細で、儚げだった。

まっすぐにこちらを見つめる瞳は金色に潤み、触れた手は驚くほど細かった。

そう。これまで、しなだれかかってくる女たちを「雌形の生き物」としか認識してこなかったラウルは、意志を持ってこちらに向き合うアリアを前に、初めて女性というものを意識したのである。

まったく無自覚ではあったが、これまで淡々と物事を受け止めてきたラウルにとって、それは初めての、意識の乱れであった。

「そういうのじゃないなら、なんなの？　まさか、彼女が『鳥』だとか言わないよね。それなら、さっさと捕らえなきゃだし」

「…………」

無邪気にコンラートに問われ、ラウルは咄嗟に言葉を選び損ねた。

その通りだ。

彼女が「鳥」であるなら、即座に男爵家に逮捕状を手配して、彼女を捕らえねばならない。

だが――彼女が主犯でなければいいと願う自分が、どこかにいた。

（それに、限りなく黒に近いとはいえ、証拠はない）

言い訳をするように、内心でそう呟く。

現行犯でない場合、容疑者のことは尋問せねばならない。

処罰以上に、この尋問が苛烈だというのは、密かに知られるところだ。

容疑者が否定すればするほど、自白を引き出そうとして尋問は激しくなる。

女に飢えた取り調べ官の中には、わざと容疑者に罪を否認させ、無理矢理体を暴く、といった卑劣な者もおり、ラウルは彼女をそうした尋問室に送り込むのは気が進まなかった。

あの繊細な美貌の少女を取り調べさせるなんて、飢えた獣の檻に肉を放り込むようなものだ。

(捕まえるならば、現行犯で。即座に牢獄か、修道院に送り込めるようでなければ)

殺傷がなく窃盗のみ、そして女性囚ならば、数年の禁固刑で済まされる場合もある。

あれこれと思考を巡らせるラウルをどう受け止めたのか、コンラートが「おいおい」と両手を広げた。

「冗談だよ。あんな可憐な子が、まさか『烏』なわけがないでしょ？　アリア・フォン・エルスターだっけ。彼女って、密かに有名なんだよ。今時珍しい、貞淑な子だって」

思わずラウルが視線を上げると、コンラートは我が意を得たりとばかりに頷いた。

「王妃陛下に挨拶を寄越すデビュタントのときから、話題だったんだ。同時期にデビューした令嬢たちの中で、一番可愛くて、なのに一番善良で奥ゆかしいって。それで、瞬く間に『鈴蘭の君』のあだ名が付いた」

ああいう子が好みって男は、多いだろうね。

そう付け足したコンラートのことを、ラウルは無言で見つめる。

「実際、母上も結構気に入って、僕の婚約者候補にしようかとも考えたみたいだ。最終的には家格が低すぎて無しになったけど、愛妾程度なら全然オーケー」

コンラートはにやにやと笑い、従兄の肩を小突いた。

「というわけで、君の見る目は確かだ、ラウル。がんがん行っちゃいなよ」

「だから、そういうことでは」

溜め息をつき、王子が蹴飛ばした拍子に転がり落ちた林檎を拾う。

だが、手についた泥を落とすより早く、彼はわずかに目を見開いた。

「あの……」

なぜならば、貴族令嬢ならまず寄りつかないはずの厩舎に、とある人物がやって来たからだ。

「殿下におかれては、お話し中に大変申し訳ございません」

柔らかな亜麻色の髪に、潤んだ琥珀色の瞳。

ほっそりと小柄な体を地味なドレスに包み、代わりとばかり、可憐な頬と唇を淡く色づかせた美少女。

緊張を押し殺すように、きゅっと両の拳を胸前で握る、彼女こそは。

「そちらの……『蒼月の聖騎士』様に、お話をさせていただいてもよろしいでしょうか」

噂の男爵令嬢、アリア・フォン・エルスターであった。

◆

（さぁて）

希代の美青年、ラウル・フォン・ヴェッセルスを前に、アリアはこっそりと深呼吸をした。

まったく、明るい日差しの下で見ても、つくづく美しい男だ。

肌は滑らかで、骨格に無駄はなく、瞳も、睫毛の一本一本さえ輝いている。それでいて脆弱さはなく、凜と佇んだ姿からは、人を圧倒する迫力が滲み出ているのである。

きっと、本来なら百人くらいに小分けするべきだった「美」の要素を、精霊が途中で面倒になって、ひとまとめにぶち込んでできたのがこの男なのだろう。アリアはそう決めつけた。

いざ戦いが始まる。

全身に緊張が走って、気を抜くと武者震いしてしまいそうだが、出鼻を挫くことには成功したようだ。

常に無表情のはずの聖騎士、その水色の瞳に、わずかな驚きが滲んでいる。

まさか、アリアのほうからやって来るとは思わなかった様子だ。

（ずっと逃げ回るだろうとでも思った？　んなわけないでしょ）

王子が「ごゆっくりー」と去っていくのを礼儀正しく見送りつつ、アリアは内心でふんと強気な笑みを浮かべる。

だが外面はあくまで、「緊張に体を強ばらせる初心な少女」を維持し、ゆっくりと顔を上げた。

「あの、突然、申し訳ございません」

意識的に潤んだ瞳を向ければ、ラウルは無言でこちらを見下ろしてくる。

（おっと、学習。ここで彼を見つめ返しちゃいけない）

アリアはごく自然に目を伏せ、きゅ、と胸の前で両手を握り直した。

「舞踏会の夜から、ずっとあなた様のことが、忘れられなくて」

これはほとんど事実だ。昨日は刺繍をしながら、ずっとラウルのことを考えていた。

彼はどんな価値観の持ち主で、なにを大切にする男で、いつ自分を捕まえにくるだろうかと。

何度も舞踏会の夜を反芻し、彼の言動を繋ぎ合わせて、アリアは仮説を得た。

ラウル・フォン・ヴェッセルスは、骨の髄まで「騎士」。「男の中の男」だ。

自身の感情というものを持たないから、禁欲的で、社会規範になにより忠実になる。

そしてその規範は、女を傷付けることをけっして許さず――同時に、女を軽んじさせる。

きっと彼は、アリアを殺すことはしないだろう。捕縛を強行することも、苛烈な尋問に掛けることも。

同時に、アリアが「怪盗」だなんて大それた罪に手を染めているとも、信じきれていないはずだ。

だって、女とは男に従うべき存在だから。常に腕に守られているべき、無力な生き物だから。

ならばアリアは、そこを突く。

「わたくし……すっかり、あなた様に、心を奪われてしまったのです」

とろん、とした口調を心がけて、アリアは歌うように告げた。

瞳を潤ませ、頬を染め。ふらりと、光に惹かれる蛾を意識しながら、ラウルを見上げる。

再び目が合うと、先日のバルバラたちを手本に、熱い溜め息を漏らした。

（どうよ！　刮目せよ、このあたしが一日かけて習得した「うっとり顔」を！）

負けず嫌いのアリアは、擬態できない表情がこの世に存在したことが悔しくてならず、昨日一日をかけて、渾身の「うっとり顔」を体得したのである。

勝利のためになら、羞恥心だって切り捨てて恍惚顔を練習する女。

それが、アリア・フォン・エルスターである。

「はしたないと、お思いでしょう？　あの夜、どこからともなく流れてきた怪しげな噂を信じ、手の甲まで切った、浅ましい女だと」

（はい、ここで小刻みの身震いを追加）

脳内の演技監督が、冷静に指示を出す。

そう、アリアは、いけしゃあしゃあと「怪しいだろうけど犯人じゃありません」路線で押し通すつもりだった。

だって、彼は現行犯でしか捕縛しないつもりのようだし、アリアが主犯というのも信じきれていない。ならばそれに乗るしかないではないか。

強調するのだ。アリア・フォン・エルスターは、しょせん無力な小娘なのだと。

あくまで評判通りの、善良で、従順で、ほかの女と同様、あっさり聖騎士の魅力にやられてしまう少女でしかないのだと。

「あなた様のことが忘れられず、ハンカチに刺繍をいたしました」

仕上げに、アリアは丁寧に折り畳んだハンカチを取り出し、そっとラウルに差し出した。

「どうか、受け取っていただけませんか？」

「…………」

ラウルがわずかに、その場を退く。

こちらを見下ろす長身からは、冷ややかな気配が感じられた。

それは、敵意というより、無関心だ。

目の前の女が、凡愚な存在でしかなかったことへの失望。

そして、これ以上の関心を割く必要もないという、冷淡な割り切り。

（いよおおし！）

ほらね、とアリアはほくそ笑みそうになった。

しょせん、彼が自分を怪しんだ根拠は、「しなだれかかってこなかった女」という一点しかなかったのだ。

であれば、それを叩き潰し、擦り寄ってやればいい。

「どうか。心を込めて刺したのです」

「…………」

馴れ馴れしさを意識して身を寄せると、ラウルはわずかな動きでそれを躱した。

「いいや」

美しい、けれど無感動な声でそう告げる。

「結構だ」

「そんな」

対するアリアは、悲しげに眉を寄せてみせた。

正直、この反応も想定内だ。なにしろ彼は、女性の好意を受け付けないことで有名だから。

しかし、彼がこちらの好意を撥ねのけるのは勝手だが、アリアのとある目的を叶えるためには、このハンカチはどうしても、受け取ってもらわねばならなかった。

「騎士はけっして女性に恥を掻かせぬもの。わたくしのことがお嫌いでも、どうか、受け取ることだけはしていただけませんか」

目を潤ませてみせながら、アリアは自身の演技に五億点の評価を与えた。

百人男がいたら、百二十人くらいが健気さに涙しそうな口調だ。

「いいや。受け取ったなら、返さねばならない」

だが、この程度の媚には慣れっこであるらしいラウルは、取り付く島もなかった。

「それを求められるのは苦痛だ」

(言うじゃん)

研いだ刃物のように切れ味の鋭い言葉に、むしろアリアは感心した。

ほかの人間が言ったなら、なんと傲慢なと呆れるところだが、この突き抜けた美貌の持ち主が言うと、「それはそうですよね」という気がしてしまうのがすごい。

おそらく彼は、「受け取るだけでいいから」と、幾人もの女性から強引なアプローチを食らってきたのだろう。

そして、一度受け取ってしまえば、女性たちはやはり、期待してしまう。

勝手に押し付けて、勝手に待ち望んで、けれど彼がなにも返してこないとなると、怒る。

あるいは、泣き出したかもしれない。

そうしたやり取りに、彼は疲弊しきっているのだろう。

「贈り物は誰からも受け取らないことにしている」

かっちりと、相手との間に壁を置くような話し方からは、女性たちを撥ねのけるためというより、自身を守るためのような、警戒の響きが感じられた。

「なるほど」

思わずアリアは、呟いていた。

「あなた様はなにかを押し付けられると、引き換えになにかを奪われるような気持ちになるのですね」

なんとなく、この塑像のような青年の、人間らしい一面に触れたようで、興味深かったのだ。

「……なにを」

「そうなのでしょう？　求めないでくれ。こちらが望んでもいないものと引き換えに、私からなにかを奪おうとしないでくれ、と、身を固くしていらっしゃる」

息を呑んだラウルに構わず、アリアは続けた。

少しだけ――そう、ほんの少しだけ、彼の気持ちがわかる気がしたからだ。

（一方的な好意を押し付けられるのは、苦痛だもんね）

孤児院で暮らしていたとき、小柄で、身なりを整えれば見目のよいアリアに、援助の手を差し伸べる人間は、いくらかあった。

可哀想に。

愛らしいことだ。

助けてあげようか。

彼ら——己の優位を確信してやまない大人の男は、アリアを見るとそう言った。

大きく括れば、それは好意だ。貧しく哀れな少女を、助けてやりたいという類いの。

けれどそれを受け入れれば、アリアは彼らの支配下に置かれる。

最初に求められる見返りは、きっと笑顔とか、お礼の言葉といった、ささやかなものだろう。

けれどすぐに期待は膨れ上がり、時間の融通や家事、最後には、「ご奉仕」まで求められることになる。

そうやって、なし崩しに他人に従わされることになった仲間を、アリアは何人も見てきた。

だから、誰も信じなかった。

疑って、噛みついて、撥ねのけて。

盗んで、騙して、このままでは誰かに殺されるな、と冷ややかに自嘲していた頃、アリアは彼女に出会ったのだ。

「……本当に大切なものは、奪われないのですよ」

胸に下げた金貨をそっと握って、アリアは静かに笑みを浮かべた。

「外にぶら下げた財は、どれだけ貯め込んでも、盗まれてしまうかもしれない。けれど、頭に入れた教養と、心に込めた愛は、けっして誰にも奪われない」

「…………」

目の前の男は、驚いたように目を見開いていた。

アイスブルーの瞳の中で、銀色の虹彩が美しい環を描いていることに今頃気付く。

まるで宝石のようだった。

「本当に大切なものは必ず残るのだから、奪われてしまう程度のものは、奪わせてしまってよいのではありませんか？　どうせまた、貯め直すことのできる財なのですから」

耳の奥で、優しい声が蘇る。

優しく、厳しく、しわがれた声。

(ああ、だめ)

こんなときに、いったいなにを呑気に回想しているのか。

金貨を握った拳に軽く力を入れ、アリアはにこりと笑みを深めた。

「とはいえ、見返りを求められるのを、恐れる気持ちはわかります。なので、こうしましょう」

すいと腕を伸ばし、ラウルの指先に触れる。

たじろいだ相手に構わず、ハンカチで、ついていた泥汚れを拭い取った。

「なにを……」

「泥は時間が経つとこびりついてしまうので、なるべく早く落としたほうがよいですわ」

そう言って、ひらりと布を掲げる。

「これは、捨てておきます。秘蔵したりはしませんので、ご安心を」

「…………！」

上質な絹、それも刺繍まで施したハンカチを、雑巾のように扱う姿に、意表を突かれたらしい。まじまじとこちらを見つめるラウルを、アリアは悪戯っぽく見上げた。

「これだけ汚れた品を、さすがにわたくしも贈ることはできません。つまり、あなた様はわたくしからなにも受け取らなかった。だから、なにも返さなくていいのです」

ラウルが絶句している。

それはそうだろう。貴族令嬢が相手にハンカチを贈るのは、使ってほしいからではなく、胸元に挿して周囲に見せびらかしてほしいからだ。

それをこうして、自ら汚してしまうのは、あまりにも無意味なことに違いない。

けれどあえて、アリアは微笑んで告げてみせた。

「少しでも、お役に立ててよかったです」

と。

「君は……」

「お時間をありがとうございました。では、ごきげんよう」

咄嗟に口を開いたラウルを遮り、そのまま、くるりと踵を返す。

ここでは一切の未練を見せないのが肝要だ。

楚々とした足取りで、ただ前を見つめて歩く。
三、二、一――。
「待ちなさい」

背後から掛かった声に、アリアは密かに息を吐き出した。

(かかった)

安堵に胸を撫で下ろしそうになる。

けれどそれをおくびにも出さず、彼女は困惑の表情を浮かべて振り返った。

「はい……？」

「そのハンカチを、貸してくれないか」

「え？」

軽く息を詰めてみせると、ラウルは少し言葉を選び、付け足した。

「受け取りはしない。だが、洗って返す」

「まあ。そんなお手間を取らせるわけにはまいりませんわ」

「これではかえって、借りを作るようで嫌なんだ」

軽く眉を寄せるラウルに、アリアは内心で「でしょうね」と頷く。

だって、そう仕向けたのだから。

(思いの外、ちょろいわね)

手本のような引っかかり方をしたラウルを少々意外に思い、すぐに理由に気付く。

そうか。彼は、媚びられるのには慣れていても、駆け引きには慣れていないのだ。

これまでずっと、佇んでいるだけで女は寄ってきたし、顔を背けるだけで去って行ったから。

(おやまあ)

込み上げる笑いを押し殺すのに苦労する。

なんだ。とびきり美しく聡明で強いけれど——中身は純情なお坊ちゃんではないか。

「ですから、わたくしには、あなた様に貸しを作るつもりなど」

「いいから」

ラウルが、その完璧な形の眉をわずかに寄せている。

「貸しなさい」

無表情で、口調も淡々としているが、差し出された大きな手に、わずかなぎこちなさが滲んでいた。彼は今、不慣れなことをしている。

(ふふ)

満足と、愉悦と。心の奥底から、小さな泡のような喜びがふつふつと湧いてくる。

(案外、お可愛らしいこと)

アリアはそれからもう一巡、辞退と説得を繰り返し、相手の焦れったさが最高潮に達した頃に、とうとうハンカチを手渡した。

「わたくし、しばらく城には参りませんの。明日の夜、王都劇場になら向かうのですが……無理にご返却なさろうとしなくても結構ですわ」

「明日の夜だな？」

「ええ。観劇に」

彼は、そっけなくされることに慣れていない。だから、逃げれば逃げるほど追ってくる。返却しなくていいと言えば、彼は何がなんでも、劇場まで返却しにやって来るだろう。

——その隙に、アリアがヴェッセルス家に忍び込むつもりだとも知らないで。

「長々とお話をしてしまい、申し訳ございません。それでは今度こそ、ごきげんよう」

彼がこちらの背中を見つめているのを意識しながら、アリアは優雅にその場を去った。


『おうおう、やるな、アリア！　この性悪女』

「えっごめん、風が強くて聞こえない」

厩舎から完全に離れたあたりで、バルトがちょろりと肩に乗ってくる。

彼はラウルの巨大な精霊力に当てられることを恐れて、視界に入らぬ茂みに潜んでいたのだ。

けれどしっかり、聞き耳は立てていたらしい。意地悪な口調でアリアのことを囃し立てた。

『完全に掌で転がしてたじゃねえか。はーっ、きっとあの男、口ではなんと言おうと、あのハンカチをめちゃくちゃきれいに洗い上げるぞ』

「洗うのはどうせ洗濯女だけどね」

『しかしまあ、おまえ、いいこと言うよな。修道女みたいだった。ほら、あの、大切なものは盗まれないってやつ』

バルトは感心しきりといった様子で、ぴちぴちと尻尾を肩にぶつけてきた。

『あの男も、あの言葉で見る目が変わった感じだもんな。心に響いたっていうか。あれってアリアの持論？　ならおまえ、実は心がきれいなんだな。さすが俺と話せるだけある』

日頃は悪ぶっていても、やはり精霊として、清廉な言葉に触れるのは心地よいのだろう。

黒い瞳をきらきらと輝かせる相棒から、アリアは「まさか」と笑って目を逸らした。

「あんなの、口から出任せに決まってんでしょ。……本心なわけないじゃない。どうしてもハンカチを受け取らせたかったから、関心を惹くために、それっぽいことを言っただけ」

『なんだよー！　俺の感動返せよな。まじで性格悪いな、もう』

アリアは、胸に下げた金貨を無意識に握り締めながら、肩を竦めた。

「今さら気付いたの？」

『まあでも、おかげで、やつに俺の精霊力をなすりつけることができた。これで、やつの居場所がいつでもわかるぜ』

「それはなにより」

そう。この接触には複数の目的があった。

一つは、アリア・フォン・エルスターが、平凡で無力な少女だと演出すること。

一つは、ハンカチを返すように仕向けて、明日の夜、ラウル・フォン・ヴェッセルスを屋敷から引き離すこと。

そしてもう一つは、彼にバルトの精霊力を付与して、その居場所を把握することだ。

「目敏(めざと)い猫には、鈴の首輪を――ってね」

精霊力とは、匂いのようなものらしい。長期間共にいれば、力(におい)は相手に伝播(でんぱ)する。

その性質を利用して、アリアはバルトの精霊力がたっぷり籠もった糸を使い、ハンカチに刺繍したのだ。

つまり、彼がハンカチを持ち歩いている限り、バルトは自身の精霊力を手掛かりに、彼の居所を探ることができる。不都合な遭遇を回避できるというわけだ。

ラウルに気取(けど)られない程度の、弱小なバルトの精霊力だからこそ、できる技であった。

「刺繍部分で指も拭ってやったから、体に染みこんでくれたらいいんだけどなあ」

『あれってやっぱ、それ狙いだったの？』

アリアが呟けば、バルトは「ひでえ、腹黒すぎる」と、ラウルに同情するような声を上げる。

『あいつ絶対、ドキッとしてたぞ。男の純情弄びやがって。そういうの、いつか痛い目見るんだからな』

「あんた、どっちの味方なのよ」

アリアはどこまでも冷静だ。

彼女は猫のように大きな瞳をきらりと光らせると、口の端を引き上げた。

「大丈夫。女を惚れっぽい生き物だとしか思っていないお坊ちゃんに、手口がバレるはずもないわ」

そうして、明日の夜、ヴェッセルス家の蔵に忍び込むための計画を、練り始めた。

◆

さて、アリアの元にバルトが駆け寄ったのと同様に、佇んだままのラウルの元へ、コンラート王子が駆け寄ってきた。

「わお、わお！　見たよ、いい感じじゃない！」

もちろん彼も、厩舎の裏手に潜んで、覗き見を決め込んでいたのである。

「さすがは、目が合っただけで淑女を発情させると評判の色男。なんだ、彼女もすっかり、君にめろめろの様子だったじゃないか」

コンラートは、アリア渾身の「うっとり顔」を見ていたのだろう。二人の仲は順調、と踏み、にやにやと腕を肘で突いてきた。

「君も珍しく、ハンカチなんか受け取っちゃってさ。いやあ、奇跡だ！　君に贈り物を受け取らせるなんて、さてはアリア嬢、清純に見えて、結構なやり手なんじゃないかい？」

「いいや」

王子が意地悪くからかうと、ハンカチを握ったままのラウルは静かに応じる。

「そんなことはない」

汚れた布を見下ろす彼の目元は、珍しく和んでいた。

――本当に大切なものは、奪われないのですよ。

脳裏には、あの淑やかな、鈴を鳴らすような声が蘇っていた。

――頭に入れた教養と、心に込めた愛は、けっして誰にも奪われない。奪われてしまう程度のものは、奪わせてしまってよいのではありませんか？

静かな言葉が、自分でも驚くほどすんなりと、ラウルの心の奥底に染みこんでいた。

（奪われないのかも、しれない）

目を覗き込んで、しっかりと女性と話したのは初めてのことだった。

それほどまでに、周囲の人間は、彼の精霊力に当てられた。

精霊から与えられた、とびきり豪華で、麗しい鎧。中身のラウルは空っぽなのに、誰もが鎧を褒めそやす。うっとりと目を潤ませ、息を荒らげ、べたついた指を這わせては、「ちょうだい、ちょうだい」とラウルを削っていこうとする。

はりぼての鎧に吸い寄せられ、爪を立てて剝ぎ取っていく人々。

彼らがすべてを食らい尽くしてしまった後、きっと自分にはなにも残らない。

それが、長年ラウルを漠然と苦しめてきた思いだった。

だが、アリアの言葉を信じるなら、そうではないのだ。

（大切なものは、すでに、頭と心の中に）

たしかに、生まれは恵まれていただろう。人より優位に競争を始められた、それは事実だ。

けれど、そこから重ねた努力――叩き込んだ教養や武技、思い悩みながら身につけた価値観、なにより心は、ほかの誰でもない、ラウル自身のものなのだ。

あのわずかなやり取りで、不思議なほど、ラウルはアリアに救われた思いがしていた。

強引に触れられたことすら、相手が彼女なら、ちっとも不快ではなかった。

(アリア・フォン・エルスター)

それは、ラウルが初めて抱いた興味の名だった。

(彼女は……『烏(ラーベ)』なのだろうか)

つい先ほどまでは、半ば確信していたはずだ。なのに今、ラウルの認識は大いに揺れようとしていた。

だって、彼女はあんなに高潔だったのだ。恍惚の表情は浮かべたものの、最後まで目を合わせてラウルの話を聞き、その心にたちまち触れて、包み込んでしまった。

あんな清廉な言葉を紡げる人間が、まさか盗みを働くだろうか。

百歩譲って関係者だとしても、やはり、誰かに脅されたり、利用されたりしているのかもしれない。ならば自分がすべきは、彼女を助けることではないだろうか。

「なんだい、そんなまじまじと、汚れたハンカチなんて見つめちゃって」

横から覗き込んだコンラートが、にやにやと茶々を入れてくる。

それを聞き取りながら、ラウルは「返しに行かなくては」と思った。

きちんと洗濯をして、折り畳んで。

もしかしたら、ただ返すだけでは失礼なのかもしれない。なにか、菓子や花を添えるのがマナーという可能性もある。女性の歓心を買いたいなど、ついぞ思ったことのないラウルには、まったく未知の領域だ。

菓子、ということならば、劇場の近くに有名な焼き菓子の店が、いくつかある。

(それだ)

脳内で素早く王都内の地図を広げながら、ラウルは、「べつにあの少女の機嫌を取りたいわけではない」と誰にともなく言い聞かせた。

良識ある人間として、借りたものを返すには、ささやかな礼を添えるべきだと考えたから。ただそれだけのことであって。

過去の傾向を振り返るに、これまで女性たちが自分に贈ろうとした菓子は、大抵、甘ったるく、こってりとしていた。つまり、砂糖が多く使われた高価なもの、腹持ちがよいものほど、女性にとって好ましいのだと推測される。

菓子の味の善し悪しなどわかるはずもないが、砂糖含有量や重量の多寡なら自分にもわかりそうだ。ひとまず全店で全種買ってみて、最も質量の大きなものを渡せばいい。

しかし観劇の前に、かさばる食品を渡されても迷惑だろう。いったいどうすれば――。

「殿下。一般的に、観劇というのは」

「んんー?」

傍目(はため)からは真顔で、けれどその実いそいそと、ラウルはコンラートを振り返る。

だが、彼の問いは、首を傾げた王子によって遮られてしまった。

「なんかこのハンカチ、変じゃない?」

彼は、ラウルの持つハンカチにぐいと顔を近付け、目を細めていた。

「変、とは」

「なんか、この辺りから、精霊の気配がする」

その指先が示すのは、丁寧に施された刺繍部分だ。

贈り主のイニシャルなどではなく、ただ使い手の幸運を祈るための、奥ゆかしいクローバー。

けれど王子は、「微弱だけど、精霊力が込められている」と言う。

コンラートは、ラウルに精霊力の量でこそ及ばないが、だからこそ、力の緻密な制御や解析を得意としていた。

「……精霊力?」

「うん。なんだろう、この精霊は。風や水の四大精霊ではなくて、もっとマイナーな感じ。込められた内容も、加護や祝福というより――」

ラウルは無言でハンカチを見下ろす。

優秀な頭脳が、即座にとある可能性を導き出し、それは見る間に、彼から表情を奪った。

「加護というより?」

声が、不自然に低くなるのが自分でわかる。

くすぐったい、穏やかな感情が潮のように退いていき、できた隙間に向かって、獰猛(どうもう)な荒波が押し寄せた。

アリア・フォン・エルスター。

清純で善良で、唯一彼に付け込もうとしなかった清らかな女性。

「なんかこう、『ここにいるよ！』って、誰かに叫んでいるような、警報みたいな感じ？」

――などではなかった。

「…………」

すう、と、ラウルの目が据わる。

「ほう」

彼は強く、手の中のハンカチを握り締めた。

ずいぶんと、舐めた真似を。

「えっ？　な、なに？　なんか急に、辺りが寒くなったような――」

「捕まえてやる」

困惑気味に腕をさすりだしたコンラートをよそに、ラウルは低く告げた。

「『鳥』は、必ず、私が捕まえる」


「やだ、なんか急に空が曇ってきてない？」

『なー。風雲急を告げる感じ』

その頃アリアたちは、王城を立ち去りながら、呑気に空を見上げていた。

5 目録を巡る攻防

「や、や……闇討ち」

『ち、ち……力』

「ら？　ら……乱闘」

『う、と来たか……馬』

「ま、ま……待ち伏せ」

アリアが返したとき、床を這っていたバルトは大げさな溜め息をついた。

『おまえが思いつく語彙ってなんでそう、ことごとく不穏ってか、攻撃的なんだ？』

「そう？　じゃあ、ま、ま……抹殺？　待ったなし？」

『悪化してんじゃねえか！』

二人はのんびりと手を動かしながら、しりとり遊びに興じている。

それほどまでに、彼らはリラックスしていた。

ヴェッセルス伯爵家の、夕闇に沈む一室でのことである。

「あー。今日は目録を盗み見るだけで、宝石を持ち出さなくていいと思うと、すごく気が楽。普段はそれだけ、気を張って臨んでるってことよね。あたし、偉いわ。本当に偉い」

掃除女に扮し、頭巾に口布まで装備したアリアは、引き出しを手際よく開けながらしみじみと漏らした。

すると、階段状に開いた引き出しをするりと駆け上がりながら、バルトが窘めてくる。

『おいおい、気を抜くなよ。いつこの部屋の主人が帰ってくるかわからないんだからな』

「へいへい」

そう。アリアは、ラウル・フォン・ヴェッセルスを劇場に呼び出し、その間に彼の書斎を検めているのである。

狙いはもちろん、王冠の詳細を記した目録だ。

エルスター家では、目録は管理者の書斎にしまわれているので、おそらくヴェッセルス家でも同様と当たりを付けた。

「でもそのときは、掃除女として堂々と立ち去りゃいいのよ。貴族にとって使用人なんていうのは、空気のように見えない存在なの。さすがに気取られないはずよ」

アリアは自信たっぷりに請け合い、遊び程度にはたきを机に走らせてみる。

実際、綿で体型まで変えたこの扮装は見事なもので、裏口から伯爵家に潜入する際、メイドからさえ怪しまれなかった。

使用人の中にも格差というものはあり、執事やメイドは「個人」として認識されても、最下層の掃除女や洗濯女には、視線の一欠片さえ向けられないのだ。

ラウルの書斎を割り出し、部屋の扉を開けるときだけ、廊下に立つ衛兵——さすがは伯爵家だ——に声を掛けられたが、訛りのきつい口調で「けんども、あのぅ、若様が外出されている間に、髪の毛一本残んねえよう掃除しとけって、女中頭さんが言ったもんで」とおどおど告げると、あっさり部屋に通された。

ベテラン女中頭の横暴で、下っ端がこき使われるのは、貴族の屋敷あるあるだ。

そんなわけで、アリアは実に堂々と、机の引き出しや棚に手を突っ込んでいるのであった。

「あのきれいな顔で、机が超絶汚かったら笑える、とか思ったけど、なによ、めちゃくちゃきれいね。すごい仕事できそう。むかつくわ、どこもかしこも整いやがって」

『おまえが整ってないからって、妬むな妬むな』

「失礼なトカゲね……って、うわ、信じられない。馬鹿みたいに高そうなアメシストがしれっと引き出しに入ってる。無防備か、金持ちめ」

と、文具を収めた引き出しの片隅に、無造作にブローチがしまわれているのを見つけてしまい、舌打ちを漏らす。この気取らなさが、いかにも金持ちの余裕という感じだ。

盗んでやってもいいが、残念、もうアメシストは「お呼びじゃない」のである。

すっきりと片付けられた引き出しを、アリアは鼻を鳴らしながら乱暴に閉じた。

「ふん、丁寧に生きてる感じよね。部屋も見晴らしがよくて生活リズムも整って……つまり把握しやすくて狙いやすいんだからね。ざまぁみろ」

負け惜しみのような悪態をつきながら、ぱっとバルトを振り返る。

「把握すると言えば、今あいつはどこにいるの？　まだ劇場にいるわよね」

『おう、任せろ、自分の気配を間違えるもんかよ。俺の精霊力は……うん、間違いなくここから離れた劇場にある』

「よし」

それが一番重要だったので、アリアは真剣な顔で頷いた。

ついで、にやりと笑い、はたきを雑巾に持ち替えた。

「あの聖騎士、敵は一人も討ち漏らしたことがないそうだけど、今回は相手が悪かったわね。ああいう律儀な男ほど、女に人生をめちゃくちゃにされる運命なのよ」

傲岸不遜に言い捨てると、引き出しには見切りをつけ、今度は壁にずらりと並んだ本棚へと向き直った。

「すごい蔵書。いったい何ヶ国語読めるの？　文武両道がすぎるでしょうが。一人に能力を詰め込みすぎよ。精霊も雑な仕事をしやがって」

『素直に感嘆しろよ』

「いやらしい絵でも隠してあれば、それをネタにいじめてやるのに。健全すぎて不健全だわ。つまらない……あ、このへん怪しい。なるほど、目録は書類じゃなくて図書扱いなわけか」

指で、素早く背表紙をなぞっていく。

院長ベルタを手伝って聖書を写本したり、代筆業で小遣い稼ぎをしていたから、アリアの識字能力はそこらの貴族令嬢を圧倒するほどに高い。

移民の友人も多かったので、外国語のタイトルが交ざっていてもへっちゃらだ。

アリアは膨大な数の背表紙をするすると目で追い、目的のものにあっさりとたどり着いた。

「あった」

シュトルツ王国第三宝物庫、目録。

興奮のままに、分厚い冊子をさっと取り出し、アリアはその場に屈（かが）み込んだ。

はやる心をなんとか抑え、床に広げた目録をもどかしい思いでめくっていく。

「ガザラン小王国……冠……ああもう、これ、登録順なんだ。小王国に攻め入ったのって何年だったっけ」

難儀なことに、目録は、国宝の形状ごとではなく、登録された順に綴（と）じられているらしい。

もどかしい思いでページを進め、見覚えのある王冠のイラストを視界に入れたとき、アリアはつい小さく叫んでしまった。

「あった！」

一つの国宝あたり、少なくとも三ページにわたって記載がなされているようだ。接収時期、経緯、国宝の拡充に成功した王への賛辞——装飾過多な文章が延々と続く。

「ああーっ、邪魔邪魔、そういうのは付け合わせのパセリくらいにどうでもいいから」

しかめっ面で呟（つぶや）きつつ文字を指で辿（たど）り、とうとう次のページに差し掛かったとき、アリアは息を詰めた。

——台座の金、および装飾に使用された宝石。

「これだ」

素早く視線を走らせる。

早く情報を得てここから立ち去らないことには、あのやたら勘のいい男は、予想外の方法でこちらに迫ってくるのかもしれないのだから。

「台座および装飾の一部に高純度の金を使用。ルキスター産のガーネットとガザラン小王国内のサファイアは、セブラ工房にて加工されたものを……」

『ぐえ！』

夢中になって目録を読み進めていると、バルトが不意に轢き潰された蛙のような声を上げ、広げた目録の上を走り出す。

「ちょっと、なにすんの。邪魔」

『あ、アリア！　アリア！　せ、聖、せい、せいせい』

「はいはい、せいせいね」

ちょろちょろ動き回るトカゲをひょいと摘まみ、そのへんに放り投げると、アリアは再び文章に目を凝らした。飾り文字が多用されているので読みにくいのだ。

「ダズー産のアメシスト……ラフレア産のエメラルド……ここまでは回収した。それから」

『アリア！　アリア！』

「ダイヤモンドに、やっぱりルビーか」

まだ回収できていない三つのうち、二つはダイヤモンドにルビーだった。予想通り。

「あと一つは……」

最後の一つが記載されている部分を読もうとしたその瞬間、ページにふ、と影が落ちる。

『来ちゃった！』

「…………！」

情けなく叫ぶバルトの声に、弾かれたように顔を上げ——。

さしものアリアも、ひゅっと喉を鳴らしてしまった。

（ひっ）

「君は」

どっと汗が噴き出る。

心臓が早鐘のように打ちはじめる。

月光を紡いだような銀髪を垂らし、身を屈めてこちらを覗き込んでいるのは、

「文章を読むのも速いな」

蒼月の聖騎士、ラウル・フォン・ヴェッセルスであった。

（な、なな、なんで部屋にいんのおおおっ！）

劇場にいるはずではなかったのか。

だが、長いマントを翻したいつもの装いとは異なり、彼は室内用と思しき簡素なシャツと、

黒いパンツとショートブーツをまとっただけの姿で、この場にいるのだった。

ラフなスタイルであってさえ、一幅の絵画のように完成された印象を与える美貌に、もはや理不尽な怒りを覚える。

『ご、ごめん！　今でも俺の気配はまだ劇場にあるんだけど……！　な、なんでかな⁉』

バルトがおろおろしながら叫んでいる。

一人だけちゃっかり柱の陰に隠れているのが憎たらしい。

『瞬間的に移動したとか。ハンカチは従者に持たせていたとか。どっちだと思う⁉』

（知らんわ、とここに至って呑気に二択クイズに答える余裕なんてないってのよ馬鹿！）

思わず内心で口汚くこき下ろしてしまうが、わかっている、罵倒は自身にも等しく向けられるべきなのだ。

「も、申し訳ございません、若様のご本を落としてしまい――」

動揺を奥歯で噛み殺し、アリアは素早く、いいや、おどおどとその場に跪いた。

「今日は」

だが、ラウルは意外な行動を取った。

掃除女に扮したアリアのすぐ傍に、自らも跪いたのだ。

「西部の訛りにしたのか」

そして彼は、優雅に、けれど恐るべき速さで腕を伸ばし、アリアの口布を強引に引き下げた。

「――！」

「君は卑怯だ」

咄嗟に突き飛ばそうとしたアリアを、逆に本棚に押し付けるようにして囲い込む。

至近距離に迫ったアイスブルーの瞳は、苛烈な怒りを湛えていた。

「人の誠意に付け込んだ」

じり、と尻で下がろうとするが、すぐに棚にぶつかってしまい、後がない。

呼吸が浅くなり、脳内に言葉が溢れ、指先は震えだした。

この男の瞳というのは、正面から覗き込むだけで、体の自由さえ奪うというのか。

「精霊力を込めた刺繍のハンカチを持たせて、私が屋敷を離れるのを把握しようとした？　だが残念、ハンカチは小姓に持たせた。今頃劇場で待ちぼうけている。トカゲの姿をした精霊も、きちんと注意を払えば見える……ああ、そこにいるな」

ちら、と彼が視線を向けただけで、隠れたバルトが『ひえっ！』と悲鳴を上げるのがわかる。

アリアは歯噛みした。

バルトの精霊力は劇場を示していたし、ヴェッセルス家の誰もが「ラウル様は外出なさった」と認識していた。

だから安心していたのに、まさか裏を掻かれるなんて。

思考を読み取ったように、ラウルはわずかに目を伏せた。

「君を油断させるため、家人まで騙して外出した振りをした。窓から自宅に潜り込んだのなんて、初めてだ」

まったくそんな場合ではなかったが、アリアは彼の発言に驚いた。

(嘘をつくのも、家を玄関以外から出入りするのも初めて？　この歳で？)

だとしたら、なんとまあ品行方正な人間なのだろう。

ぐれていたアリアなんて、十歳ですでに無断外泊なんてざらだったし、十四歳の頃には盗んだ馬車を乗り回してぶいぶい言わせていたのに。

(とにかく、逃げなきゃ)

どこかに、退路は。

わずかに瞳を動かした途端、ラウルはアリアの頬を摑み、強引に視線を合わせた。

「小細工さえなければ、私が返しに行こうと思っていたのに」

無表情で、冷え冷えとした声。

だが、ぎらりと光るような瞳が、色合いの冷たさを裏切り、熱い感情を滲ませている。

アリアは火傷しそうな心地を覚えながら、必死に頭を働かせた。

「申し訳、ございません」

今さら掃除女のふりをしつづけることはできないだろう。

ならばアリア・フォン・エルスターとして、彼に縋るのだ。

善良で無力、騎士ならば傷付けるのをつい躊躇ってしまう、可憐な女として。

「事情が、あるのです。こうしなくては、わたくしは、殺されてしまう」

黒幕の「鳥」に利用されている哀れな女スパイ。そんな路線はどうだろう。

脅されている、本当はこんなことしたくない、黒幕に引き合わせるから見逃してくれ、とか。

「どうか、お助けください……」

涙目で弱々しく訴えると、アイスブルーの瞳に、ほんの少し、躊躇いが滲んだ。

（よし！　隙あり――）

ここで素早く頭突きを。

だが、手慣れた下町戦法を繰り出そうとアリアがわずかに顎を引いた瞬間、彼は即座に表情を変え、だん！　と本棚に強く体を叩きつけた。

「い……っ！」

「わかってきた」

声が一層低くなっている。

「君が人の目を見つめるときは、騙そうとしているときだ」

ああ、だめだ。騎士に素人の反撃が通用するはずもなかったのだ。

敵意を一瞬で気取られてしまった。

両手をひとまとめにされ、頭上の本棚に押し付けられる。摑まれた手首からは、ぐ、と鈍い音が立った。

「い、た……」

「逃げられると思うな」

「痛い、ったら」

圧倒される。迫力に呑まれる。

このままでは彼に、捕まってしまう。

――捕まる。

そう思ったとき、不意に心の奥底から苛烈な感情が込み上げてきて、アリアはぎらりと瞳を光らせた。

「体格差を……っ、考えろこのぼけ！」

「なに？」

「痛いっつってんでしょうが！　今すんごい痛い音した！　骨が折れる複雑骨折しちゃう！か弱い淑女をそんな全力で押さえつける必要なんてないでしょ力加減って言葉を知れ！」

一気にまくし立てると、相手は反射的にといった様子で力を緩めたので、アリアはすかさず彼の胸板を突き飛ばした。

「胸板かった！　突き飛ばしただけでこっちが痛いわ！　どうしてくれんの!?」

「いや……」

「どこもかしこも痛い！　馬鹿力のあんたのせいよ！」

完全なる難癖だが、そうした難癖を付けられるのは、彼にとって初めての経験であるらしい。咄嗟に返す言葉が見つからなかったらしく、硬直している。

「ひどいわ」

アリアは、袖をするりとまくり上げ、ほっそりとした己の手首をラウルに晒した。

「痕がくっきり。『暴行』って題名を付けて枠に入れて展示したくなるくらいの加虐ぶり」

肌の白いアリアは、ちょっとこするだけですぐ赤くなってしまうのだ。

実態よりかなり痛々しく見えることを承知のうえで、彼女はそれを見せつけた。

「怖かった」

それから、自らの肩を掻き抱き、弱々しさを強調してみせる。

被害者面この上ない振る舞いだが、騎士道精神を骨の髄まで叩き込まれているようであるラウルには、一番これが効くのではないかと踏んでの行為だった。

「………」

果たして、聖騎士ラウルは、神妙な面持ちで、跪いたまま半歩ぶんだけ距離を取った。

「正直に事情を話すなら、苦痛は与えない」

どうやら、身体的な拘束はやめることにしたようである。

彼は、白皙(はくせき)の美貌に真剣な表情を浮かべ、こちらを見つめた。

「アリア・フォン・エルスター。君が宝石の窃盗に関与していることは明らかだ。だが今、アメシストに目もくれなかったところを見るに、金儲(かねもう)けが目的とも思えない。ヒルトマン家のエメラルドに至っては、無傷で返却していたな。なにが目的だ」

想像以上に丁重な態度に、アリアのほうが面食らった。

正体がバレたなら、なんだかんだ言って、即座に捕縛されると思ったのに。

「聖騎士の私には、現行犯の処遇を決定する裁量が与えられている。この場には私しかいない。

もし君が複雑な事情を抱えているなら、すべてを誠実に告げてほしい」

通った鼻筋に、美しい口元。完璧な造形の顔立ちは、たしかに冷ややかだが、実に清廉だ。まさに、正義の執行者に相応しい、佇まい。

「脅されているような口ぶりだったな。それは事実か？　ならば、真実を」

嘘八百の主張も、一度は受け入れてみせる男。

泥棒だとわかっている相手にも事情を聞こうとする彼は、寛容と評価されるべきだろう。

「精霊の定めたシュトルツ王国の法は、弱き者に必ず手を差し伸べる」

だが、その言葉を聞いたとき、アリアの脳裏に浮かんだのは、凍える雪空の記憶と、そして猛る炎のような怒りだった。

「……法は、弱き者を、守る？」

いつの間にか俯いていたアリアに向かって、ラウルがすっと手を差し伸べる。

「ああ。君が誠意を見せるなら、けっして、悪いようにはしない」

「――はっ。冗談！」

しかし、アリアはそれを、音がする鋭さで撥ねのけた。

「ねえ。あんた、今それで、あたしに手を差し伸べたつもりなんでしょう」

怒りが溢れる。

一人称を「わたくし」に取り繕うこともできない。

無意識に金貨のネックレスを握り締めた手は、関節が白く浮き出るほど。

体が床から浮きそうなほどの激情に突き動かされたまま、アリアは告げた。

『『悪いようにはしない』？　それでこっちが安堵するって？　まさか！　それって、『おまえの命は俺のさじ加減でどうとでもできる』って意味じゃない。命握られて喜ぶ人間がどこにいんのよ！」

吼えるように叫ぶと、ラウルはわずかに瞠目する。

その隙を捉え、アリアは彼の両目に向かって素早く目録を叩きつけた。

「――――！」

もちろん、直前で阻まれる。

だが、彼の意識が逸れたのを利用し、アリアは今度こそ、全力で頭突きをかました。

「……っ」

「アホほど痛い！」

思わず涙声の罵倒が出る。

こいつの頭蓋の硬さときたら、下町一の頭突き能力を誇ったアリアを凌駕するほどだ。

きっと、お堅い中身がそのまま頭蓋の硬さとなって表れたのだろう。

「じゃあね！」

「こら、君――――！」

捨て台詞を吐いて、脱兎の勢いでドアに向かうと、すぐに体勢を立て直したラウルが恐ろしい速さで腕を伸ばしてきた。

「部屋を出たら、衛兵が――」

「知るか！」

なぜだか彼は、アリアがほかの兵に捕らわれることを懸念してくれているらしい。

だがアリアからすれば、ラウル・フォン・ヴェッセルスに追いかけられる厄介さに比べれば、屋敷中の衛兵に追われることなんて屁でもなかった。

扉の前でぎょっとしている衛兵を、体当たりの一撃で沈め、速やかに廊下を駆け抜ける。

女使用人の履くぼろぼろの布靴は、こうしたとき、音もなく走れて便利だ。

『ア、アリア！　どうしよう！　衛兵たちがめっちゃ追いかけてくる！』

「うろたえない！　聖騎士以外はみんな雑魚！」

現に、小柄なぶん身軽で、すばしっこいアリアに、重装備の男たちは誰も追いつけないでいる。が、数秒遅れて部屋を出たはずのラウルは、ぐんぐんと衛兵たちを抜き、すぐ後ろにまで迫っている。本当に厄介な男だ。

「こっち！」

だが、逃走経路の確保は泥棒の基本。

アリアは、客間の一室に滑り込んで内鍵を掛けると、ラウルたちが扉をこじ開けようとしている間に、窓を破って外に出た。ここが一階だった奇跡に感謝だ。

「若様、こちらです！　尖塔に逃げ込もうとしているのかと！」

アリアが庭に下りるとほぼ同時に、扉が突破される。

衛兵たちの叫びを背後に聞きながら、アリアは敷地内に隣接する小教会、その高くそびえたつ塔の入り口に突っ込み、らせん階段を駆け上がりはじめた。

『馬鹿！　アリア、高い所に逃げ込んでどうすんだ！　みんな追いかけてきてるぞ！』

なんとか肩に飛び乗ったバルトは、焦ったように叫ぶ。

『屋敷中の衛兵が、尖塔に集まりはじめてる！　これじゃ袋のねずみだ！』

「黙ってて！」

息を荒らげながら、アリアはひたすら階段を駆け上がった。

幸い、この狭いらせん階段では、体重のある男たちより、小さくて身軽なアリアのほうが、よほど速く動ける。

屈強な男たちは案の定、狭い階段内で押し合いへし合いし、時間を取られているようだった。どけ、だとか、詰まるんじゃねえ、といった怒号が階下から聞こえる。

「待てぇ！　泥棒め！」

ただ、抜け目ない小柄な衛兵が、集団を飛び出て肩を掴んできたので、アリアはひょいと身をよじり、ついでにちょっとだけ体を押してみた。

「わあああ！」

体勢を崩した衛兵は、見事に階段を転がり落ちる。後ろにいた仲間にぶつかって止まったが、仲間がぐらつくとその後ろも慌てて立ち止まり、と、男たちはたちまち連鎖的に足を止める羽目になった。

「うわ、馬鹿！　急に止まるなよ！」

「押すな押すな押すな！」

「痛ぇ！」

阿鼻叫喚の大惨事である。

不幸な事故だった、とアリアは神妙に頷き、すぐにまた最上階を目指した。

『足止めには都合がいいけど……これじゃ逃げ場がねえぞ。みんな、尖塔の上に集まってる！　どうすんだよ！』

「誰一人残らず、集まった？」

はあはあと肩を上下させながら、アリアは尋ねた。

「足音か気配で探って、バルト。最後の一人は、今何階にいる？」

男爵の地位から出世を重ねたヴェッセルス家の信仰心は篤いようで、私人が構えるものとしては、教会はとても立派だった。尖塔も非常に高く、地上十階分ほどはある。

とうとうその最上階にたどり着くと、アリアは一度だけ目を閉じた。

アーチ形の窓から覗く地上は、目眩を覚えるほど遠い。身を乗り出しただけで、ふらりと宙の一点に吸い込まれてしまいそうな高さ。

（全然、平気）

夜風を浴びながら、アリアは己に言い聞かせた。

こんなの、慣れっこなのだから。

お仕着せの裾に隠していたものを取り出し、素早く「準備」を進めた。

『おい、なにしてんだよ』

「いいから、バルト。最後の一人は、今何階？」

『え？　えっと……たぶん、四階くらい。七階あたりで詰まって、団子になってる』

「そう」

アリアは一つ頷いた。

四階――まだ少し足りない。できれば、あともう一階くらいは上ってきてほしいものだ。

『なあ、アリア、まさかとは思うけど』

「なにをするつもりだ」

バルトがびくびくしながら尋ねたのと、らせん階段から冴え冴えとした声が掛かったのは、同時のことだった。

「…………」

振り向けば、そこには、息一つ乱さず、長身の男が立っていた。

ラウル・フォン・ヴェッセルス。

あれだけ足場を悪くしてやったのに、追いかけてきたのだ。

「使用人を踏みつけて階段を上ってきたの？　最低」

「なにをするつもりだと聞いている」

アリアの非難を遮るように、ラウルが一歩踏み出す。

月光に照らされた秀麗な美貌には、気のせいでなければ、焦りが浮かんでいるようだった。

「早まるな」

「怖い顔して、どうしたの？」

声を掠れさせた男をよそに、アリアは勝ち気な笑みを浮かべ、傍らのバルトに尋ねた。

「今、最後尾は何階？」

『へ!?　ご、五階……』

これでばっちりだ。

ゆっくりと振り返り、ラウルと目を合わせる。

夜風がふわりと、アリアの後れ毛を攫っていった。

「あたしがここから飛び降りるんじゃないかって？　……その通りよ」

そうして、しっかり彼の瞳を見つめたまま――背後の手すりを飛び越えた！

「――――！」

声にならない叫びを漏らして、ラウルが大きく腕を伸ばす。

むなしく宙を掠った男の腕を逃れ、アリアの体は下に下にと落下を続けた。

ただし、腰と尖塔のアーチにくくりつけた黒い縄を、しっかり握り締めながらだが。

（いったぁ！）

縄が長さの限界まで伸びると、腰がガクンッと叩きつけられる心地がする。

握り締めることでだいぶ勢いを殺したつもりだったが、不十分だった。

数年前より体重が増えているのだから、仕方がない。

縄を最後まで伸ばしきって、今アリアがいるのは地上三階ほどの高さ。

短く息を吐いて覚悟を決めると、擦れた掌の痛みを押し殺し、懐から取り出した短刀で、腰の結び目あたりを断ち切った。

——ザンッ!

アリアの体は再び投げ出され、今度は尖塔に沿って配置されていた茂みへと叩きつけられる。

「クソほど目の粗いクッションだわ……!」

だが、おかげで助かった。綿をたくさん詰めた扮装だったのもよかった。

ごそ、と茂みを抜け出し、尖塔を振り仰いでみれば、最上階から身を乗り出している男と目が合う。

その顔は、遠目にも、愕然としているように見えた。

あの無表情な男が、人間らしい感情を露わにする瞬間というのは、なかなか見応えがある。

アリアは小首を傾げ、にやりと挑発の笑みを返してやった。

「落ちたぞー!」

「泥棒は茂みに落ちた!」

「追え! 地上に戻るんだ!」

ラウルに遅れて最上階にたどり着いたらしい衛兵の数人が叫ぶが、上を目指して走り続けていた男たちが、すぐに意識を切り替えて、地上に下りられるはずもない。最上階にいるラウルならば、なおのこと。

「おい、止まるな！」

「馬鹿、下りるんだ、どけ！」

「え？　泥棒は最上階にいるんだろ？」

再び、狭い空間内でもみ合いはじめた男たちをよそに、アリアは悠々と屋敷の塀をすり抜けた。

途中で綿を抜いて体型を変え、勤めを終えた掃除女の態で、堂々と夜の通りを歩く。

お貴族様の馬車が走る大通りはさすがに無理でも、一つ奥に入った小道では、帰宅する下女の姿などどざらである。

もっとも、最近は治安が悪化しているのか、路地裏の喧嘩が絶えないので、気を付けなくてはならないが。

「いったー。はあ、あたしもだいぶ焼きが回ったもんだわ……」

痛む腰に擦れた掌、ひっかき傷をこさえた腕をさすっていると、ようやく追いついてきたバルトが、ひょいと肩に乗ってきた。

「あ、バルト、あんたもちゃんと抜け出してきたのね。偉い偉い」

『…………』

「なに？　置いてかれたって怒ってんの？　仕方ないでしょ、切羽詰まってたんだから。トカゲのあんたは、あたしより逃走に有利なんだから、そのくらい目を瞑ってよ」

珍しく沈黙するバルトに、アリアは肩を竦める。

その振動でゆらりと尻尾を揺らしたバルトのことを、彼女は無意識に撫でた。

「最後の一つがわからなかったけど、ダイヤとルビーって情報が得られたのは、成果よね。でも問題は、やっぱり、ラウル・フォン・ヴェッセルス。あーあ、完全にバレちゃった」

『…………』

「あいつ、逮捕状を出してくると思う？　それとも現行犯での捕縛にこだわると思う？　あたしとしては、ぜひ後者に賭けたいんだけど」

逮捕状が出されても、しらばっくれてやるし。

そのためには、ひとまずこの夜、アリア・フォン・エルスターは劇場にいたと誰かに証言させて、あとは、聖騎士の動向を摑む新たな方策を編み出して――。

ぶつぶつと呟いていたアリアだったが、相棒から一向に相槌が返ってこないので、とうとうその場に足を止めた。

「バルト？　なによ、返事くらいしてよね」

『ことここに及んで、呑気に二択問題に答えてられるかよ』

「は？」

唸るような声に、きょとんとする。

すると、バルトはくわっと口を開き、アリアを怒鳴りつけた。

『おまえ、なんて無茶すんだよ！』

アリアは最初目を見開き、やがて意味を吞み込むと、徐々に眉を寄せていった。

「はあ?」

『おまえ、風の精霊でもなんでもない、人間なんだぞ! しかも、女だぞ! 若いし、小せえし……そんなやつが、尖塔の天辺から飛び降りるなんて、どんな無茶だよ! アホか⁉』

「いや、見事逃げおおせて怒鳴られる意味がわかんないんだけど」

バルトならてっきり、「やったなアリア!」とでも快哉を叫ぶものと思っていたのに。

苛立ちと困惑を半々に、顔を顰めていると、バルトはますます激したように尻尾を振った。

『あの聖騎士は、おまえに手を差し伸べようとしてたじゃねえか! あいつなら拷問だってしなそうだった。あそこは、あの男に頼って、真相を打ち明けりゃよかったじゃねえか』

「いやいや、あんたが盗めって唆したくせに、自首しろってどういうことよ。それも、ライバルのヴェッセルス家に頼る? んなことしたら、ヨーナス様の人生が一瞬で終わるでしょ」

『尖塔から飛び降りなんかしたら、おまえの人生が終わるっての!』

「なに、急に。これまでの盗みでも、危険なことなんてたくさんしてきたでしょ」

適当に鼻面を撫でようとしたら、バルトはそれを躱し、アリアに食ってかかった。

『いいや違うね! これまでは、扮装や侵入がせいぜいだった。ちゃんと安全に、おまえは宝石を回収してた。でも、あいつがあんまりに手強いから、最近のおまえは傷をこさえたり、飛び降りたり、無茶ばっかだ』

「たかが飛び降りに、そこまで過剰に反応することないってば」

『過剰じゃねえよ！　普通に死ぬぞ！』

バルトは、アリアの肩に爪を立てる勢いで声を荒らげた。

『そりゃたしかに、頼んだのは俺だよ。でもおまえ、俺の想像以上に無茶しすぎなんだよ。目の前で、精霊でもないおまえが空に消えていったとき、俺の肝がどれだけ冷えたかわかるか⁉』

「爬虫類の内臓の温度を聞かれても……」

心配、されているのだろう。

相棒のトカゲから差し出された友情のようななにかを、どう受け止めるべきか悩んだが、それ以上にアリアは、困惑を隠せなかった。

「飛び降りって、そんなにおかしい？」

『あたりまえだろ！』

「でも、孤児ならみんなやってるのに？」

素朴な疑問を口にすると、バルトが一瞬、言葉を失う。

『……え？』

「ほら、この国って精霊信仰がさかんでしょ。あちこちに教会や、尖塔があるじゃない。その高ぁい天井や屋根の清掃って、誰がしてると思う？」

事情を呑み込めずにいるバルトのために、アリアは説明してやった。

数年前までの下町での暮らしが思い起こされ、懐かしさが込み上げた。

「孤児がやんのよ。痩せてて軽いし、万が一落下して死んでも、誰も文句を言わないから。相場は大工の十分の一。装備は縄一本だけ。危険手当で、銀貨が一枚おまけにつく」

『………』

バルトの白い鱗が、月光の加減か青ざめて見えたが、アリアはそれに気付かなかった。

「それに、落ちたら落ちたで、孤児でも教会の敷地内に埋葬してもらえんのよ。墓か、見舞金の金貨を選べるの。すごいでしょ？　だから、人気だった。あたしもよくやったなあ」

天の教えを、弱者に降り注げるよう、高く高く造られた尖塔。

けれどその崇高な精神を表現するために、教会は弱者を利用するのだ。

がりがりに痩せた孤児。身持ちの悪い女。病人。目先の銀貨に、飛びつかずには生きていけない者たちを。

もっとも、下町の住人が搾取されるだけで終わるわけもない。

屋根掃除は割のいい仕事だったし、仲間とグルになって、「あなたの聖堂の屋根、汚れてますよ」と詐欺まがいの仕事の取り方などもして、それなりに懐を潤わせてもらった。

だから、孤児が危険な仕事を任されることについて、アリアは特別な感情を抱いていない。

聖職者は大嫌いだが、それはまた別の理由だ。

（ああでも、あの人は、屋根掃除に絶対反対だったっけ）

チャリ、と金貨のネックレスを揺らしながら、アリアはふと思い出す。

院長ベルタは、孤児に銀貨一枚で命を投げ出させる屋根掃除の仕事を、大層嫌っていた。

なによりも清潔を愛し、そして誰よりも信心深かったのに、子どもたちに「聖堂の屋根なんて金輪際磨かなくていい」と言い放ち、高い正規料金を払って大工に掃除をさせていたのだ。

おかげで、彼女が院長に就任してからは、アリアたちはすっかり、屋根掃除の職から離れてしまっていた。

いつの間にか、縄の食い込む感触を忘れてしまっていた腰をさすり、アリアはくすぐったいような、気まずいような、複雑な心境を噛み締めた。

きれい事、と周囲から笑われようと、絶対に信念を貫き通した、彼女。

アリアは古ぼけた金貨を指先で撫でてから、バルトの鼻先をつんとつついた。

「ま、そんなわけだから、飛び降りくらいで大騒ぎしないでよ。世の中には、その程度の危険なんて掃いて捨てるほどあんの」

『…………』

「だいたいあんただって、王冠を元の姿に戻せなきゃ、消されちゃうんでしょ？　なのに、危ないから自首しろなんて。命が懸かってんのに、このくらいで怖じ気づいてどうすんの」

そう文句を垂れると、バルトは、小さな声で呟いた。

『だって結局、俺じゃなくて、おまえの命が懸かってんじゃねえか……』

「えっ、聞こえない。いやこれはフリじゃなく。なんて言った？」

だが、肩口に伏せての独白は、布に吸われてくぐもってしまい、アリアの耳では聞き取ることができなかった。

『…………』

「なによ、辛気くさいトカゲね。ほらほら、さっさと帰って次の戦略を練るよ。あの男がどう出るかわからない以上、一層ペースを上げてかなきゃ」

それでも押し黙ったままの相棒に、アリアは軽く嘆息し、こう請け合ってみせる。

「そんな心配しないでよ。うまくやるわ。あたしは死なないし、絶対捕まらない」

ごしごしと尻尾のあたりを擦（さす）ると、バルトは肩に体ぜんぶを埋（うず）め、頷いた。

『……おう』

まるで月影に溶けてしまいそうな、小さな声だった。

6 ルビーを巡る攻防

五つの鐘が鳴るのとぴったり同時に起き出して、剣の稽古や各種鍛錬を行う。

六つの鐘が鳴れば朝食、七の鐘からは伯爵令息としての仕事を片付け、八の鐘が鳴るその瞬間に、一糸乱れぬ騎士服をまとって登城する。

騎士の中の騎士、品行方正なラウル・フォン・ヴェッセルスは、もう何年も、そうした規律正しい日々を過ごしてきた。

ところがこの日、彼は一睡もせず、稽古も取りやめ、朝食もそこそこに、馬車ではなく馬を駆って、早朝の王城に押しかけようとしている。どれも、初めてのことだった。

(アリア・フォン・エルスター)

一心不乱に手綱を操る彼の脳裏には、その名ばかりが蘇る。

(なんという女だ)

彼女の名を唱えるたびに、じわりと胸に広がるこの激情が、怒りなのか軽蔑なのか、はたまた心配なのか畏怖なのか、ラウル自身にもわからなかった。

馬を激しく急かしながら、記憶は否応なく、昨夜へと引き戻されていった。


ラウルが、あのとんだ猫かぶり令嬢を追い詰めてやったのは、つい昨夜のことだ。

一計を案じ、外出したふりをして、こっそりと屋敷に舞い戻った。

ラウルを外におびき寄せようとしていたアリア。ならば、その目的は、屋敷にあるだろうと踏んでのことだ。

貴重品が数多く収められている、ヴェッセルス家敷地内の第二宝物庫が狙いかと思っていたが、彼女がやって来たのは、なんとラウル自身の書斎だった。

こちらの弱みでも探っているのかと思えば、どうもそうではない。しばらく物陰から様子を窺っているうち、彼女が目を輝かせて取りだしたのは、一冊の書物だった。

(目録?)

それも、エルスター男爵家が管理する、第三宝物庫の目録だ。

彼女は、最近貴族社会に加わったばかり、というのが信じられないほどの速さで目録を読み進め、やがて、あるページを熱心に読み込みはじめた。

ガザラン小王国の、王冠について記載した部分だ。

一度目を通した書類の内容はすべて覚えているので、ラウルは、彼女がなんの情報を得ようとしているかを理解することができた。

(王冠に使われている宝石の詳細だ)

そうして思い出す。

エメラルドにガーネット、そしてサファイア。三件連続で奪われた宝石は、どれもこの小王国の王冠に使われていたのと同じ種類だと。

(もしや、「鳥(ラーベ)」の目的は、この王冠と関係しているのか?)

ほとんど、直感に近い推論だった。

ラウルにはどうしても、彼女が営利目的で窃盗行為に手を染めているとは思えなかったのだ。

だって彼女は、これまで侵入したどの屋敷でも、狙った宝石以外の金品には一切手を付けていない。

使用人や衛兵を殺傷することもなく、あくまで人を騙(だま)して、宝石をかすめ取る。

おそらく、復讐心が動機というわけでもないだろう。

さらに不思議なことに、最初に盗まれたヒルトマン家のエメラルドに至っては、返却までされていた。ある日突然、野良犬がエメラルドの指輪を首にくりつけ、ヒルトマン家の庭先にやって来たのである。

指輪は宝石がくりぬかれた形跡もなく、台座の銀はなぜかきれいに磨かれていた。

ヒルトマン子爵は、家宝のエメラルドが戻ってきたことに歓喜し、「むしろ気を引き締めさせてもらった。『鳥』はもう追わなくてよい」と被害届を取り下げたほどだ。

言われてみれば、真面目な働きぶりで知られていた子爵は、ここ最近急に職務を怠けるようになり、周囲から困惑されていた。

だが宝石を奪われたのを機に、心を入れ替えたようなのだ。

勤勉さを取り戻し、王の側近として、これまで通り精力的に職務に当たっているため、コンラートも「これじゃ『烏』に感謝しなきゃいけないかも」とぼやいていたのを思い出す。

それらの事情もあり、一層、ラウルは、「烏」にことの真相を尋ねてみたかったのだ。

彼女は卑劣だが、聡明だ。

会話を盗み聞いた限りでは露悪的だが、本性はおそらく、非人道的というわけではない。

自分まで騙そうとしたのは業腹だが、だからこそ、この自分が彼女を捕まえてみせる。

追い詰め、問いただし、そして、もし酌量すべき事情があるなら、騎士の精神に則って手助けをと、そう思っていたのに。

――ねえ。あんた、今それで、あたしに手を差し伸べたつもりなんでしょう。

本性を、そして苛烈な感情を露わにした彼女は、ラウルの手を振り払った。

――命握られて喜ぶ人間がどこにいんのよ!

怒りできらめく琥珀の瞳は、まるで炎に照らされた黄金のよう。

張られた声はまっすぐに伸びて、雷のような鋭さでラウルの心を打った。

王族や親族以外の他人と初めて視線を合わせ、真正面から怒鳴られて、彼は圧倒されたのだ。

そして思った。たしかに自分は、傲慢ではなかったかと。

以降というもの、彼女の声が脳裏に蘇るたびに、ラウルは目を伏せる羽目になった。

彼はずっと、守ることこそが、正義だと思っていたのだ。

精霊の教えは弱者を守り、騎士は淑女を慈しむ。それが、ラウルの知る世の中のルールだ。

媚びられることにうんざりしながらも、職務であればラウルは必ず女性を守った。弱き者は救われるべきと信じた。相手だって、ラウルが手を差し伸べれば、喜んでその手を取った。

だが、彼女は、そんなのはごめんだという。

あらゆる庇護を否定し、支配を拒み、追えば逃げる。

そして、

――あたしがここから飛び降りるんじゃないかって？　……その通りよ。

男だって身の竦む高さから、微笑んだまま飛び降りたのだ。

伸ばした手が宙を掠めたとき、ラウルはこれまでに体験したことのない恐怖を味わった。

だって、女の身だ。

揉み合ったときだって、騎士の自分が手を伸ばせば彼女はあっさり捕まり、ちょっと力を込めれば、細い手首は痛々しいほど赤くなった。わずかに体重を掛ければ、もがくことすら叶わない。

あの華奢な体が、尖塔の天辺から地上に叩きつけられたら、どうなってしまうのか。

あの白い肌は。脆い骨は。宝石のように輝く瞳は。

彼女が縄と茂みを使って地上に降り、不敵な笑みを寄越してきたとき、ラウルの心は、これまでにないほど混乱していた。

真っ先に覚えたのは、おそらく、安堵。

だが、ほんの一瞬緩んだ心は、たちまち、獰猛な怒りによって荒れ狂った。その揺れる炎のような怒りにくべられるのは、心配という名の薪であることを、ラウルは知らない。

(むちゃくちゃだ)

彼女は無茶だ、あまりにも。

なぜ、そこまでして逃げるのか。あっさりと、命を擲つような真似をしてまで。

宝石を盗むのに事情があるなら、それを素直に告げればいい。

たしかに上から手を差し伸べるのは傲慢なのだろうが、あまりにも手ひどく振り払われると腹が立つ。彼女を見ているとハラハラするのだ。

なぜ頼らない。恩を着せるつもりなどない。

救いの手は、振り払うよりも取ったほうが、きっと楽になれるのに、と。

(絶対に、捕まえる。この私が)

このままにはしておけない、とラウルは思った。

向こう見ずなアリア・フォン・エルスターは、目的のために、なにをしでかすかわからない。

彼女が次なる無茶をして、命を落としてしまうその前に、目的を質すべきである。

ラウルは当初、その夜のうちにでも、エルスター家に乗り込んでやると意気込んだ。

宝物庫を管理するエルスター家とヴェッセルス家は、みだりに互いを行き来してはいけないことになっているが、知ったことか。

ところが、彼にしては珍しい無計画な行動は、思わぬ方向から妨げられることとなった。

「ラウル！　なんてことだ、屋敷がめちゃくちゃじゃないか」

屋敷に不審人物が侵入した、との報を受け、叔父であるドミニクが飛んできたのである。

視察のために王都を空けがちな父・ヴェッセルス伯爵に代わり、この屋敷に留まって諸々の采配を揮うドミニクは、豊かな栗色の髪と、知的な鳶色の瞳を持つ、洒落た男である。

朗らかな笑みと、陽気な口調は、ラウルやその父とは似ても似つかない。

人当たりがよく、しかも頭も切れる彼は、ヴェッセルス家の抱える交渉ごとを一手に引き受けており、伯爵家になくてはならぬ存在であった。

「優秀な我が家の衛兵を突破するとはね。君が追い払ってくれてよかったよ。もっとも、捕まえられたらもっとよかったけど」

ラウルと種類の異なる端正な容貌を顰めながら、長い脚で屋敷を突き進む。

蹴破られた扉や割られた窓。大勢で踏み入った結果、芝がすっかり剥がれてしまった、尖塔に続く庭。憤慨した様子でそれらを確認しつつも、畏縮する衛兵たちには優しく声を掛けるところが、さすがである。

被害がないことを確認し、義姉であるラウルの母や使用人たちにも、安心させる声掛けを済ませると、ドミニクはラウルを書斎に呼び出した。

「まさかうちまで狙われるとは、驚いたよ。このタイミングで、ということは、相手はこそ泥なんかじゃなく、連続強盗犯の『烏』なんだろうね。ずいぶんと大胆な御仁だ」

「……侵入を許したばかりか、取り逃がしたことは、誠に申し訳――」

「ああ、違う違う、責めたいわけじゃないんだ」

叔父というより、兄に見えるほど若々しいドミニクは、鷹揚に手を振ってその場に立ち上がる。手持ち無沙汰なのか、本棚に並べられた膨大な蔵書の背表紙をなぞりはじめた。

「敵は、僕や君が不在の隙を狙ってきたわけだろう。むしろ、君が気を変えて、屋敷に戻ってくれていて助かったよ。なにせここは、数多の金鉱を所有し、国宝まで管理する伯爵家。金目のものに溢れているわけだから」

そこで彼はふと、「そうだ」と思い出したようにラウルを振り返った。ただし、正面から目を合わせることはしない。精霊力のさほど高くない彼がそれをすると、自我が溶かされてしまうからだ。

けれど、視線を合わせなくても、きちんと話を聞き、また心からの言葉を語っているように見える――相手にそう思わせる気さくさこそが、ドミニクという男の持つ才能であった。

「以前君に贈ったアメシストのブローチ。あれも結構な値打ちものだ。無事だったかい？」

「はい」

「そうか、よかった。じゃあ犯人は、宝石狙いではなかったということかな。我が家にやって来たのは、『烏』ではなかったということなんだろうか。どんな人相だった？」

「…………」

ラウルはわずかに目を伏せる。どう答えるべきか悩んだからだ。

ドミニクたちにとって、「梟」は舞踏会の夜に出没し、上等な宝石ばかりを狙う大男だ。

ただしラウルは、「梟」が大男などではなく、可憐な女性であることを知っている。

金目のものだけを狙っているわけではない、ということもだ。

だがそれを、正直に伝えるべきかを、彼は迷った。

そして、迷っている自分に愕然とした。

これまで自分は、常に清廉潔白であることを旨として、騎士に恥じぬ振る舞いをしてきたはずなのに。

真実を噤み、ごまかすことを、一瞬でも考えるなど。

「ラウル。どんな些細なことでもいいから教えてほしい。この屋敷に入ったのが『梟』ならば、陛下のお膝元で大胆な犯行を繰り返す不遜な輩は、絶対に捕まえなくてはならない」

真剣に告げる叔父に、ラウルは即座に相槌を打つことができなかった。

これも、初めてのことだ。

「三年前の謀反、そして暴動のせいで離れた人心は、いまだ完全には戻りきっていない。それどころか最近は、王都の民はなにかと理由を付けて、小競り合いを始めている。みんな、日々の鬱屈をぶつける相手を求めているんだろうけど……」

反応の芳しくない甥に小さく溜め息を落とすと、ドミニクは机につき、両手を組んだ。

日頃は陽気な男だが、そうした表情には、思慮深さが滲み出ている。

彼は憂鬱そうに、組んだ両手に口元を埋めた。

「僕も王都の賃上げを促したり、暴動犯への罰則を強化したり、飴と鞭の両面で王都の治安を支えてはいるけど、だからといってすぐに治世がよくなるわけでもない。陛下にとっては今、些細な失態が命取りになるんだ。強盗犯をのさばらせておくなんて、論外だ」

兄伯爵を献身的に支えるドミニクは、忠臣の一人として、治世を憂えているようだった。

与えられた任務だけを粛々とこなす兄伯爵とは異なり、ドミニクは積極的かつ情熱的に政務に関わっている。

人好きのする容貌と弁舌の巧みさを生かし、他国の王族とも交流しながら、利権が複雑に絡み合う金鉱を見事にもぎ取る。

一方では、街の民とも交流し、酒場で飲み交わしてまでその意見を吸い上げる。

この国で近年、職人たちでも金貨を持てるようになったのは、彼の上申した大胆な賃上げ策のおかげだ。

みんなが豊かなほうがいいじゃない、と言って、暴徒化しそうだった貧民たちに、ぽんと私財を与えてしまったこともあった。

有能で、人情家でもあるというのが、ドミニク・フォン・ヴェッセルスのもっぱらの評判だ。

世間は、「ドミニク殿が当主であったら、伯爵家は侯爵家になっていたろうな」と噂する。

ラウルもまた同意見であった。

父といいラウルといい、ヴェッセルス家嫡流の男たちは、寡黙といえば聞こえはいいが、どうにも口下手だ。

世俗のことにあまり関心を払わず、ただ自分のこれと思い定めたものにばかり執着する。

職人であった頃はそれでもよかったのだろうが、伯爵にまで上り詰めた今は、きっとドミニクのように、まんべんなく興味を持ち、如才なく他者と交流できる者のほうが、当主に相応しいだろう。

そうした思いもあって、これまでのラウルは、さっさと世俗を離れ、家督を譲ってしまおうと考えていたのであった。

「『鳥』などという不穏の種は、さっさと潰してしまわなくてはね。教えてほしい、ラウル。やつはなにを狙っていた？」

ドミニクは物思わしげに、自身の中指に嵌めた指輪をいじっている。

小粒のダイヤが嵌まったそれをなんとなく見つめ、ラウルは、「鳥」は叔父の元にも現れるだろうかと考えた。

（いいや……彼女が狙うには、あまりに小ぶりだな）

ドミニクのダイヤは、貴族がつけるには貧相なほどに小さい。家督を取る者と取らぬ者とで、相続する宝石の量も明確に区別されていたからだ。

どれだけ周囲に称えられようと、「あくまで自分は、伯爵家の後継者ではないので」と主張するかのように、ドミニクは質素な指輪を身につけていたのだった。

（彼女がなにを狙っているか？　こちらが聞きたい）

ラウルには「鳥」の基準がさっぱりわからなかった。

異国の王冠、そこに配されていた宝石と同じものを盗んでいるということはわかる。

けれど、盗んでなにをしたいのかはわからない。

金に困っているのかと思えば、ほかの金品には目もくれない。愉快犯なのかと思えば、「盗まなくていいなんて気が楽」などと嘯く。

王冠の再現でもしたがっているのかと思えば、エメラルドは返却するし、ラウルのアメシストには手も付けない。

君の狙いはいったいなんだ、と、肩を揺さぶって問いただしたかった。

(直接。ほかの誰かに任せるのではなく、この私がだ)

だって彼女には、なにか事情がある。

尖塔から飛び降りるのさえ躊躇わぬほどの事情が。

ラウルはそれを聞きたいのだ。彼女にどうしても尋ねたい。

なぜ宝石を盗むのか。基準はなんなのか。

どうしたら、無茶をやめてくれるのか。

「ラウル、どうなんだ。黙っていてはわからない。彼の狙いはなんだ?　どんな男だ?」

「『鳥』は……」

これまでのラウルであれば、叔父にすべてを打ち明けていただろう。正義は自分にあると信じて疑わず、最も合理的な方法で捕縛を強行し、そのうえで刑罰の酌量を考えた。

——命握られて喜ぶ人間がどこにいんのよ！

けれど彼は聞いてしまったのだ。あの、血を吐くような叫びを。

琥珀色の瞳は、まっすぐに自分を射貫いていた。

恍惚として見上げるのでも、怯えて遠巻きにするのでもなく、同じ高さから、まっすぐに。

だからラウルは、彼女に近付いてみたかった。同じ視線の高さで。

上から手を差し伸べるのではなく、対等の人間として、握手を差し出すようにしながら。

「小柄でした。私が確信できるのは、その程度です」

結局、ラウルの唇が紡いだのはそんな言葉だった。

嘘と隠しごとの狭間にある、最小限の事実。

「ですが近日中に、必ず『鳥』を捕まえます。そのためには、聖騎士に許されている裁量だけでは心許ない。明日にもコンラート王子殿下に上申し、特別な逮捕状を取得してまいります」

そして、それがラウルの導いた結論だった。

誰にも「鳥」を渡しはしない。

捕縛も、取り調べもすべて、尋問官ではなくラウル自身が行う。

王族の発行する特別な逮捕状があれば、それが可能となるはずだった。

「王子殿下のサインを添えた逮捕状？　たしかにそれがあれば、人員増強も拷問もし放題だ。わかった、君も本気だということだね。心強いよ」

ラウルの発言を、敵への怒りゆえと受け取ったらしいドミニクが、感心したように頷く。

叔父の顔を見ていられなくて、ラウルは早々に踵(きびす)を返した。

「では」

「ああ、待って、ラウル」

だがそれを、背後からドミニクが呼び止めた。

「聞いたよ、アリア・フォン・エルスターの話」

その名を聞いた瞬間、滅多にないことに、ラウルは心臓に冷水を掛けられたかのような心地を抱いた。

「……彼女の、なんの話をでしょうか」

「もちろん、浮いた話を、だよ。彼女のというか、君のだけど。舞踏会で一目惚(ひとめぼ)れして、彼女を追いかけたらしいじゃない。元々、その真相を確かめようとして、早めに帰宅しようとしていたんだよ」

ドミニクの顔からは、先ほどまでの深刻な空気が一掃され、すっかり砕けた雰囲気になっている。どうやら彼の中で、すでに話題は変わっていたらしいと悟り、ラウルは強(こわ)ばった顔のまま、密(ひそ)かに胸を撫(な)で下ろした。

舞踏会での攻防が、実態とは異なる形で噂となって、今頃叔父の耳に届いたようだ。

硬直した甥の態度をどう受け止めたか、ドミニクは悪戯(いたずら)っぽく笑った。

「兄上といい、君といい、ヴェッセルス家の長男たちは真面目すぎるというのが、僕の長年の懸案事項だったんだ。君がちゃんと異性に興味を持ってるんだと知って、これほど嬉(うれ)しいことはないよ」

「べつに、彼女とは、そうした仲では」

「いいね、いいね。むきになってる？」

「なっていません」

否定すればするほど、ドミニクは一層満足げに笑みを深める。

「よろしい。仕事もいいけど、時々は若者らしく、デートでもするんだよ。そうだ、それこそアメシストのブローチでもつけて、めかし込むといい。自身をほどよく飾ると、女性はより口説きやすくなるんだ。『このくらいの財力があります』という目安になるからね」

経験に基づくアドバイスさ、と器用に片目を瞑るドミニクに、ラウルは仏頂面で繰り返した。

「彼女とは、そうした仲ではありません」

「はいはい。早くそうした仲になれるよう、頑張ってね。三年ほど前だったかな、エルスター家の蔵の視察時に見かけたけど——ほら、君に蔵の管理を引き継ぐ前のことだよ——、彼女、すごくモテそうだったもん。早い者勝ちだ」

ドミニクは立ち上がり、わざとらしく「行ってらっしゃい」と退出を促すと、最後にこう付け加えた。

「ほかの男に出し抜かれないよう、さっさと捕まえるんだよ」

これには、ラウルも静かに振り返り、こう応じた。

「そのつもりです」

と。


さて、それからラウルは、伯爵家の一員として諸々の後処理を済ませ、夜明けが来るのと同時に、王城に向かって馬を駆り出した。考えるのは、もちろん彼女のことばかり。

こうしている間にも、アリア・フォン・エルスターは、次なる無茶をしでかそうとしているのかもしれない。そう思うと、手綱を握る手にも力が籠もった。


「殿下」

「ああ、ラウル！　もう来てくれたのか！　待っていたよ！」

ところが、殴り込みにかかる勢いで王子の寝室に踏み入ったラウルは——従兄という身分の乱用だ——、コンラートの意外な態度に面食らうことになった。

「『待っていた』？」

なんと、昼近くまで寝ていることの多い彼が、着替えまで済ませて、そわそわと部屋を歩き回っていたのである。

「えっ、呼び出しに応じてくれたんじゃないの？　でもそっか、さっき早馬を飛ばしたばかりだもんね。さすがに違うか。あれ、じゃあ君、こんな朝っぱらから何しに来たの？」

「『烏（ラーベ）』の取り調べの件で——」

「いやいい。それどころじゃないんだ」

わがまま気質の王子は、尋ねるだけ尋ねておいて、あっさりとラウルを遮る。

つかつかと近付いて、縋るように従兄の手を取った。

「王妃陛下が大変なんだ。至急、秘密裏に、陛下の部屋に向かってくれないか」

「……なんだと？」

予想もしなかった命令に、ラウルは長い睫毛を瞬かせる。

コンラートの母、グラティア王妃は、ラウルの叔母に当たる。物静かながら判断力に富み、貞淑な妻としてシュトルツ王を支える、賢妃と名高い女性だ。

同時に、花を咲かせることを得意とする高い精霊力を持ち、ラウルの目を見ても恍惚としない、数少ない女性でもあった。

母親同士が仲がよいので、ラウルも親戚としての好意を抱いていたが、私室に呼び出されるほど親密な仲ではないはずだ。

「厄介な毒を盛られた」

だが、続いた言葉で、ようやく意図を理解する。

おそらく彼女は、精霊の特別な加護を要するような、呪いじみた毒を盛られたのだろう。

それとも、親族にしか見せられないような、醜悪な姿にさせられたか。

医師から病状が漏れてはまずいと判断した場合、口の堅い身内に看護を任せるのは、王族ではままあることである。

「毒とは、どのような？」

「よくわからない」

ラウルは真剣な声で尋ねたが、コンラートからは頼りない答えが返ってきただけだった。

つい責めるような視線を送ると、彼の主は困惑も露わに肩を竦めた。

「それが、医師がきちんと説明してくれないんだ。『殿下には説明しにくい状態でございます』の一点張り。数日前から興奮状態で、異様な感じがするのは間違いないんだけどさ」

コンラートの話によれば、王妃はここ数日、すっかり落ち着きをなくし、食事の席でも最後まで座り通せず、そわそわと歩き回っていたらしい。声が震え、息も乱れ、ひどく感情的であるそうだ。

「……あの、冷静で物静かな王妃陛下が？」

「そう。あの母上がだ」

王妃グラティアは、さすがラウルの血縁というべきか、冷静沈着にして品行方正。冴え冴えとした月のような美貌を持ち、浮ついた振る舞いなど一切見せず、ただひたすら献身的に王に尽くす、そうした女性であった。

「最初、医師の見立てでは、『気苦労による心の乱れ』だった。でも、症状がひどくなってきて、やがて『興奮作用のあるなにかを盛られた』に変わった。今は、鎮静剤を処方しつつ、毒がなにかを探っている。ただ、一つ重大な問題があってね」

王妃の「興奮状態」は日に日に悪化し、今では鎮静剤を飲ませようとすると、医師に襲いかかってくる、というのだ。

「襲うと言っても、相手は細身の女性。体格の大きな兵に押さえさせればいいのでは？」

「僕もそう言ったんだけど、医師が血相を変えて止めるんだ。血の気が多いやつは絶対だめって。まあたしかに、力加減を知らない兵が、うっかり応戦して陛下を傷付けても困る」

それに、と、コンラートも自身に言い聞かせるように、ラウルを見つめた。

「品行方正で知られる王妃陛下が、感情を乱して使用人に襲いかかるなんて、醜聞だ。おしゃべりなメイドや、噂好きの兵なんかには任せられない。だから、口が堅くて、親族でもある君に、投薬をお願いしたいんだ。医師も君を推薦してた」

僕がしてもいいはずなんだけど、なぜか医師から強く止められてしまってね。

そう付け足されて、ラウルは頷いた。

「わかった」

投薬に、王妃の安全と社会的な命が懸かっているというなら、重大事だ。

「飲ませてくる。その後に、頼みたいことがあるのだが」

「なんでも言って。でもとりあえず、投薬を頼むよ。これが薬で、陛下の部屋は三階の南端。医師がすでに人払いしてあるけど、くれぐれも内密にね」

繊細な造りのガラス瓶に入った鎮静剤を渡され、ラウルは速やかに王妃の居室へ向かった。

人払いされているのは本当のようで、早朝ということもあり、廊下には誰もいない。

指定された部屋にたどり着くまで、メイドの一人とさえすれ違わなかった。

「王妃陛下。ラウル・フォン・ヴェッセルスです」

ノックして名乗り、待つ。

ややあってから、掠れた声で「入って……」と許可があったので、ラウルは無駄のない動きで入室を果たした。

「王妃陛下。薬をお持ちし――」

いつも通り、淡々と告げようとして、ふいに言葉を切る。

目の前の女性の、あまりに普段とかけ離れた姿に、驚いたからだった。

「ラウル、来てくれたのですね……」

シュトルツ王妃グラティアは、よろりとした足取りで、テーブルセットを回り込む。

甥とはいえ異性の若者の前だというのに、ネグリジェと、はだけたガウンをまとっただけの姿だった。

「失礼。お召し替えの最中でしたか」

ラウルはすかさず、壁を向く。

興奮、というよりは、純粋な衝撃と、違和感ばかりが、彼の内に溢れかえった。

(陛下は、いったいどうした?)

グラティアとラウルは、実の親子かと驚かれるほどに似通った容貌と気質の持ち主で、彼女は常に、清廉な美貌に相応しい、端然とした佇まいを維持していたはずだ。

冗談も好まず、表情も乏しく、冷ややかに見え、けれど真摯。

だというのに、今の彼女は、髪も裾も乱し、完全にとろけきった瞳で、ラウルを迎えたのであった。

「ああ、来た……来てくれた」

壁に向かって硬直するラウルに、グラティアはふらりと近付いてくる。

合間合間に、荒々しい息が響き、それはまさしく、興奮した獣を思わせた。

(興奮して、襲いかかる？　――そういうことか)

医師がなぜ、王妃の息子であるコンラートに説明を躊躇ったのか。またなぜ、血の気の多い衛兵を遠ざけるよう主張したのか。なぜ、患者の周囲を人払いさせたのか。

疑問が一本の糸に繋がり、ラウルは顔を顰める。

(媚薬か)

真っ先に疑うのは、そこだろう。

だが、何日も効果が続く媚薬など、聞いたこともない。医師が解毒できない媚薬もだ。

(とにかく、薬を飲ませねば)

医師がラウルを推薦したのは、その堅物ぶりを見込まれてのことだろう。

たしかに、しどけない王妃の姿を前にしても、彼の心はちらりとも動かない。

一方で、通常の男であれば不埒な振る舞いをしてしまいそうなほど、悩ましい姿なのだろうとは理解できた。

グラティアは、後ろからラウルに腕を回し、熱い溜め息をこぼしながら、豊満な胸を背中に押し付けている。

「ねえ……ラウル。お願いがあるのです。あなたにしか頼めない」

「その前に、薬を飲んでいただきます」

溜め息とともに覚悟を決めると、ラウルは王妃を振り返った。

体をまさぐろうとする細い腕を、摑んで止める。

王妃の腕に嵌まった、赤い宝石の輝く腕輪を見下ろしながら、彼はこんなことを思った。

痴態を見せつけられても動揺しない自分にとっては、こんなの造作もない仕事だ。

なにしろ病とは異なり、毒は、症状がうつることはないのだから――と。

◆

「ごきげんよう。朝からお勤めご苦労様です」

「これは、アリア・フォン・エルスター様！　お早いご登城で」

アリアを乗せた馬車が王城の入り口に着いたのは、まだ夜が明けきらぬ頃だった。

夏とはいえまだ肌寒さを覚えるほどの時間帯で、朝番の使用人を除けば、城へと続く大通りにも、左右に配置された庭園にも、ほとんど人影はない。

門兵の詰め所を通ると、暇を持て余していたらしい数人の青年が、相好を崩して話しかけてきた。

「本日はどのようなご用件で？」

「王城の庭園に咲く薔薇(ばら)の朝露を集めて、恵まれない子どもたちに贈ろうと思いますの。王妃陛下の育てられた薔薇の露には、精霊のご加護が宿ると言われますので」

バスケットにかぶせていた布を持ち上げ、中にはガラス瓶とハンカチ、そして詩集しか入っていないことを見せると、門兵たちは「ははあ」と感心したような声を上げた。

「陛下のご加護深き薔薇の朝露を、自身で飲んで美貌を得ようというご令嬢は多いですが、恵まれない子どもたちに、とは。しかもこんな朝早く、ご令嬢自ら」

「アリア嬢は母性的な方なのですね。我々の間でも、あなたを慕う者は多いのですよ」

「ええ。あなたのような優しい方が恋人なら、どんなにか素敵だろうと」

「まあ、そんな。お恥ずかしいですわ」

褒め称えながら顔を寄せてくる男たちには、俯(うつむ)いてさりげなく距離を取る。

楚々(そそ)とした足取りで、背中に視線を感じなくなるまで庭園を進むと、アリアはどすの利いた声で男どもを罵った。

「母性ってのは我が子のためなら自分より大きな敵さえ屠(ほふ)る獣の本能のことだよ間違っても下心満載の年上男を甘やかすための属性じゃねえわ母親の腹の中から人生やり直してこい」

『流れるような罵倒』

これには、バスケットに寝そべっていたバルトも、呆(あき)れ声を上げる。

『久々におまえの猫かぶりモードを見たけど、温度差に風邪引きそうだよ』

「風邪引きそうなのはこっちよ。朝からギラギラした男たちと会話しなきゃいけないなんて、寒気がするったら」

『なら、朝っぱらから城になんか来なけりゃいいだろ。ヴェッセルス家で一悶着起こした直後だってのに、昨日の今日で動き回ろうなんてよ』

眠いのか、それとも他の理由か、バルトは浮かない様子である。

文句を垂れるトカゲの鼻先を、アリアは人差し指でつんと突いた。

「なに言ってんの。厄介な男たちを制するためには、こっちが先手を打つしかないでしょ」

アリアの言う「厄介な男たち」のうち、一人はもちろん、昨夜攻防を演じたラウル・フォン・ヴェッセルスだ。そしてもう一人は、養父ヨーナスであった。

「まさか、ヨーナス様が強引に自首しに行こうとするとはね……」

薔薇を眺めつつ、アリアはげんなりとこめかみを押さえる。

昨夜、あちこちに擦り傷や引っ掻き傷をこさえて帰宅したアリアを見て、ヨーナスはなにを思ったか、「やっぱり僕、今すぐ登城して陛下にすべてをお話ししてくる！」と夜明け前に馬車を呼び立ててしまったのである。

「ちょっとやめてよ！　これまでのあたしの努力を、全部水の泡にする気⁉」

「違う！　君の命が泡と化す前に、本来すべきことだったことをするんだ！」

アリアはびっくりして制止したが、珍しくヨーナスは頑固で、半泣きになりながら身支度を始めた。

「もう黙ってられないよ！　国宝の破損がなんだい。たかが業務上過失じゃないか！　宝石を回収するために窃盗に手を染めて、そのたびに君が傷付いて帰ってくるほうがよっぽど問題だ！　僕はもう、絶対報告に上がるよ！　陛下ならわかってくれる！」

「この馬鹿！　公正な裁きなんてあるわけないでしょ!?　陛下は賢君でも、取り調べは功績に飢えた尋問官がすんの。横領、収賄、脱税……手頃な罪の犯人役を、ここぞとばかりに押し付けられるわよ。押しに弱いヨーナス様が、拷問を受けながらちゃんと否定できるわけ!?」

「で、できる！」

「嘘つかない！」

途中からすっかり親子関係が逆転してしまったようだが、アリアが叱り飛ばしても、ヨーナスは拳を握り締めたまま譲らなかった。

ちょうど屋敷のポーチにやって来た馬車に突進しようとしたので、業を煮やしたアリアは、横から彼を突き飛ばし、強引に馬車へと乗り込んだのである。

そのまま、盗んだ馬車で王城へと走り出し、今に至るのだった。

「こんなこともあろうかと、変装グッズを玄関先にまとめておいてよかったわ」

『おまえ、ほんとそういうところ、抜かりないよな……』

膨らんだドレスの内側に隠した装備を、布越しに撫(な)でて確認するアリアに、バルトがぼそりと呟く。そう、ヨーナスが半泣きで身支度を進めている間、アリアもさりげなく、ホールに常備してある荷物を摑んでいたのである。

バスケットの中には、令嬢感演出用のしゃらくさい詩集と、先日マイスナー家から拝借した香水瓶、そしてハンカチしか入っていなくてどうしようかと思ったが、それらしい言い訳を思いつけてよかった。もっとも、アリアは孤児院に朝露を贈るつもりなどないが。

孤児院への贈り物は現金に限る。

アリアはそれを熟知していたし、すでに毎月実践済みだった。

「さーて、これから庭園に籠もるふりをして、茂みで着替えて、城に忍び込むとするか。下女のお仕着せシリーズのうち、どれで行くか……」

『今回はことさら行き当たりばったりだな。つーか、今さらだけど、城でなにすんだ？』

胸に下げた金貨のネックレスを弄びながら作戦を練っていると、バルトがひょいと地面に飛び降りる。

『情報収集？　それとも仕込み？　貴族の屋敷以上に、王城の警備は厳重だろ。あんまり迂闊なことはしないほうがいいと思うけどな。もっと慎重にすべきっていうか』

「なに悠長なこと言ってんだか」

昨夜から、バルトはなんだか煮え切らない態度だ。

裾に隠した複数のお仕着せの中から、掃除女用のそれを選び取ると、アリアはけろりと言い放った。

「準備どころか、今日、ルビーを回収すんのよ」

『は!?』

「目録のおかげで、残る三つの宝石のうち、二つはルビーとダイヤだと判明した。ダイヤは貴族全員がアホみたいに身につけているから、誰のが一番上等かはわからないけど、最高級のルビーの持ち主ならわかる。この国で一番の有名人が、好んで身につけているからね」

『有名人？』

ぽかんと復唱したバルトに、アリアは「そう」と重々しく頷く。

「この国で最も高貴な女性。薔薇を愛し、夫から贈られた薔薇色のルビーを好んで身につけている女性。物静かで、真面目で、でもここ数日、ずっと茶会を中止していると噂の――」

アリアは、ふと金貨から手を離すと、琥珀色の目を細めて城を振り返った。

「シュトルツ王妃、グラティア」

◆

さっさとグラティアに薬を飲ませてしまおう。

そう思って腕を摑んだラウルのことを、王妃は逆に摑み返した。

「待って、お願い。頼みがあるのです……」

肩は上下し、息は完全に上がっている。

本来は氷のようだったはずの美貌を、すっかり恍惚の表情に潤ませ、彼女は甥にとんでもない発言を寄越した。

「お願いです。わたくしを、縛ってください。きつく」

「…………」

ラウルが沈黙したのも無理からぬことだろう。

しばし言葉を選んだ後、彼は慎重に切り出した。

「たしかに捕縛は騎士の領分ですが、寝室における依頼は引き受けかねます」

「ち、がう……！　違います」

だがグラティアは、甥の返答に一層顔を赤らめると、ついで、きつく眉根を寄せてその場に崩れ落ちた。

「わたくしを、止めてほしいのです。おかしいの。獣のような衝動が、突き上げて、自分で自分を、制御できない……っ」

自身を掻き抱く手は、力を込めすぎたせいでぶるぶると震えている。

ラウルはようやく悟った。

王妃はまだ、完全に理性を失ったわけではない。

それどころか、鋼のような自制心をかき集め、ずっと異常に耐えつづけているのだと。

たしかに唇は開き、目は潤んでいる。

しかし、自身の二の腕にきつく立てた爪や、なんとか顔を上げようとする目つきには、まだ、本来の彼女らしい、強い意志が滲んでいた。

「原因が、わからないのです。少しずつ、自我が溶けていくような、感覚があって……気を抜くと、すべてを衝動に塗りつぶされそうに、なる……っ」

「王妃陛下」

「誰彼構わず、襲いかかりたくなるのです。みだらな欲望でいっぱいになって、頭が弾けそう。こ、こんな醜態を、陛下や、家臣の誰かに見られたら！　せっかく陛下が、この三年、暴動で荒れた人心を、和らげてきたというのに、こんな」

彼女は縋るように、王から贈られたという腕輪を握り締めた。

「どうかお助けを、国王陛下」

だが、その甲斐なく、むしろ衝動は激しくなる一方のようで、とうとう体を二つに折り曲げる。

「まずは薬を――」

ラウルは急いで抱き起こそうとしたが、グラティアはそれを強く振り払った。

「触れてはなりません！　わたくし……なにをするかわからない。薬など、数秒しか効果は持たない。効かないのです。だから、早く……早く」

生まれ持った貞淑さと、獰猛な衝動とに魂を引き裂かれそうになっているのだろう。彼女は震えながら蹲り、血を吐くようにして叫んだ。

「いっそ、この不貞に走る腕を、足を、切り落としなさい！　できないのなら、せめて縛って」

悲愴な声で迫られて、ラウルは息を呑んだ。

女性、それも国で最も尊い王妃を縛るだなんて、とうてい許されない行いだ。

コト……。

とそのとき、扉の外で、ごく小さな物音が響いたのを聞き取り、ラウルははっと振り向いた。

部屋の周囲は人払いをしているはず。

王妃の異様な言動を、もし誰かに見聞きされでもしたら。

「誰だ」

ラウルの行動は素早かった。

気配を殺して、風が唸るほどの速さで扉を開く。

相手が身じろぎする余裕さえ許さず、強引に腕を摑むと、部屋の中へと引きずり込んだ。

「うわっ！」

廊下に立っていたのは、質素なお仕着せをまとった掃除女だった。口布で顔を覆ったみすぼらしい姿だが、意外にも肌は白く華奢な体格をしていて——声が美しい。

ラウルは弾かれたように顔を上げた。

「君は——」

「ラウル、後生です。わたくしを縛りなさい！」

ただし同時に、背後から王妃もまた、身も世もない風情で叫んだ。

「あなたなら得意でしょう。早く、きつく、縛るのです……！」

清廉だったはずの美貌を真っ赤に染め、はあはあと息を荒らげて、である。

そんな場合ではないと思うのに、ラウルは目の前の相手に、このように切り出さずにはいられなかった。

「……待ちなさい。これには事情が」

「その汚らわしい腕をとっとと離してくれませんかね、この特殊プレイ男」

腕を掴まれた掃除女――に扮したアリア・フォン・エルスターは、夏場に一週間放置された生ゴミを見るような目で、ラウルのことを見上げた。

◆

強引に部屋に引きずり込まれたその瞬間、人体に可能なら百回連続で舌打ちしてやりたいとアリアは思った。

（しくじった）

まさかこの場に、聖騎士ラウル・フォン・ヴェッセルスがいるなんて。

『ひ、ひええ！　やばいやばい、どうしよう！』

部屋の隅に避難したバルトは、完全に尻尾を巻いている。

『い、いや、部屋に近付くにつれ、やばい精霊力は感じてたんだけど、王妃も精霊力が高いってアリアが言うから、そのせいかなって！　それに、大罪の気配のほうが濃くて、ついそっちが気になって！』

（さりげなく人に責任をなすりつけてくれるじゃん）

ひく、と口元が引き攣るが、たしかに王妃の状態は常軌を逸している。

デビュタントのとき、こちらを静かに見下ろしてきた彼女は、ラウルと同じく、非常に禁欲的な印象の持ち主だったが、今の彼女は、なんというか完全に出来上がってしまっていた。

ほっそりとした腕に光る、大ぶりのルビーの腕輪。

間違いなく、「色欲」に憑かれていると見ていいだろう。

そう。もちろんアリアは、口ではどう罵ろうと、この状況を正確に把握していた。

(「色欲」に蝕まれちゃった王妃サマが、堅物の聖騎士に止めてもらおうとしてる図?)

グラティアは相当理性を失っているようで、今なら小細工もせず、すっと腕輪を抜き取ってしまえそうにも思われた。

(ただし……こいつに捕まりさえしてなければね!)

つくづく、その一点が問題だ。

いったいなんだって、彼はアリアの向かう先々に現れるのか。

掴まれた腕を引き抜こうとしていると、ラウルは力を込め直しながら、こちらを見つめた。

「なぜ、君がここにいる。性懲りもなく宝石を盗みに来たのか?」

彼からすれば、アリアがここにいるほうが不測の事態なのだろう。ただし、ここで会ったが百年目、絶対に逃がさない、という気迫はひしひしと伝わってくる。

腕をいくら振っても、まったく振り払えず、すぐ間近に迫った長身と、がっしりとした手の感触に、否応なく焦りが募った。

「なんでもいいでしょ。放してよ、このド変態」

「放せるわけがない。ちょうど君を捕まえに行こうと思っていた」

「大声を出すわよ」

大ピンチだ。だが、それを気取らせぬよう、アリアは素早く頭を巡らせた。

「肺活量には自信があんの。あんたが王妃陛下を襲ってる、ネグリジェを半脱ぎにさせて緊縛プレイを決めようとしてる、って騒ぎ立ててやるから」

体力や武技ではこの男に敵うはずもない。追い詰められたアリアはすかさず、唯一有効そうな弱みを見つけ出し、そこを揺さぶった。

すなわち、名誉。

聖騎士の社会的生命を人質に取るのだ。

「もれなくあんたのあだ名は『蒼月の聖騎士』から『緊縛の性騎士』に格下げよ。行き交う人々は囃し立てるの、『いよっ、昨日のプレイはどうでした?』『一押しは亀甲縛りですか?』。お可哀想に、王妃陛下だってもう二度と民の前には顔を――」

「なんて卑劣なことを言う」

王妃まで容赦なく巻き込むと、ラウルは憤慨した様子で手を離した。

「王妃陛下は、自制心で媚薬を抑え込もうと必死に戦っている。苦しみもがく人のことを、君は貶めようというのか」

「そういう方向から返すのやめてよ、やりにくいじゃない」

アリアはばつの悪さに顔を顰めた。

今のは、ラウルに対する下卑た恫喝にキレるべきところだ。

だというのに、この男は。

「べつに、あんたがあたしを見逃してくれるんなら、そんなことしないってば。わかる？　取引しようって言ってんの。あんたはあたしの泥棒行為に目を瞑る。あたしはあんたたちの不埒な行為に目を瞑る」

いくら王妃に同情されるべき事情があっても、ひとたび人の口を介せば、どんどん誤解が広まってしまう。それが噂というものだ。

「君が騒ぎ立てる前に、君を捕縛して口を封じるという手もあるが」

ラウルは冷ややかに応じたが、アリアもまた譲らなかった。

「でもその前に、王妃陛下が限界に見えるけどね」

片方の眉を上げ、背後で崩れ落ちているグラティアを指さしてやる。

「はぁ……っ、はぁ、う、あああっ！」

アリアたちが交渉を繰り広げている間に、王妃は一層、症状を深刻化させたようだった。

今では声も殺せぬようで、獣のような叫び声を上げている。

（魂を大罪に染めてしまったら、むしろ状況を楽しめるんでしょうけど……可哀想に、本当に自制心の強い人なのね）

涙をこぼし、頭を振って「色欲」を拒否する姿に、アリアもつい同情を覚えた。

悪徳は大抵快楽を伴うものだが、それを拒否してまで、清廉を重んじるとは。

そう思えば、このグラティアという女性に対する敬意が湧き起こるかのようで、アリアにしては珍しく、心からの親身さを込めて、彼女に声を掛けた。

「王妃陛下。おつらいですね。今、楽にして差し上げますから」

意識を朦朧とさせている王妃の向かいに跪いてハンカチを取り出し、汗を浮かべた顔を、優しく拭ってやる。

「はっ、はぁっ、ち、近付か、ないで……っ」

「大丈夫です。さあ、ゆっくり息を吸いましょう」

そして、その延長のような滑らかな動きで、彼女の口元を覆った。

「――……！」

「なにをする！」

ふ、と体をぐらつかせた王妃を見て、ラウルが血相を変える。

だがアリアはそれには応えず、倒れ込んできたグラティアをしっかり抱き留めながら、素早くハンカチ越しに腕輪を引き抜いた。

（よし、すんなり抜けた！）

ルビーの回収、成功だ。

大罪が散ってからだいぶ時間が経ってしまっていたが、「乙女の涙」とやらを使わずに済み、本当によかった。悪徳を拒み続けた、グラティアの頑固な魂に拍手喝采だ。

（まあ、ゆっくり寝ててよ）

こっそりと腕輪をポケットに押し込みつつ、気絶した王妃の体を、そっと床に横たえてやる。

「アリア・フォン・エルスター！　王妃陛下になにを吸わせた」

「ちょっと強い匂いを嗅がせただけよ。すぐに目覚める。そのときには、王妃陛下もしゃっきりしてるでしょうよ、いろいろと」

「なんだと？」

ポケットの膨らみを隠そうと集中していたため、つい余計なことまで告げてしまう。

ラウルは発言を聞き逃さず、それどころか、アリアの視線を辿り、腕輪の存在にまで目敏く気付いてしまった。

「今、君はなにを盗った」

「なんのこ――と……っ」

しらばっくれようとしたが、ぐいと腕を摑まれる。

至近距離から、あのなにもかもを見透かすような瞳で覗き込まれ、アリアは冷や汗を滲ませた。

（近い！　近い速い強い！）

動揺のあまり、料理屋が掲げる三拍子のようなフレーズが浮かんでしまう。

「改めて問う。『烏』。君の狙いはなんだ」

引き換え、ラウルはどこまでも真剣だった。

いかなるごまかしも通用しない、澄んだ、鋭い眼差し。

「ヒルトマン家のエメラルド。クレーベ家のガーネット。マイスナー家のサファイアに、王妃陛下のルビー。どれも、あの目録に記された、異国の王冠に使われている宝石だ」

「…………！」

いったいどれだけ有能なのか。

目録はすぐに閉じて投げつけたはずなのに、彼は背中越しに覗き込んだあのわずかな時間で、アリアがどの内容を読み込んでいたかを特定してしまったらしい。

「君の養父の家業に関係することなのか？　それとも、政治的な理由か。宝石を盗まれたのはどこも、現王陛下に親しく、献身的に尽くす忠臣ばかりだ。陛下に、恨みでも？」

「はあ？」

ただし、次に挙げられた理由はあまりにも見当外れなもので、アリアは思わず変な声を上げてしまった。

次いで、慌てて口を噤む。

この男の前では、どんな反応が命取りになるのかわからないというのに。

「意外そうな反応だ。では、恨みではないのだな」

「それより、早く王妃陛下を介抱してあげるべきじゃない、聖騎士様？」

至極まっとうな意見を突き付けてやったはずだが、ラウルはちらりと王妃に視線を寄越したきり、慌てもしなかった。

「呼吸と顔色が落ち着いている。眠っているだけだろう」

「冷静か！」

もうやだ。この緊急事態でも取り乱さず、優先順位をけっして間違えないこの男が怖い。

王妃の容態を早々に見極めたらしいラウルは、細めた目を、アリアのポケットに向けた。

「そう、王妃陛下は落ち着いた。君が、腕輪を抜き取ったのと同時にだ」

「薬を嗅がせたのと同時に、の間違いね」

「いいや」

腕を摑む手に、一層力が籠もる。

「王妃陛下に薬は効かなくなっていたはずだ。彼女の体調に影響したのは、腕輪の有無のほうだろう」

もう片方の手は、素早くポケットに伸びようとした。

「ちょっと！　信じらんない、淑女の服をまさぐる気!?」

「君が素直に中身を出してくれれば済む話だ。腕輪を返しなさい」

「なんっのことですかねえ！」

強引にしらばっくれるが、もちろん見逃してはもらえない。

ポケットの上で手を押し合いへし合いさせながら、二人は剣呑な応酬を続けた。

「考えてみれば、宝石を盗まれたどの家臣も、一時的に怠慢になったり、嫉妬深くなったり、傲慢になったりと、異常な行動を見せていた。だが、『鳥』に宝石を盗まれるのと同時に、元に戻った。君の行為は、それと関わりがあるのではないのか」

「ちょっと！　手をどけてよ！　冷静に考えて、そこって太腿の上だからね!?　こんな破廉恥な聖騎士がいて許されるとでも!?」

「私は真剣に尋ねている。君の窃盗行為は、人助けに近いものではないのか。呪いの解除とか、そういった類いの」

「大の大人がそんな説を自ら唱えることにびっくりだわ。ていうか、意図は真剣でも行動が不埒なんだよ、さっさとその手をどけろ！　色情魔って騒ぎ立てんぞおら！」

とうとう口調まで崩し、アリアは相手の羞恥心を揺さぶろうとしたが、使命感を帯びてしまったらしい聖騎士は、どれだけ罵られようと、びくともしない様子だった。

「アリア・フォン・エルスター。君の行動に理由があるのなら、私はそれを信じたいのだ。どれだけ突飛な内容でもいい。話してくれないか」

もどかしげに眉を寄せて、ラウルが告げる。

そこに滲む、あまりの誠実さに、アリアは面食らった。

「な……」

思わず手の力が緩んだ、その隙を突いて、業を煮やしたらしいラウルが強引にポケットの中に手を差し入れようとしてくる。

「ちょっ」

だめだ。大罪の憑いた腕輪に、素手で触れてしまったら――――！

『アリア！　俺に任せろ！』

咄嗟にラウルの手を撥ねのけたそのとき、すっかり存在を忘れられていたバルトが、床から叫んでくる。

どうやら彼は、ラウルに怯えつつも、じりじりとこちらに近付いていたらしい。

二人が振り向いた一瞬の隙を突き、素早くポケットから腕輪をくわえて奪うと、そのまま部屋の隅へと走り去った。

『俺が運ぶ！』

いや。走り去る「つもり」だったようだ。

――ダンッ！

現実には、腕輪という実体のある物をくわえていたのが仇となったのだろう。あっさりラウルに居場所を特定され、短刀を投げつけられてしまった。

『ひえ！』

短刀は、ちょうど輪投げの、投げる輪と柱を逆にしたような塩梅で、バルトのくわえていた腕輪のど真ん中を貫いていた。

（無理無理無理、聖騎士まじ半端ない！）

これにはアリアもがくがくと震えだしてしまう。

片手で人間一人を拘束しておきながら、いったい彼はいつ、どこからどうやって短刀を取り出したというのか。まったく見えなかった。

口先まで含めれば勝負は互角と信じていたが、彼はアリアに、相当加減していたのだ――。

「精霊の協力があるようだな」

硬直してしまったアリアをよそに、ラウルは静かに呟く。

「精霊は本来悪事を働かない。とすればなおさら、君の行動は、善良な要素を持つのではないのか」

「あ……っ」

そして、それがいけなかったのだ。

アリアが呆然（ぼうぜん）としている間に、ラウルは、床に転がった腕輪を、拾い上げてしまった。

「だめ！」

「一連の騒動に善と悪があるとすれば、むしろこの宝石のほうが」

淡々と紡がれていた声が、ふつりと途切れる。

「悪、なのでは」

そのまま黙り込んでしまったラウルを見て、アリアは冷や汗を浮かべた。

（つ、憑いちゃっ、た？）

まさかこの、誰より品行方正で、お堅くて、禁欲的な聖騎士に。

よりによって、「色欲」が。

「これはいったいなんだ、アリア・フォン・エルスター」

だが、やがてラウルはいつも通り、物憂げに話し出したので、アリアは胸を撫で下ろした。

（よかった、憑かれてない）

精霊力の高い彼のことだ。いくらルビーが、かなり王妃から力を得ていたとしても、やすやすと魂が蝕まれてしまうわけではないのだろう。

「ああ、うん、まず、腕輪を離してもらえると説明できるっていうか」

「君を」

だが、アリアは重大な勘違いをしていたのだ。

——ダンッ！

「い……っ」

ラウルは腕輪を握り締めたまま、ふらりと一歩踏み出したかと思えば、次の瞬間には、勢いよくアリアを壁に押し付けた。

「君を見ていると、衝動が込み上げて、止まらない」

いつの間にか彼の眉根はきつく寄せられ、声は上擦っていた。

（いやめちゃくちゃ憑かれてんじゃん！）

腕を掴む手が異様に熱い。森のような彼の香りが、ふわりと鼻先を掠める。

すぐそばに迫ってくる麗しのご尊顔から、アリアは慌てて顔を逸らした。

「ちょ、ちょっと、落ち、落ち着こう！　深呼吸！　話せばわかる！　早まるな！」

「どう、すれば」

ラウルはのけぞるアリアの首筋に顔を埋め、やるせない溜め息をこぼした。

「くそ……こんな、初めてだ」

（もしかして未経験でいらっしゃるんですかね！）

だとしたら衝撃の事実だ。この顔で。

いやしかし、こうもあっさり「色欲」に蝕まれてしまったことの説明にはなる気がする。

「な、なるほど、衝動。初めての衝動ね。ねえ、ちょっとそこの床を見て、ほら、すごい美女がネグリジェ一丁で倒れてる！　迫るならあっちはどうかな!?　ナイスバディだし！」

「君がいい」

「わがまま言わない！」

不敬を承知で王妃へと関心を逸らそうとするが、なぜか失敗する。

もしや、経験豊富な相手は避けたいという、初心者ゆえの願望が反映されているのだろうか。

「君がいい……」

そのまま強く抱きすくめられてしまい、アリアは恐慌状態に陥った。

「私はよくない！　放して！　それか腕輪を放して！　あんたの異常はそいつのせいだって、もうわかってんでしょ!?」

「放すものか」

だが、ラウルは熱に浮かされた声で、それを拒否した。

「放したら、君はこのルビーを、奪い去るのだろう。この場から……私から、逃げてゆく」

（いやそりゃ逃げるけども！）

なるほどこの男、湧き上がる衝動を堪（こら）えてでも、こちらを逃がすまいとしているのか。

たしかにルビーが彼の手元にある限り、アリアとしては立ち去りがたい。

(ど、どうすりゃいいの)

首に感じる吐息が、熱い。

鍛えられた腕は、万力のようにアリアの体を締め上げ、呼吸もできないほどだった。

「あ……あーっ、去らない！　全然去らない！　約束する！　信じて！　あたしがあんたに嘘をついたことなんてあった？」

「ほぼ嘘しかついていないだろう」

「そうね！」

渾身(こんしん)の説得も空振りに終わる。

ひとまず突き放そうと、硬い胸板にぐっと手を差し入れたが、するとラウルは苛立(いらだ)った様子で、アリアのことをそのまま床に押し倒した。

「うわあ！」

そのとき、アリアが頭を打たないよう、さりげなく背中に腕を回しているあたり、この男の運動神経のよさと気遣いが感じられる。

(もしや、意外に閨事(ねやごと)に慣れてるとか!?)

新説が持ち上がり、どちらも等しくありえる気がしたが、それを吟味している場合ではまったくない。

思考が斜めに逸れていくのは、アリアがそれだけ混乱している証だった。

「宝石に触れた途端、私はおかしくなった。……そういうことなのか。これまで、宝石によっておかしくなった者たちから、君が、異常の源を切り離していたのか」

「ちょっと、重い……っ、離して、ってば！」

「宝石は、異国の王冠に嵌められているものと一致していたな。第三宝物庫所蔵の……王冠。それが、この騒動の発端か？」

必死にもがくが、鍛えられた体はびくともしない。だいたい、体格差がありすぎる。

ラウルは恐ろしい速さで真相に迫り、睦言を囁くようにして、耳元で凄んだ。

「アリア・フォン・エルスター。真実を話しなさい」

「いいから、放して……放せ、ってんだろ！　これ、絶対取り調べの構図として間違ってるから！」

もちろんアリアは、それどころではなかった。

爪を立てて体を押しのけようとしていると、ラウルは煩わしげに、片手でアリアの両腕をまとめ上げ、もう片方の手で頬を摑んだ。

「話しなさい」

ぐ、と、親指が口の中に割り入れられる。

「ふあっ!?」

「真実を。もっと詳細を。もっと」

予想もしなかった行為に出られ、アリアは思わず喉を引き攣らせる。

びく、と震えた姿を見て、ラウルのアイスブルーの瞳が、すうと色を深めていった。

「もっと……君がほしい」

(要求すり替わってんじゃん⁉)

鋭く突っ込んでやりたいところだが、唇が引っ張られてしまってそうもいかない。

ガンガンと体中が警鐘を鳴らし、強気なアリアといえど、さすがに青ざめてきた。

(まずい、いよいよ「色欲」に蝕まれちゃってる)

アリアの顔色を見て、ラウルもそれを自覚したらしい。

はっと目を見開くと、彼は唐突に、頰を掴んでいた手を離した。

「――すまない」

だが、アリアを解放するかに見えた手は、すぐに拳に握られ、再び床にアリアを縫い留めた。

掠れた声が悲痛に告げる。

「すまないが……、君のほうで、抵抗してくれないか」

「いやしてるけど！　全力でしてますけど！　っていうか腕輪をさっさと放してよ！」

「指が勝手に、握り締めてしまって……放せない」

どうやら、自力ではとうてい衝動を制御できない状態であるらしい。

だが、わずかながら、彼に自我はまだ残っているようだ。

この機を逃すわけにはいかない。

のしかかってくる体を押しのけるべく、一層力を込めて胸板を押し返したり、割り開かれた足をじたばたさせたりしていると、ラウルが呻き声を上げた。

「頼むから……一切動かないでくれないか」

「いやどうしろと!?」

抵抗しろと言われ、けれど動くなと言われ、途方に暮れる。

『アヒア！　ほへを使へ！』

バルトがなにかをくわえ、走り寄ってきたのは、そのときのことだった。

見れば、先ほどラウルが投擲した短刀である。

小さな相棒は、アリアの手の届く位置まで短刀を引きずってくると、きっぱりと告げた。

『こんなやつ、刺しちまえ！　その隙に、俺が腕輪にブレスをかける！　げっぷサイズのブレスでも、こいつに憑いて日の浅い「色欲」なら剝がせんだろ！』

過激だ。だが頼りになる。

（仕留めるのは無理でも、関心を逸らすくらいなら……！）

アリアは目だけで頷き、短刀をたぐり寄せた。

きゅ、と掌に力を込めて、覆い被さるラウルの、肩口を狙って振り下ろす――！

――パシッ！

だが、そこそこの速さで振るったはずの短刀は、振り向きもしない男の手によって、難なく拳ごと受け止められてしまった。

のみならず、ぐいと力を込められ、拳をこじ開けられる。

ぽとりと落ちた短刀を、ラウルは向きを変えながら受け止め、アリアの胸元に突き付けた。

まさにあっという間の出来事。彼からすれば、反射で動いただけなのだろう。

「あ……」

ラウル自身、無意識のうちに刃物を女性に突き付けている事実に、驚いているようだ。

碧い瞳に、驚愕と罪悪感の色がよぎり、しかしそれらはたちまち、煙るような情欲に塗り替えられていく。

すう、と、そのまま胸元に沈んだ刃先は、ごく静かに、お仕着せの布地を切り裂いた。

「ちょっと……冗談」

一気に深刻化した事態に、アリアは声を震わせる。

彼が少しでも力加減を誤れば、肌まで刻まれてしまう。その恐怖に、体が硬直した。

「や、やめて。落ち着いて」

「アリア・フォン・エルスター」

裂かれた面積は、ほんのわずか。けれど、布きれと化したお仕着せの合間からは、金貨を下げるための細い鎖と、柔らかな白い肌が覗く。

『おいこの野郎！　アリアを放せってんだ！』

バルトがブレスを吐くべく構えたが、ラウルは軽く眉を顰めただけで、あっさりとトカゲ姿の精霊を振り払ってしまった。

「どいてくれ」

彼にとっては、その程度の攻撃でしかないのだ。

悲鳴を上げて飛んでいく精霊には一瞥も向けず、ラウルは短刀を脇に置くと、そっとアリアの頬を撫でた。ただし腕輪は、もう片方の手に握られたままだ。

「君がほしい」

低く、熱を孕んだ声で呟き、ゆっくりと顔を近付けてくる。

「やめ……っ」

ばっと顔を背けた瞬間、胸元で揺れる鎖の感触。

その先に繋がっている金貨の存在をふいに思い出し、アリアは弾かれたように目を見開いた。

――やめて。放して。

震える、幼い女の声。

――放して……放せ。放せっつってんだろ！

どれだけ荒々しく振る舞ってみせても、結局は無力な少女――自分。

のしかかる体。耐えがたい重み。熱い息。無遠慮に、アリアの体を暴こうとする男。

――なに、悪いようにはしないい。じっとしていなさい。

地位の高さを理由に、弱者の命を握って弄ぶ、大人の男。

――仲間を、助けたいんだろう？

「やめて……」

気付けば、アリアの唇からは、そんなか細い呟きが漏れていた。

ああ、だめだ。

泣いたりなんかしてはいけない。縋ってもいけない。

そんなことをしては、相手を喜ばせるだけなのに。

「やめて……やめ、放して」

けれどこらえられない。

鼻がつんとする。喉元まで熱い塊が込み上げ、全身が引き攣るように震えた。

「やだ」

じわ、と涙を浮かべた瞬間、ラウルが息を呑む。

彼はぎらりと瞳を光らせたかと思うと、獣じみた素早さで、脇にあった短刀を取った。

「…………っ」

ぎゅっと目を瞑る。

ほら。

弱った獲物なんて、狩られるだけ。

――ドッ！

だが、服を切り裂くにしては、やけに鈍い音が響いたことに気付き、アリアは薄目を開けた。

「…………!?」

思わず、ぎょっと肩を揺らす。

そう、身じろぎできるようになっている。

短刀は、ラウル自身の、左手の甲に刺さっていた。

「――すまない」

いつの間にか、ラウルが上体を起こしている。

食いしばった歯の間から、まるで絞り出すようにして紡がれる声。

「本当に、すまない。詫びて済まされることでは、ないが」

彼は白皙(はくせき)の美貌に汗を滲ませ、息を荒らげていた。

再び彼の左手を見る。腕輪を握り締めていた左の拳を、短刀は深々と、躊躇いもなく貫いている。刃(やいば)で塞がれていてなお、傷口からは血が滲みはじめ、それと同時に、腕輪を握り締める力が、徐々に緩んでいった。

「腕輪を、取ってくれないか」

自分自身で腕輪を手放すことは、やはりできないのだろう。衝動を堪えるかのように、彼の右手も、短刀を強く握り締めたままだった。

「そして、早く……逃げなさい」

「ちょ、っと」

解放されたアリアはと言えば、よろりと身を起こしたきり、動けなくなってしまった。

(なんで突然、正気に戻ったの?)

一瞬、「乙女の涙」とやらが運よくルビーに落ちたのかと思ったが、いいや、アリアは目を潤ませたものの、涙をこぼしてなどいない。バルトのブレスだって、ラウルを掠めることさえ

できなかった。

つまり彼は――ただ意志だけで、荒れ狂う大罪を抑え込もうとしているのだ。

「早く」

「でも、その、手は、大丈夫なの？　し、止血とか」

「君のほうが大丈夫じゃないだろう！」

途端に、吼えるように怒鳴りつけられて、アリアはびっくりした。

この男の大声を聞くのは初めてだ。

「言っておくが、衝動はちっとも止んでいない！　次はなにをしでかすかわからない！　いいから、早く」

ぐっ、と一度深く俯いてから、血を吐くようにして彼は叫んだ。

「さっさと逃げろ！」

声に打たれたように、アリアは急いで立ち上がった。

いいや、途中で屈みなおし、ハンカチを使って素早く腕輪を引き抜く。

力の入らなくなっていたラウルの指から、腕輪はすんなりともぎ取ることができた。

そのまま、彼を置いて扉へと走る。

この扉を抜けて、部屋を出るのだ。

出る。

出なくては。

（逃げなきゃ）

だが、扉のノブに手を掛けたまま、アリアは動けなくなってしまった。

頭が混乱する。

だって、いったいこの世のどこに、手の甲を刺し貫いてまで、身持ちの悪い女を守ろうとする男がいるというのだろう。

闇雲な衝動の原因は、すべて呪われた宝石にあるというのに、卑しい女に対して心から詫びる男が。

身を挺してまで、泥棒を逃がす騎士が。

（せめて、傷を縛るとか、したほうがいいんじゃないの？）

それともこういう場合は、刃を抜かないほうがよいのだったか。いいや、それは止血ができない場合の応急処置だ。とにかく、血を止めなくては。人を呼ぶとか。そうだ、医師。

迷いがそのまま、足取りとなって表れる。

じり、と踵を引いたままのアリアを見かねたか、バルトが床から叫んだ。

『おい、アリア。あいつの手から短刀を抜け。俺が血を止めてやる』

「え？」

『炎で焼き止めるんだよ。トカゲのしょぼしょぼブレスじゃ、加護なんてたかが知れてるが、血を止めるくらいはできる』

だがそれは、刺し傷をさらに焼くということではないのか。

『普通の炎とブレスは違えよ！　俺を信じろ！』

アリアは逡巡したが、結局はバルトの言い分を信じた。

相変わらず床に蹲っているラウルの元へ、引き返す。

「なにを、している……早く」

苦痛を堪えた表情のまま、彼が怪訝そうに顔を上げたところに、

「血を止める」

端的に言い放ち、強引に短刀を引き抜いた。

「…………っ」

――ゴォッ！

彼が息を詰めると同時に、バルトが拳に向かって炎を吐く。

ただしその炎は、いつもと違って美しい青色をしており、拳全体を包み込んだかと思えば、たちまちの内に掻き消えた。

「これは……」

目を瞬かせる男には答えず、踵を返す。

そして、今度こそ、アリアは部屋を走り去った。


走る。人払いのされた廊下を走り続ける。

破れた胸元を、揺れる金貨のネックレスを押さえながら。

『アリア。ごめん。本当にごめんよ。役立たずなトカゲで。……怖い思いさせて』

肩に乗ったバルトが、小さく呟いたとき、アリアは数拍遅れて、掠れた笑みを返した。

「なに言ってんだか」

うまく口角は上がっているだろうか。

いつも通り、瞳は強気に、周囲を睨みつけられているだろうか。

「ほんと男って、女の涙にころっと騙されるんだから」

『…………』

舐めてもらっては困る。

アリア・フォン・エルスターは、猫かぶりの性悪女なのだ。

手段を選ばず、口は悪く、豪胆で、人を騙すことも躊躇わない。

「あんなの、嘘泣きに決まってんでしょ」

ときどき弱いところを見せたとしたら、それはすべて、演技に決まっているのだから。

アリアは走った。

走りながら、不遜に鼻を鳴らした。


しかし、縋るようにして金貨を握り締めた右手は、細かく震えていた。

7
自首を巡る攻防

干しぶどうみたいな女。

それが、彼女を初めて見たとき、アリアが抱いた感想だった。

ひっつめ髪に、地味な修道服。顔も、袖から覗く手もしわくちゃで、ちっとも潤いがない。

きっちりとお団子にされた髪はすでに色を失い、ブルーだったのだろう瞳も灰色に濁っていた。いかにも、気難しそうな老女、といった感じだ。

彼女が、院長就任の挨拶をすべく、孤児院内の講堂につかつかとやって来たときから、アリアたちはすっかり相手の性格を見抜いていた。

几帳面で、生真面目。四角四面で堅苦しくて——つまり、最悪！

その瞬間、講堂に集まった十人の子どもたちは、目配せだけで意思を疎通しあった。

こいつも、追い出してやろうぜ、と。

孤児院の経営になんて手を出すのは、国からの補助金を狙ったがめつい商人か、子どもたちに悪戯しようと企む聖職者くらいのものだ。そこにときどき、はき違えた使命感を燃やした、独善的な修道女も加わる。アリアたちからすれば、どれも等しく厄介だ。

新院長は、間違いなく三番目だと思われた。

ほか二つと比べれば実害は少ないが、とにかく鬱陶しいので、孤児院における彼女の立場というものを弁えさせておく必要がある。

そんなわけで、老いた修道女が教壇に立ったその瞬間、当時十歳だったアリアたちは、隠していた泥玉を投げつけ、水を掛け、ありとあらゆる罵声を浴びせた。

修道女という生き物は、たったこれだけで、すっかり意志を挫かれるはずだった。

中には、泣き出したり、卒倒した者だっている。

だが、彼女の反応は違った。

「――恥ずかしいこと」

平然とハンカチで顔を拭うと、ゆっくり、子どもたちの顔を見回したのである。

「発情した獣の群れですか、あなたたちは」

しわがれた声には、貴族的なアクセントがあった。

呆気にとられた子どもたちの前で、彼女は木炭のかけらをつまみ上げた。文字の書き取り用に寄贈されたものだったが、この数年、落書きにしか使用されてこなかった代物だ。

「精霊は、邪悪な言葉を忌み嫌う。けれどそれ以前に、あなたたちの聞き苦しい雄叫びは、人の言葉の態を成していません。泥や水を引っかけるのも、獣ならば仕方のないこと」

淡々と、静かな口調で、彼女ははっきりと告げた。

「わたくしを傷付けたいのなら、まずはあなたたちが人間になりなさい」

片方の眉を持ち上げる仕草には、何人にも侵しがたい、品と気位の高さがあった。

「な……っ、なんだよ！　偉っそうに！」

子どもたちの代表的な地位にあったアリアは、そのとき即座に立ち上がった。

当時は、襲われないよう少年のふりをしていたので、髪も短く、言葉遣いも一層乱暴だった。

「しわくちゃのババアが、俺たちに説教しようなんざ――」

――カッ！

すると、目にも留まらぬ速さで木炭が飛んでくる。

角の丸いそれは、刺さることはなかったが、鈍い音を立ててアリアの額にぶつかった。

「いってえ！」

「精霊の忌み嫌うもの、高ぶる目。師の前ではきちんと席に着きなさい、アリア」

名乗ってもいないのに、名前を呼ばれてアリアは面食らった。

「それに、あなたは女性でしょう。襲われないようにという意図は理解しますが、言動の乱暴さは目に余る。せめて、目上の人間の前では使い分けられるようになりなさい」

性別も、男装の意図も見抜かれ、アリアは額を押さえたまま呆然（ぼうぜん）とするほかなかった。

「や……やってられっかよ。こんな授業なんてごめんだね。あばよ！」

「精霊の忌み嫌うもの、速やかに悪に走る足」

アリアの弟分・フランツも、席を立って講堂の外に出ようとしたが、たちまち木炭を足に投げつけられた。

「いてえ！」

「外の通りに出て、今日もスリをするつもりですか、フランツ？　今日を限りに、一切の窃盗行為を働かないことを誓いなさい」

嘘をついた者。騒ぎ立てた者。

木炭は次々と飛んでくる。

ものの数分もせぬ間に、子どもたちは皆、体のどこかしらを押さえて蹲る羽目になった。

「な、なにすんだよ、修道女サマがよお!?　こんなの虐待じゃねえか！　修道院に訴えんぞ！」

「訴訟とは、人間に許された行為です。獣にではない」

涙目でアリアが脅しても、老年の修道女はびくともしない。

汚れた指先をきっちりとハンカチで拭って、彼女は再び、ふんと片方の眉を吊り上げた。

「もう一度言います。わたくしを傷付けたいのなら、まずはもっと学び、許すことを覚え――さっさと人間になりなさい」

それが、院長ベルタとの出会いだった。


就任後の数ヶ月、ベルタと子どもたちの関係は最悪だった。

それはそうだ、彼女が重んじるのは規則、秩序、教え。

悪さばかりをし、大人に逆らい、精霊を信じない子どもたちと相性がいいはずもない。

彼女はいつも背中に定規が入っているように姿勢を正し、ことあるごとに聖書の一篇(いっぺん)をもって子どもたちを戒め、しかも容赦なくこき下ろした。

アリアたちは大いに反発し、暴れ、叫び、罵ったが——しかし、やがて気付く。

自分たちをくそみそに貶(けな)す彼女は、同時に、なんの抵抗もなく子どもたちを褒めることもあるのだと。

たとえば、約束を守ったとき。

ふと思い立って、仲間を手伝ったとき。

つまり、彼女の言う「人間の」振る舞いをしたとき、ベルタはしわだらけの顔をわずかに笑ませ、「偉いですね」と言う。「ありがとうございます」と。

彼女の言う「人間」を定義するのは、出自でも、性別でも、身分でも、なんでもないのだ。

孤児であろうが、女子どもであろうが、移民であろうが貧しかろうが、正しい行いをする者に彼女は微笑(ほほえ)みかける。悪しき行いをする者は、叱る。

たった、それだけ。

彼女を貫く法則はとてもシンプルで、けれどだからこそ、揺るぎなかった。

ベルタは一切の差別をしなかった。子どもたちを孤児だからと見下すことはしなかったし、可哀想(かわいそう)だからと一方的に肩入れすることもなかった。

ただし、子どもたちのほうに道理があるときには、必ず最後まで守り通した。
いわれなき中傷を浴びたときには、あの淡々とした顔で犯人を突き止めたし、濡れ衣を着せられたときには、どんなに不利でも抗論した。理不尽な暴力を振るわれたときには、相手が荒くれ者であっても本拠地まで乗り込み、謝罪させた。

彼女はけっして梯子を外さなかった。

ベルタが子どもたちに巻き込まれ、怪我を負ったのなんて一度や二度ではない。それでも、俯いて詫びる子どもたちに、彼女は流血してさえ、平然と告げるのだった。

「だって、あなたたちは悪くないでしょう」

あの、片方の眉を上げた顔で。なんでもないことのように。

ベルタに、自分たちはこんなにも信じられている。みすぼらしい孤児でも、哀れな子どもでも、卑しい前科者でもなく、ただ対等の存在として――人間として、接せられている。

その実感は、アリアたちの心を、ゆっくりと作り替えた。

ベルタは事あるごとに「よく学べ」と言った。だからアリアは、字を覚えはじめた。

ベルタは何かにつけて「人を愛せ」と言った。だからアリアは、石を投げることを控え、言葉を少しずつ整えた。

彼女が危険な窓掃除をやめろと言ったとき、子どもたちは「あーあ、せっかく割のいい仕事だったのに」と肩を竦めてみせたものの――口元は皆、くすぐったそうに綻んでいた。

だって仕方がない。

厳しくて口うるさい、我らの院長が、そう言うのだから。

四年の日々が、そうやって過ぎていった。


十四になったアリアが迎えたのは、ひどく厳しい冬だった。

異様な寒さはすでに夏から予見されていたことで、日差しを十分に浴びなかった作物は痩せ、小麦の発育も十分ではない。パンも野菜も高騰し、それらを飼料とする食畜も、もれなく値上がりした。王都全体、いや、国全体が殺伐とし、治安の悪い下町ではなおさら、あちこちで小競り合いが起こった。

さらに重ねるように、悪いことが二つ起こった。

ひとつは、流行病。たちの悪い風邪が広がり、体力の少ない子どもは、飢えと寒さも相まって、次々と命を落とした。

両親に看護されている街の子どもでもそうなのだ。孤児などひとたまりもない。

ベルタは、そして彼女を慕う子どもたちは、身を寄せ合って、この危機に備えた。

もしあの年に起きた不幸が、飢えと病だけであったなら、アリアたちもなんとか、誰一人失わず、冬を越せたのかもしれない。

けれど、まったく予想もしない出来事が、ある日アリアたちを襲った。

不幸の最後のひとつは――暴動。

現王の治政をよしとしない軍部派が、王権を奪取すべく、突然蜂起したことだった。

すぐに精鋭の騎士団によって鎮圧されると思われた謀反は、しかし軍部が予想外に潤沢な資金を確保していたことから即座には終結せず、闘争はあちこちに広がった。

混乱は混乱を、暴動は暴動を呼ぶ。一日の間にめまぐるしくルールが変わり、戦火が飛び乱れ、民はそれに翻弄された。

王城は完全に麻痺し、国とほぼ一体化していた王都もまた、機能停止に陥った。

治安が乱れ、暴力は下層へ広がるごとに、苛烈さを増していく。

下町に位置する孤児院など、その最も激しい炎に焼かれているようなものだった。

食料や薬は買い占められ、人は人を騙し、襲う。

そんな渦中に、アリアたちの仲間が、病に倒れた。

お調子者の弟分、フランツ。

彼の咳を楽にしてやる、たった一晩分の薬が、どうしても手に入らなかった。

「可哀想に。私のところに来るかね？　『一晩分』ということなら、薬を融通してもいい」

隣の教区の聖職者が声を掛けてきたとき、だからアリアは、即座にその手を取った。彼の言う「一晩分」という意味――支払うべき「対価」は、もちろん理解していた。

ベルタがいれば止めただろう。彼女が院長に就任してからというもの、その手のことは、孤児院のある教区では、一切起こらなくなっていたから。

でも彼女はいなかった。フランツのために、寄付を求めて奔走していたからだ。自分だって、いつ倒れるかわからない高齢者だというのに。

アリアはベルタの助けになりたかった。そして、確実にフランツを助けたかった。

だってアリアは彼女に、「人を愛せ」と教わったのだ。

愛するとは、守ること。

自分には立派な武器(からだ)があるのだから、無力な弟分を守ってやらねばならない。

大丈夫。友達の多くは花売りになったのだから、嫌というほど知っている。

ただ少しの間、足を開いて横になっていればいいのだ。たったそれだけ。

それだけの——はずだったのに。

「放して……放せ。放せっつってんだろ！」

耐えられなかった。

頭よりも先に本能が拒否して、制御を失った体はめちゃくちゃに暴れ回った。

男は「愚か者め」と激昂(げっこう)し、殴りかかってきたが、アリアの手足は偶然にも彼の急所に当たり、逃走に成功した。成功してしまった。

寒い、凍える冬の夕暮れ、破れた服を押さえて走りながら、アリアはただ「どうしよう」と思った。

どうしよう。どうしよう。どうしよう。

結局、薬は手に入らなかった。

あの聖職者に目を付けられてしまったかもしれない。だとしたら自分は、余計な火種を増やしただけだ。

白い息が震えている。頬が熱く腫れている。薬が手に入らなかった。フランツ。

自己嫌悪と後悔で頭が掻き回され、そのまま内側から弾けてしまいそうだった。

なにが武器だ、なにが守るだ。たった数時間、足を開くだけの覚悟も決められないで。

自分はもっと強いと思っていた。

現実を理解していて、冷静にそれを受け入れられていると思っていた。それなのに。

孤児院に駆け戻ったアリアは、無意識に、ベルタの部屋に飛び込んでいた。

ノックをしなさいと何度も叱られた、院長のための質素な小部屋。彼女はちょうど帰宅したばかりだったようで、薄いコートをまとった肩には、まだ粉雪が散っていた。

騒がしい来訪に、ベルタが眉を顰めて振り返る。

アリアは彼女の言葉を遮って胸に縋り付き、途切れ途切れに経緯を吐き出す。

ただ、彼女に聞いてもらいたかった。それ以上に、彼女の声を聞きたかった。

慰めてくれなくてもいい。冷ややかに叱られてもいい――いっそ、叱ってくれたほうがいい。

この大口を叩くだけの、役立たずの自分を。

目先の薬を求めて、貞操を投げ出そうとした自分に、きっと彼女は呆れるはずだ。厄介事だけを増やして終わった自分に、うんざりするはず。

いいや、心のどこかでは、そんなはずはないと計算していたかもしれない。

だって彼女は、絶対にアリアたちを見捨てない。本気でなそうとしたことを馬鹿にしない。

だから、ベルタは自分を慰めるはずだ。淡々と溜め息をつき、仕方なかったと、受け入れてくれる。

その一言を聞きたかった。それだけでよかった。

しかし、そのときのアリアは理解していなかったのだ、ベルタの慈愛深さを。

彼女が子どもたちに向ける愛情は、自分が思う何倍も深く、何倍も獰猛だということを。

母性とは生ぬるさなどではなく、子どものためなら敵を屠ることも厭わない、苛烈さだということを。


『アリア――アリア！』

ぴち、ぴち、と頰に尻尾の当たる感触がして、アリアは目を覚ました。

ぼんやりと身を起こすと、全身が軋む心地がする。固い椅子に腰掛けたまま寝入ってしまったのだから、当然だ。

蔵の窓から射し込む光は、夕陽と呼んで差し支えなくなっている。

アリアはあの後、庭園で慌ただしく着替えてから馬車に飛び乗り、即座に蔵に閉じ籠もると、ルビーを王冠に「戻し」たのだった。

その間、思考は始終冴え渡り、自分はまったく動揺していないと思っていたのだが、神経は意外にも張り詰めていたらしい。作業が終わると、ふつりと気が緩む心地がして、そのまま蔵の中でうとうとしてしまった。

昼食も取らずに何時間寝ていたのか。おかげで嫌な夢を見た。

「いてて……。首が凝りすぎて折れそう。バルトも、あたしの首が危機に瀕する前に起こしてよね」

『今おまえの首がまさに危機に瀕してるから起こしてんだよ！』

「はあ？」

首をぐるぐる回しながら眉を寄せると、バルトはちょろりとテーブルに駆け下り、くわっと牙を剝いた。

『この蔵に、向かってきてる！』

「ヨーナス様が？　ああ、馬車を呼べなくしておいたから、怒ってんのかな」

『違えよ！　ラウル・フォン・ヴェッセルスがだ！』

アリアは数秒黙り込み、それからひくりと口元を引き攣らせた。

「は？」

『ちょっと前から、それっぽい気配が屋敷に漂ってて、気のせいかな、気のせいだよなって思い込もうとしてたんだけど、だんだん蔵に近付いてきてる。もう間違いない。これ、あいつの精霊力だ！　とうとう、俺たちを捕まえにきたんだ！』

どうしよう、とぐるぐるテーブルの上を走り回るバルトに、思わずアリアは叫んだ。

「いやどうしよう、じゃないでしょ！　怪しいと思った時点で確かめに行くか、せめてもっと早く起こしてよ！」

『だっておまえ、途中までめちゃくちゃ幸せそうな顔して寝てんだもん！』

「寝顔観察すんな！」

八つ当たりしていても仕方ない。

アリアは、蔵の扉が内側から施錠されていることを確認し、さらに、扉前に骨董品（こっとうひん）の重厚な机を移動させると、即座に逃亡準備を開始した。

ひとまず、この破損された王冠を見られてはまずい。古布でぐるぐる巻きにして、麻袋の中に放り込む。

「あれだけの傷を負ったくせに、なんでもう動けんの!? っていうかあいつ、あたしに『逃げろ』って言ったよね!? なのに追いかけてくるの何なの!?」

あの男、もう気が変わったのか。

いや、あのときアリアを逃がしたのは、単に「色欲」の影響下にあって頭が混乱していたからで、冷静になった今、当然の使命感を取り戻しただけなのかもしれない。

むしろ、アリアのせいで手に不要な傷を負ったと、怒り心頭かもしれないわけだ。

かもしれない、というよりは、確実にそうだろう。だってアリアなら、絶対に相手を恨む。

「最悪最悪最悪」

どさっと麻袋を床に投げ出すと、そこに次々と、逃亡生活に必要な道具を加えはじめた。

現金、足のつかなそうな宝石、着替え、食料。

「ああそうだ、こいつらも返却しに行かなきゃ」

それから、輝きが十分に回復した他家の宝石も。

あとなにがあれば、数日生き延びられるだろう。

今さら捕縛なんてされるつもりはない。だって、あとたった二つなのだ。

屋敷の当主であるヨーナスの元ではなく、蔵に向かっているということは、彼が犯人扱いしているのはアリアだけだということだ。それでいい。

あと二つの宝石を回収しおおせるまで、アリアだけが逃げ回ればいいのだから。

「ねえ、バルト。あたしはあの窓から逃げるから、あんたは――」

だが、相棒に声を掛けようとした瞬間、耳が異様な音を聞き取り、アリアの思考は停止した。

――カチャ。

静かに、錠が回る音がしたのだ。屋敷中の鍵を隠し、誰も外からは開けられないようにしていたはずなのに。

――ズズ、ズズズ……。

さらには、先ほどのアリアが顔を真っ赤にして、ようやく扉前に移動させた重い机が、いともやすやすと、床を移動している。

机を押しのけて、扉が開いているからだった。

徐々に広がる隙間から、外の夕陽が射し込んでくる。

「失礼」

赤い光を背負い、扉に片手を掛けて佇む彼こそは、もちろん、ラウル・フォン・ヴェッセルスであった。

「鍵は我が家で保管しているものを使わせてもらった。扉が開きにくいのだが、入っていいだろうか。大切な話がある」

難なく扉を突破してしまった男を前に、突っ込みがいちどきに溢れてしまって、アリアは黙り込むことしかできなかった。

いやいやいや、開きにくいとかじゃなくて。だって封じたわけだから。

それを、片手で？　膂力の設計がおかしい。だいたい、なにを神妙な顔で入室許可取ってんだ、押し入り強盗が「お邪魔します」と挨拶するような図になってんだろ自覚しろ！

「アリア・フォン・エルスター」

こつ、と、高貴な足音を響かせて、彼が蔵の中へと踏み入ってくる。

彼の背後から、慌てた顔をしたヨーナスが、「ア、アリアちゃん！」と追いかけてくるのがわずかに見えた。

「君に」

ラウルの薄い唇が動く。時の流れがやけにゆっくり感じる。胸が高鳴り、冷や汗が滲む。

とうとう自分は捕まるのか、この男に。

彼が突き付けるのは捕縛か、交渉か、それとも拷問か――。

だが、アリアの目の前までやって来ると、ラウル・フォン・ヴェッセルスは不意に、かつ優雅に、跪いた。

「求婚しにきた」

「いやなんで」

咄嗟にそう返してしまったのも、無理からぬことだろう。

意味がわからず、つい心のままに罵りそうになってしまったが、ヨーナスの目があることに気付き、アリアは咳払いした。

心配性の養父には「聖騎士になんか全然追い詰められていない」し、「正体も本性も完璧に隠してます」と主張しているのだ。となれば、あくまで令嬢らしく振る舞わねば。

「実際には本性が出てしまうほどめちゃくちゃ追い詰められています」と、ヨーナスに気取られるわけにはいかない。

「突然いらして、なにを仰るのでしょうか」

白々しさを承知で口調を改めると、ラウルはそこには特に反応することなく、跪いたまま律儀に補足した。

「責任を取らせてほしい」

「責任？」

これには素で、首を傾げてしまう。

ラウルの左手には、痛々しく包帯が巻かれている。どちらかといえば、アリアのほうが責任を取るべき立場のように思うのだが。

しかし、彼が続けた言葉に、アリアは瞬間的に頬を染め上げた。

「先ほど、私は君に対して、許されざる非礼を働いた。その償いをしたい」

もちろん、怒りでだ。

突然きょろきょろと周囲を見回しはじめたアリアに、ラウルは眉を寄せた。

「なぜ周囲を見る？」

「手頃な鈍器はないかと」

「名誉を汚されかけた君の怒りはもっともだ。だが、いいや、だからこそ、どうか誠意ある対応を取らせてほしい」

「あらまあ。聖騎士様は、春の庭園のように暖かなお考えをお持ちですのね」

てめえの頭は春のお花畑ですか、というのがこの場合の正しい翻訳である。

「つまり、強姦しようとした相手に求婚することが、誠意ある責任の取り方であると？」

つい強い表現を使ってしまったが、それほどアリアは苛立っていた。

先ほどの彼は、単に「色欲」の支配下にあっただけだということを、アリアは知っている。

むしろ彼は被害者であるということも、騎士の命の手を傷付けてまで、自分を逃がそうとしてくれたことも。

ただ、不本意とはいえ自分が襲いかかった相手に、結婚を迫ることが「償い」になると信じる、その傲慢な発想が受け入れがたかった。

ほら結婚してやるぞ、安心したろう、と思われることが。

「もしわたくしの心情に配慮してくださると仰るなら、金輪際、わたくしの視界に入らないでいただけますか？　あなたは二度と、わたくしに会わない、わたくしに触れない」

その延長で、「烏（ラーベ）」のこともあと二回、見逃してくれれば言うことなしなのだが。

だがラウルは、予想外の返答を寄越（よこ）した。

「もちろん、君を襲いかけた男が、傍（そば）にいては不快だろうと理解している。だから、私は君に、夫婦としての触れ合いは求めない。望むなら、話しかけもしない。視線も合わせない。私の所有する財産はすべて君に譲る。ただし」

アイスブルーの瞳は、どこまでも真剣だった。

「夫婦として、罪は分かち合わせてもらう」

「はい？」

「婚姻をもって、我々は親族となる。エルスター家の犯した罪は、ヴェッセルス家もその責を負う。君たちが国宝を破損したのなら、私もその連帯責任者となる」

言葉を失ってしまったアリアの前で、ラウルは立ち上がり、その手を取った。

「今回の件、すべてを包み隠さず、陛下に報告に上がろう。――共にだ」

「……っ」

振り払おうとしても、振り払えない。

もがくアリアに、横からヨーナスが身を乗り出した。

「き、聞いたよ、アリアちゃん。君、ラウルくんに思い切り正体を掴（つか）まれているどころか、攻防の果てに塔の天辺から飛び降りたり、果てには、襲われかけたんだって!? なにが『あたしは捕まらない』だ、すでにもう、捕まって処罰を受けているも同然じゃないか！」

どうやらラウルは、蔵に来る前に、これまでの出来事をヨーナスに語ってしまったらしい。

繊細なヨーナスの心臓を思って、せっかくマイルドな報告に留めてきたのに、台無しだ。

アリアは、「それは大げさで、実際には――」と言い訳しようとしたが、養父は聞く耳を持たなかった。

「突然よその家の男にやって来られて、『ご令嬢の名誉を汚してしまった。かくなる上は婚姻をもって責任を取りたい』と切り出された僕の気持ちがわかるかい!? 君はなんて無茶をするんだ。たったひとつの、たかが仕事上の失態のために、なんて無茶を！」

「よく現実を見てよ！ 傷付いたのはあたしじゃない、その男のほうじゃない！ 彼が嘘をついているだけなの。あたしは無事よ。全然平気。無茶なんてしてないったら！」

「いいや、君は無茶の塊だ！ もう僕は心に決めた。君がなんと言おうと、絶対に、王冠破損の件は報告する！ ついでに、これまで王都を騒がせた『烏』の正体は僕であるとね！」

「そんなぽっちゃりした『烏』なんて、絶対受け入れられないわよ！」

『お、おう、落ち着けよおまえら……。っていうかアリア、口調戻ってんぞ』

激しい応酬を交わす親子の間で、バルトがおろおろと首を左右させる。

「男爵から聞いたが」

とそのとき、相変わらずアリアの腕を掴んだままのラウルが、静かに切り出した。

「君が頑なに報告を拒み、宝石を盗む道を選んだのは、報告すれば男爵の処分が免れないと考えたからだな」

「そう！　そうなんだよ、ラウルくん！　たかが業務上過失、べつに報告したところでなんの問題もないと説得したんだけど、全然聞いてくれなくて――」

「たしかに過去、国宝を破損した廉で斬首刑に処された貴族も、いるといえばいるが」

「え」

一言でヨーナスを青ざめさせてから、ラウルは改めて、アリアの瞳を覗き込んだ。

「それは悪意を持って故意に国宝を傷付けた者で、しかも余罪があったからだ。日頃から忠実であれば、王陛下は、正直に過失を申し出た者に、けっして過剰な処罰など下さない」

「世の中に、絶対なんてないわ。百の内九十九までが無罪放免となっても、残る一で責任を負わされたら、苦しむのは誰なの？　他人が好き勝手なことを言わないで」

「だからこそ、婚姻を申し出ている」

手は、アリアの腕を締め付けないよう、そっと触れているだけだ。

なのに振り払えない。

アリアがむしゃらに腕を揺すろうとすると、ラウルは今一歩、彼女に迫った。

「婚姻を結べば、私はもはや当事者だ。私は、身内に降りかかる火の粉は全力で払う。そして、ヴェッセルス家にはその力がある」

「…………」

「他人など信用ならないと、君は言いたいのだろう。ならば私は当事者になる。自己保身なら、君も信じられるだろう。原因もわからぬ国宝破損の廉で、処罰など絶対に下させない」

夕陽の射し込む蔵の中で、ラウルの声は朗々と響いた。

相棒のバルトも、どちらの主張に道理があるのかを決めかねた様子で、おずおずと二人を順に見比べている。

黙り込むアリアに向かって、ヨーナスが「つまりね」と言い換えた。

「ラウルくんは、質草として婚姻を――地位と財産を提示しているんだ。そのくらいの覚悟で、処分は回避する。だから、正直に報告しようって」

「は……」

思わず、アリアは緩く首を振った。

主張は理解できても、どんな表情を浮かべていいのかわからなかった。

「なんであたしたちのために、聖騎士サマが、そこまですんのよ……」

嘲笑を浮かべようとしたが、うまくいかない。

切れ味を欠いた、皮肉の失敗作だけが、口をぽろりと衝いた。

「あんた、訳ありげな容疑者がいたら、都度求婚して面倒を見るわけ?」

「そんなことはしない」

「じゃあなんでよ。放っておいてよ」

「放っておけるものか」

少し、ラウルの声が荒くなった。

完璧な形の眉が寄せられ、すべてを見通すような目は、こちらを責めるように細められた。

「君は、とんでもなく危なっかしい人だ。性悪ぶるくせに、身内を守るためなら、いきなり『私を殺して！』と叫びながら剣の前に飛び出すような真似をする。見ていられない」

「人のことをヨーナス様と同類みたいに言わないでよ、失礼ね！」

「失礼だって思うことのほうが失礼だよ、アリアちゃん⁉」

「とにかく」

ヨーナスの突っ込みをさらりと聞き流し、ラウルは強引に話をまとめた。

「婚姻は君に利があるよう万全を尽くす。ひとつの失態を隠すために、いったいどれだけの罪と危険に身を晒すつもりだ？　素直に、起こったことを報告しに行くべきだ」

ずっと握っていた腕を離し、そこに再び「さあ」と手を差し出す。

「この手を取りなさい」

「…………」

ラウルが、ヨーナスが、バルトが、答えを待ってこちらを見つめている。

もはや誰もが——宝石の回収に誰より乗り気だったバルトさえ——、自首すべきだとの意見に傾いているのが、肌でわかった。

もちろん、アリアだって理解している。

隠すために盗む、盗むために騙す。そんなことを繰り返すより、さっさと過失を報告に上がるべきなのだとは。「烏」を捕縛したっていいのに、わざわざアリアに意思を確認しに来てくれる彼らは、信じられないくらいのお人好しだ、とも。

「――お断りよ」

だが、結局彼女が突き付けた答えは、それだった。

細い指は、ラウルの手を取る代わりに、胸に下げた金貨のネックレスを強く握り締めていた。

「自首なんて、しない」

「アリア・フォン・エルスター」

これには、さすがに冷静沈着で知られる聖騎士も、苛立ちを隠せないようだった。

「なぜそうも頑ななんだ。私の名に懸けて、君たちに過剰な処罰など受けさせないと言っている」

「それくらい軽い罪だっていうなら、このまま見逃してよ。あと二つ、宝石を戻せば、なにも無かったことになるんだから」

「なぜそうまでして、報告を嫌がる。軽重にかかわらず、犯した罪があるなら、申し出なければならない。それが道理だ」

「あたしに道理を説かないで！」

咄嗟に、アリアは耳を覆った。

――やっぱり、こういうことは、きちんとしなくちゃ。

――それが道理だ。

ヨーナスとラウル、二人の声が次々に蘇る。

あともう一人。

――精霊の定めた法は、守らねば。

しわがれた、穏やかな声も。

「『きちんと』とか、道理とか……。世界一嫌いな言葉よ」

「アリアちゃん。ずっと、言うべきかどうか悩んでいたんだけど」

そのまま俯いたアリアに、見かねた様子でヨーナスが話しかけた。

「僕は、ベルタさんじゃないんだよ」

静かな声に、アリアは弾かれたように顔を上げる。

養父は、つぶらな瞳に悲しげな色を浮かべ、こちらを見つめていた。

「僕は、彼女じゃない。もっと卑怯だし、もっと強かだ。だから……大丈夫なんだ」

『ベルタ……?』

風向きの変わった話に、バルトが戸惑った様子で首を傾げる。

それから、無言で金貨を強く握り締めているアリアを見やり、ふと目を瞬かせた。

彼女が肌身離さず胸に下げている、古ぼけた金貨。過去を語るたびに視線を落とし、握り締めるときには、決まってやるせなさそうな、強い感情を呑み下すような顔をする。

――墓か、見舞金の金貨を選べんのよ。すごいでしょ？

不意に、なにかが繋がった気がした。

『アリア。もしかして、ベルタって……』

「ベルタという人物は、君にとってどういう存在だ」

バルトの呟きと、ラウルの問いは同時だった。

「もしや、君がよく握り締めているその金貨と、関わりがあるのか」

縋るように、アリアが金貨を握り締める。

繊細な鎖が立てる小さな音が、夕暮れの蔵に響いた。

「アリア・フォン・エルスター。それが君の事情だというなら、話してほしい。報告を嫌がる、妥当な理由だというのなら」

いつも冷え冷えとしている口調が、ほんの少し、労しげに緩められる。

内容次第では、譲歩もありえる。そんな気配が、アリアの頑なな唇を、ようやく動かした。

「ベルタは……ベルタ・テニエスは、あたしのいた孤児院の院長。……院長だった人よ」

過去形で彼女を語らなければならないとき、声はいつも掠れてしまう。

三年が経った、今も。

「この金貨は……教会から、見舞金と慰謝料を兼ねて与えられた、あの人の唯一の形見」

彼女は強かった。子どもたちを守るためなら、なりふりを構わなかった。

けれど――同じくらい強かでいてくれたならよかったのに、彼女はどこまでも、清廉な人だった。愚かなほどに。

「彼女は死んだの。子どもたちのために、薬を『盗んだ』から。言いがかりみたいな罪だったのに、馬鹿正直に自首しに行って、そこで、暴動のせいで身動きが取れなくなって……」

喉が震える。

熱の塊が体の奥底から込み上げて、目頭を、鼻先を、じんじんと熱くした。

「死んだの。死んじゃったの。罪にもならない罪を自首しに行って、死んじゃったのよ――」

アリアの琥珀色の瞳が、じわりと涙に揺れた。


震えるアリアからすべての経緯を聞き終えた後、ベルタが漏らした言葉は、愚かな、というものだった。

最初アリアは、もちろん自分に向けられた言葉なのだと思い、肩を揺らした。

だが違った。老いた院長は、険しい顔で、こう説いた。

あなたはまったく悪くない。貧しさに付け込んで、年端も行かぬ少女の体を暴こうとした男が、愚かであり、悪いのだと。

アリアは驚いて、反射的に言い返した。

けれどあの男は、自分を愚かだと罵った。自身でも、迂闊だったと思う。結局、甘い誘惑に負けて、しかもなにも手に入らず、厄介事ばかりを増やしてしまった。

口を歪め、ごめんなさい、と続けようとしたアリアのことを、ベルタは強く抱き締めた。

そうして、一語一語、噛み締めるように告げたのだ。

もしあの男が、世間が、あなたを愚かだと批判するなら、それは世間のほうが間違っている。愚かなのはあの男で、あなたはまったく悪くない。絶対に。誰が、なんと言おうとも。

精霊に仕える聖職者のことを、彼女がこうも悪し様に表現するのは初めてのことだった。

何重にも予防線を張った心を、まっすぐな言葉で、真正面から抱き締められて、咄嗟に言葉も出てこないほどだった。ただ馬鹿みたいに、唇を引き結んで立ち尽くしていた。

でないと、涙がこぼれそうだったから。

そしてベルタは、アリアを置いて、その聖職者――エメリヒと言ったが、アリアはその名すら発音したくない――の元に向かったのだ。

詳細は教えてもらえなかった。

しばらくして帰ってきた彼女は、右手に小さな薬瓶を携えていた。すっかり怯えた相手が、詫びの品にと差し出してきたという。

院は喜びに湧き上がった。アリアも歓喜に頬を赤く染め、ベルタに抱きついた。

勝った、と思った。

我らが院長は、悪いやつをこてんぱんにして、弱き者を救うための薬を持ち帰ってくれた。

おかげでフランツは、最悪の夜を生き延びた。

このつらい冬の、最も厳しい夜を、誰一人の命もこぼさず乗り切った。

勝った。勝ったのだ。勝ち取った。

――だが、それから五日も経たぬ頃のこと。

くだんの聖職者は、ベルタを窃盗の罪で訴えた。

支払いもせずに、貴重な薬を持ち去ったというのが、その主張だった。

最初、孤児院の皆はその訴えを、せせら笑いで聞き流した。だって、とんだ言いがかりだ。

ベルタは盗んだのではない。

恥ずべき罪を犯した中年男から、ささやかな詫びの品を受け取っただけだ。

だが、エメリヒは巧妙に周囲を巻き込み、自身の正義を吹聴して回った。世間は、素行の悪い孤児よりも、権威ある彼の言葉を信じた。

暴動のせいで、街の空気は張り詰めたままだ。誰もが、苛立ちをぶつける対象を求めている。皆が欲しがる薬を「盗んだ」老女は、その格好の的だった。

挨拶が減った。背中を追いかけてくるような敵意の囁(ささや)きは増えた。

落書きをされた。院に石を投げられた。食料を売ってもらえなくなった。

子どもたちは躍起になって噂(うわさ)を否定して回った。

ベルタは相変わらず、そんなことがあっても表情一つ変えず、背中を伸ばして過ごしていたが――ある日、病の流行が収束に向かいはじめた頃、アリアたちにこう切り出した。

警邏(けいら)隊の詰め所に、窃盗の事実を申し出てこようと思う、と。

ありもしない罪を、自首するというのだ。

皆は止めた。アリアなど、羽交い締めにしてでもベルタの外出を止めようとした。

けれど彼女は譲らなかった。

疑惑を疑惑のままにして、こちらがいつまでも認めないから、噂がいつまでも続くのだ。

どちらかが罪を認め、罰を受けない限り、永遠に事態は決着しない、と。

そう言うベルタの体は、よく見れば、一層細くなっていた。もっとも、それは孤児院の誰もが同じことだったけれど。

身を乗り出して反論しようとするアリアを、ベルタは首の一振りで制した。

実は今回の騒動に、自分でも罪を感じているのだと。

彼女の主張はこうだった。

あの男のしたことは到底許しがたい。よって、詫びを受け取ること自体はあってしかるべきだった。だが、果たしてそれは薬であるべきだったのか。

あの教区で、薬を取り扱っているのは彼だけだった。自分が想定外に一つを持ち去ったせいで、一つ、救われなかった命があるかもしれない。

もしそうなら、相手は、その家族は、どれだけつらい思いをしただろう。それは、今から薬代を払っても、癒やせるものではない。

あのとき自分は、謝罪をもって彼を許し、薬にはきちんと対価を払うべきだった。あるいは、ほかの品を選ぶべきだった。なのに、衝動のままに薬を持ち去った。それは、盗人と蔑まれても、仕方がない行為ではないのか――。

いかにも彼女らしい主張だった。

正しくて、思慮深くて、どうしようもなく、頑固。

黙ってしまった子どもたちの頬を一人ずつ撫で、彼女は告げた。

「精霊の定めた法は、守らねば」

そうして、警邏隊の元へと向かったのだ。

窃盗の罰は、自首して返金するのであれば、本来さほど重くはない。

高齢のベルタであれば、調書に署名し、鞭打ちを数回受ければ、解放されるはずだった。

罪を認め、罰を受け、この事件に終止符を打つ。それきり、この話は二度と蒸し返させない。

そのはずだったのに——ベルタは、いつまでも帰ってこなかった。

警邏隊の詰め所、そこに併設されている街牢には、その頃、多くの暴動犯が捕まって取り調べを受けていた。そのため、些細な窃盗の事情聴取は後回しにされたのだ。ベルタは、暴動犯の群れと一緒くたにされて、粗末な牢に放り込まれた。粉雪の舞う、寒い冬のことだ。

アリアたちはベルタに会いに行こうと必死になった。連日のように牢に押しかけたが、暴動犯の残党を警戒していた衛兵たちに、乱暴に追い払われた。

年齢を理由に釈放を求めたが、個別の手続きをしている余裕はないと言う。それでも強く解放を求めると、今度は法外な保釈金をふっかけられた。

子どもたちは日に日に焦りを募らせた。

寒い、病まで流行っていた冬だ。

不衛生な牢に、高齢のベルタが何日も閉じ込められて、無事で済むはずがない。

アリアは今度こそ街路に立った。

純潔でも、歯でも、髪でも、なんでも売ってやると思った。実際にはそこで、ヨーナスと出会った。彼は転んだフリをする少年を助けようとして、財布を掏られそうになっていた。

お人好しに服を着せたような、ぼんやりした男爵は、きびきびとして厳格なベルタとは正反対だ。だが一目会ったときからなぜか、アリアは彼のことを放っておけなかった。

もしかしたら、自分に構わず他人に手を差し伸べてしまう在り方が、ベルタと似ていたのかもしれなかった。

「名ばかり貴族」。けれど、孤児院の子どもから見れば、立派な金持ち。

アリアは、スリの少年を蹴散らして、ヨーナスに近付いた。

彼が押しに弱いのを幸いに、瞬く間に言いくるめ、養女となる約束を交わして、支度金をもぎ取った。

一刻も早く、ベルタを解放する金が必要だったのだ。

ずしりと重い金貨の袋を握り締め、牢へと走る。

これでやっと。ようやく、彼女を取り戻せるはずだった。

しかし――肩で息をし、牢に飛び込んで行ったアリアが見たのは、白い布で顔を覆われた、冷え切ったベルタの遺体だった。

「風邪だって。汚名をかぶってまで追い払ったはずの病魔から、院長だけが逃げられなかった」

蔵に響くアリアの声は、震えを押し殺したせいで、低く、くぐもっていた。

きつく目を瞑れば、浮かぶのは暗い雪空。

雲が重く垂れ込めた、灰色の世界の中で、ひらひらと舞う粉雪と、ベルタの顔に掛かった布だけが、目に痛いほど白かった。

「暴動が収束してからようやく、教会の関係者は青ざめた。長年、慈善事業に貢献してきた高齢の修道女を、獄中死させてしまっては外聞が悪いから。くだんの聖職者は訴えを取り下げた後どこかに身を隠して、教会からは、見舞金の金貨が贈られた」

それは本来、窓掃除で、教会の尖塔から落ちた孤児に贈られるものだ。

だが同じようなものだった。

ベルタは叩き落とされたのだ。精霊に最も近い、清廉な修道女から、最下層の盗人へと。

ラウルが顔色を失ってこちらを見ている。

ヨーナスは今にも泣き出しそうな顔で唇を引き結び、バルトは困ったように、忙しなく床を這っていた。

「でも、院の誰も、そんなの受け取ろうとはしなかった。だってもう、お金ならヨーナス様が手当てしてくれる。一枚ぽっちの金貨で、誰がこの罪を、憎しみを受け入れるの？」

押し殺しても、押し殺しても、体が浮くほどの怒りが込み上げる。

拳が白くなるほどの強さで、アリアは金貨を握り締めた。

「だからあたしが引き取った。戒めとして」

これは形見。これはアリアのせいで失われた命。これは、罪の証。

祈るように両手で押し戴いてから、アリアは再びラウルたちと視線を合わせた。

「正直者は馬鹿を見るのよ。精霊はクソほど性格が悪いから、きれいな魂の持ち主を見つけると、すぐ天に召し上げちゃうの。誠意を尽くそうとしたら、絶対にひどい目に遭う」

その確信は、氷の塊のようなものだった。

アリアの胸に深く根を張って、どれだけ温かな言葉を注がれても溶けやしない。

その閉ざされた氷の世界で、アリアは何度も、ベルタの背中に向かって手を伸ばしている。

待って。行かないで。そちらに行ってはだめ。

けれど想像上の彼女は、けっしてこちらを振り返ることはない。

今、ヨーナスが同じことをしようとしていて、どうしてそれを見過ごせるというのか。

止めるのだ。今度こそ。

誠実で、正しくて、けれど愚かな行為を。

涙が滲みそうになり、アリアは乱暴に目元を拭った。

「だから絶対、自首なんてしない――させない。あんたにとっては、『引き換えに傷を負うほうが馬鹿らしい』くらいの、軽い罪なんでしょ？　だったらいいじゃない。そのまま放っといてよ。あたしにとっては、傷を負うほうがよっぽど軽いのよ！」

血を吐くような叫びに、ヨーナスとバルトは、顎を引いて押し黙った。

「――そんなことはない」

だが、ラウルは静かに反論を寄越した。

「君が無茶をするほうがまし、などということはありえない。それにやはり、感情によって、法や秩序が破られることがあってはならない。報告は行うべきだ」

「だから……！」

アリアは咄嗟に身を乗り出しかけて、それからぐっと拳を握った。

この男が退かないのは、わかっていた。

だって客観的に見て、彼の主張は正しい。

その正しさこそが、アリアを苦しめるのだが、そんなのはベッドから出たくないとぐずる子どもと一緒で、義務を放棄する甘ったれのほうこそが咎められるべきなのだ。

「だが」

俯いたアリアに、しかしラウルは意外な言葉を続けた。

「君を苦しめたくはない」

取られることのなかった手を、引っ込めるのではなく、さらに伸ばす。

包帯の巻かれた大きな手は、繊細な硝子細工に触れるように、そっとアリアの頬を撫でた。

「君は法を犯したがっているのではない。単に怯えている。誰かを傷付けたがっているのではない。傷付いている」

「な……」

「ならば、私は君の心を守りたい。報告を止めることはできないが、君がそれを受け入れられるよう、手立てを考える」

包帯のざらりとした感触が、頰を滑る。

それは同じ音を立てて、心臓を撫でるかのようで、アリアはなんとも無防備な心地で瞳を揺らした。

「どういう、こと？」

「いくつか、やりようはあると思う。ひとつは、わだかまりそのものを解消する方法。もうひとつは、報告についての認識を変える方法。実際、王冠破損の原因といい、宝石所持者の特徴といい、気に懸かる点はある」

彼の優秀な頭脳の中では、今、いったいどんな思考が渦巻いているのか。

宝石のようなアイスブルーの瞳は物憂げに伏せられ、アリアからは彼の考えを読み取ることができない。

軽く瞬(まばた)きをし、視線を上げたときにはもう、ラウルの中で方針は定まっている様子だった。

「どのみち、最近は王都内での小競り合いが多くて、奏上も即日にはできない。陛下への報告は最速で明日になるだろう。だから、アリア・フォン・エルスター。君には一日の猶予がある」

「猶予……」

「それまでに、私は私にできる準備を整える。だから君も、君にできる範囲でいいから、心を整理してほしい。明日の同じ時間に迎えに来るから――そのときには、私の手を取りなさい」

最後にそう命じて、彼は静かに手を離した。

骨張った、けれど意外にも温かだった彼の指先。それが遠ざかっていくのを、アリアはなぜだか心細く感じ、ついで、そんな自分に愕然とした。

悠然とした足取りで去って行く彼を、アリアは無言で見守ることしかできなかった。

バルトが物思わしげに、こちらを見上げていた。

「アリアちゃん……」

静まりかえった蔵で、ヨーナスがぽつりと呟く。

ラウルの二倍ほども生きているだろう彼は、年甲斐もなく目を真っ赤にし、洟を啜った。

「ごめんね」

「……なにが」

「僕が、頼りなくて」

彼は、アメシストの嵌まった指で、ごしごしと目尻をこすっていた。

「ベルタさんの件、もっと、早く踏み込むべきだった。君が、宝石を盗むと言い出したそのときに。気を使ったつもりで、結局は、放置しただけだった。君はこんなに傷付いていたのに」

ごめん、ごめんね、と繰り返す養父に、思わずアリアは嘆息した。

「人を破れやすいレース飾りみたいに扱うの、よしてよ。そわそわする。だいたい、あの時点でそんなこと言われたら、あたしはキレ散らかすだけだって、ヨーナス様ならわかるでしょ?」

「う、うん……。たしかに君は、キレ散らかしたろうけど、でも」

「いいのよ。ヨーナス様はすでに、あたしの金づるになってるんだから、それ以上頑張ろうとしなくていいの。性根のねじ曲がった女のために、泣いてやる必要もない。アホじゃないの？」

素っ気なく言い捨てて、取り出したハンカチでヨーナスの洟を拭いてやる。

「ハンカチくらい持ち歩いてよね。あ、これ返さなくていいから。あと、一緒の洗濯籠に入れたら怒るから」

しんなりとした布を、ぐいぐいと彼の上着のポケットに押し込んでいると、ヨーナスは唐突に言った。

「君の性根はねじ曲がってなんかない」

「はい？」

「君はいい子だ」

なぜだか、怒った声だった。

ヨーナスは、人の良さそうな丸い顔を真っ赤にし、こちらを見つめていた。

「僕を金づるになんて、結局一度もしたことないじゃないか。君が金を使ったのは、すべて孤児院の仲間のためだった。もっと好き勝手に浪費したっていいのに、君ったら、僕に付け込むどころか、楽をさせようとして、金持ちの後妻なんか目指しはじめるし」

「付け込むにはヨーナス様が貧乏すぎるから、やむなくそうしてるだけよ。あたしは、男爵のみみっちい財産なんかじゃ満足できないの」

「嘘だ。出会ったときから、君は僕を助けてくれた」

「ぼんやりした貴族が、あたし以外の子にカモられそうになってたから、蹴散らしただけよ」

「違う！」

バルトがびくりと尻尾を揺らすほどの声量だった。

「あのとき、僕は貴族の格好なんかしていなかった。騒動に巻き込まれた僕を、周りは誰もが遠巻きに、冷ややかに眺めていたのに、君だけが飛び込んで来てくれた。はきはきした声で相手を罵倒して、きらきらした瞳で睨みつけて、まっすぐな拳でぶん殴った！」

「褒めてるの？　貶（けな）してるの？」

「君は、暗闇に突然現れた太陽みたいに輝いていたって、賞賛してるんだよ！」

当惑したアリアに向かって、ヨーナスは一息に言い切った。

「妻と娘を亡くしてから、僕はまるで、光の射さないトンネルの中をずっと歩いているような心地だった。なにもかもが遠く感じて、暗くて、重くて。周りは腫れ物に触るようにして、近付かない。でも君が――君だけが、あの日、僕にまっすぐ駆け寄ってきてくれたんだ」

本当はあの日、関係のあった修道院を訪ねて、出家の打診をするつもりだったのだと、ヨーナスは告白した。

生きる希望も、目的もない。財産はすべて投げ出して、俗世を去ってしまおうと。

けれどそこに、アリアが現れた。

琥珀色の目は、いつも怒ったように吊り上げられていて、きらきらと輝いている。

物怖じしない話し方に、躊躇いもなく距離を詰めてくる度胸。

ちょっと聞いてんの、おじさん！　と強く肩を叩かれたとき、ヨーナスの心はどれほど揺さぶられたか知れない。

誰かの手触りを——娘と同じ、遠慮のないぬくもりを感じたのは、久方ぶりのことだった。

強い感情を宿した、命の塊のような女の子。

アリアのことを、ヨーナスはまっすぐに見つめた。

「君は努力家だし、すごく真面目な子だ。養女になった途端、血を吐くような努力を重ねて、品行方正な、文句の付けようのない女の子を演じるようになった。僕が孤児を囲い込んだと醜聞が立たないようにだ。間違っても、売春だと誤解されないように」

「……そっちのほうが誤解よ。単に、行儀のいい女を演じたほうが、裕福な独居老人を引っかけやすいからだわ」

「いいや、君は優しい子だ。つんけんしているくせに、本当は身内に誰より甘くて、見捨てられない。なんでもかんでも自分の責任として抱え込んで、途方もない無茶をする」

「してないわよ、そんなこと」

むっとして否定すると、ヨーナスは一層むきになった。

「いいや、してるね！　具体的には、『私を襲って！』と誘惑のポーズを決めながら盛りのついた男の前に飛び出すような無茶ばかりしてるね！　そんなに僕が大切か！」

「全っ然誰のことも誘惑なんかしてないし、全っ然ヨーナス様なんて大切じゃないし！」

「いや絶対周囲を誘惑してるし、君は僕のこと好きだし！　いいかい、君が逃げれば逃げるほど、あの男は君を追いかけまわすんだからね！　ああいう冷静に見える男ほど、むっつりなんだよ！　僕にはわかる！」

「キモいこと言わないでよ、ヨーナス様のばーかばーか！」

『もうちょっと精神年齢高めに親子げんかできねえのかよ、おまえら……』

どんどん内容が低年齢化してきた口論に、バルトがぼそりと突っ込みを入れる。

精霊の声は聞き取れなかっただろうが、ヨーナスはふと、「とにかく」と眉尻を下げた。

「君はいい子で、僕の大切な家族なんだ。君が僕を見捨てられないように、僕だって、絶対君に傷付いてほしくない。無茶なんか、してほしくない」

「…………」

真正面からの言葉に、アリアが怯んだように押し黙る。

ヨーナスは、小さな子どもにするように、優しく、俯いた頭を撫でた。

「ごめんね。もっと早く言えばよかった。僕は捕まったりしないし、君を置いていきもしないよ。大丈夫だから……怖くないから、事態がこれ以上難しくなる前に、ほかの人の手を借りに行こう」

ゆっくりと髪を梳く手には、なんの下心もない。

労りと、感謝と、詫びと。

それから、どこまでも温かな親愛だけが籠もった、ふくふくとしたヨーナスの掌。

情けなくも涙が出そうで、アリアは下を向いたまま、床を必死に睨みつけた。

「……どうせ、あたしが納得しようがしまいが、自首しに行くんでしょ」

「うん。それはそうなんだけど。でも、納得してほしいな。どうしたらいいんだろう。自首って言葉が重いのかも。報告……連絡……、相談と思うとか、どう？」

「いっそ、密告とか告げ口なら、意気揚々とその日中に登城してやるのに」

「うーん、ぶれない攻撃性だ」

がくりとうなだれたヨーナスの胸に、アリアはそっと額を押し付けた。

すると養父は、ごく自然にぽんぽんと背中を撫でてくる。

「君のその苛烈さはどうにかならないものか……いや、いい子だけど……大切な娘だけど」

ぼやく彼は、アリアのほうこそどれだけヨーナスを大切に思っているか、わかっているのだろうか。

そうとも。先ほどは否定したが、アリアはヨーナスが大切だった。

真っ暗な世界に光を射し込んでくれたのは彼のほうだ。

ベルタを牢に囚われて、息もできないほど追い詰められていたところに、彼だけが手を差し出してくれた。

上から金貨をばら撒くのではなく、視線を合わせ、手にしっかりと財布を握らせて。

哀れみも下卑た欲望も込めず、ただ真摯な表情を浮かべ、「よかったら、これを使って」と、アリアの背中を押してくれた。

ベルタがもういない今、アリアにとって、彼だけが守りたい存在なのだ。

もう二度と、正直者が馬鹿を見る状況など、許したくない。

どう言葉を飾ろうと、自首なんて、やはり嫌だ。

(そうよ、密告ならいいのに)

国宝破損の原因が誰かほかの人間にあって、それを告げるということなら、アリアはすぐにでもラウルの手を取って、いいや、彼が止めても王城に言いつけに行っただろう。

大げさに騒ぎ立て、思い切り責め立ててやるのに——。

(待って)

そこまで考えたとき、脳裏にふと、ラウルの声が蘇(よみがえ)った。

——王冠破損の原因といい、宝石の所持者といい、気に懸かる点はある。

先ほどの発言は、どういう意味だったのだろう。

(『破損の原因』。たしかに、王冠はなんで、腐っちゃったんだろう)

大罪だの、精霊だの、封印だの、超常現象ばかりを並び立てられてしまったから、「そういうもの」となし崩しに受け入れてしまっていたが、そもそもなぜ、封印は解かれてしまったのだろう。

それに、もう一つ。

(『宝石所持者の、特徴』?)

大罪の憑(つ)いた宝石の持ち主には、なにか繋がりがあるとでもいうのか。

頭の奥に何気なくしまい込んでいた違和感のかけらが、不意に繋がってゆく。

そうだ。自分はとうに、その答えをラウルから差し出されていたではないか。

——宝石を盗まれたのはどこも、現王陛下に親しく、献身的に尽くす忠臣ばかりだ。

「…………」

アリアは無意識に、息を呑んだ。

的外れな推論として、聞き流していたその発言。

けれど彼の言うとおり、そこに意味があったのだとしたら？

「アリアちゃん？」

突然顔色を変えて身を起こしたアリアに、ヨーナスがきょとんと首を傾げる。

「どうしたの、お腹でも空いた——」

「ヒルトマン家にクレーベ家、マイスナー家って、どこも、王様の忠臣なの？」

発言を遮って尋ねると、ヨーナスは軽く目を瞬かせ、それから頷いた。

「そうだよ。勤勉なるヒルトマン、忍耐深きクレーベ、謙虚なるマイスナー。皆、有名ではないけど、人格者でねえ。彼らが王を支えているからこそ、謀反からたった三年で、これだけ治世が安定した。臣下に恵まれるのも、陛下の人徳があればこそなのだろうけど」

近頃のヨーナスは口を開けばすぐ「窃盗行為をやめよう」と言い出すので、宝石の所持者についてじっくりと語るようなことはしてこなかった。

だが、社交界に飛び込んでたった数年のアリアとは異なり、下級とはいえ、彼は生粋の貴族なのだ。その知識は、アリアとは比べものにならぬほど深かった。

「だから、そんな彼らから家宝をかすめ取るというのが、僕は本当に心苦しくて……。まあでも、大罪に憑かれたままでは、もっと大変なことになっていたろうしね。だからけっして、アリアちゃんを責めているわけではなくて」

ごにょごにょと続けるヨーナスの、前半部分の発言にアリアはそうだと頷いた。

そうだ、大変なことになっていた。

もしも、「王に忠誠を誓う心清らかな家臣ばかりが」、大罪に魂を蝕まれてしまったなら。

(もしかして……誰かが意図的に、三人を狙った?)

いいや、王妃を含めれば四人だ。皆、王を献身的に支える者たち。

きっと偶然ではない。

最初に閑職のヨーナスが狙われたから、てっきり大罪は手当たり次第に取り憑くのだろうと思い込んでいたが、それだけが例外だったのだ。

アリアは床を這っていたバルトを両手で握り締め、がくがくと前後に揺さぶった。

「ねえバルト。あんた、大罪は、上等だったり、大切にされている財宝に宿るって言ったわよね。その性質は、誰もが知ってるものなの?」

『ゆ、揺さぶるなよ! さ、さあ、俺にとっては常識だけど……。「力ある財宝」に宿りやすいのは精霊だって同じなんだ。ちょっとでも精霊や、宝石に詳しい人間なら、誰でも知ってるんじゃゃねえ?』

目を回しはじめた相棒をぱっと手放すと、今度は養父に向き直った。

「ヨーナス様。名鑑に登録される家宝っていうのは、先祖代々受け継がれるものじゃないの？」

「いいや。その家の当主が大事にしているものは皆『家宝』だからね。来歴は様々だよ。もちろん、先祖代々の品を登録することもあるし、愛人から本妻になった女性が、正当性を主張するために、安物の結婚指輪を登録することだってある」

質問の意図を摑めなかったらしいヨーナスは、首を傾げながら答えた。

元は金細工師の一族だけあって、宝石の来歴や登録事情については詳しい。

「あとは、下賜品とか。たとえば、それこそ、ヒルトマン家のエメラルドや、マイスナー家のサファイアは、暴動鎮圧の功績を称えて、数年前に陛下から贈られた品だしね。クレーベ家のガーネットは、たしか孫の誕生祝いに陛下から贈られた――」

だがそこで、妙な符合に彼も気付いたらしい。言葉を途切れさせ、目を見開いた。

「……大罪が取り憑いた宝石のうち、三つが陛下からの下賜品？」

『おいおい、なんかきな臭えな』

バルトまでもが驚いて顔を上げる。

アリアは「四つよ」と素早く訂正した。

「王妃様の嫁入りの際に、ルビーを贈ったのも王様でしょ。なら、七つの内、少なくとも四つは王家の贈った宝石だったたってことになる」

「ど、どういうことなんだい。まさか陛下が、忠臣たちに大罪を取り憑かせようと？」

『意味わかんねえな。忠臣を悪徒にしちまったら、最終的に自分が苦しむだけじゃねえか』

怪訝そうに尻尾を揺らしたバルトに、アリアは頷いた。

その通りだ。忠実な家臣に大罪を憑かせては、むしろ王は困難に陥る。

せっかく暴動で離れた人心を取り戻しつつあるのに、忠臣、賢妃と名高い周囲を、悪に蝕ませてしまっては。

だからきっと、真相は逆なのだ。

王を陥れたい人物が、王に忠誠を誓う人物に、大罪の憑きやすい宝石を送りつけた。

「下賜品の内容まで、いちいち王様が決めるわけじゃないんでしょ。素案を上げたり、手配を任されたり、そういう、実務担当の人間がいるはずよ」

慎重に切り出したアリアの意図を、ヨーナスは即座に理解した。

額に手を当て、ぶつぶつと呟く。

「そうだ……そうだね。たしかに、詳細は全部会議で決まる。下賜品を決める会議の出席者は誰だろう。褒賞や人事にも関わる話だから、上位貴族だけのはずだ」

だがすぐに、途方に暮れたように眉を下げた。

「ごめん、アリアちゃん。末端貴族の僕じゃ、会議の出席者も、進み方も把握できないよ」

「そうね。わかってる」

アリアは静かに頷く。

自分でも驚くほどすんなりと、取るべき方針が固まっていた。

「あたし……今すぐ、ラウル・フォン・ヴェッセルスに、会ってくる」

ラウルの手を取るのだ。

驚いた様子で振り返ったヨーナスたちに、アリアはばつが悪そうに唇を尖らせた。

「べつに、求婚を受けるわけじゃない。情報を聞き出すだけよ。こっちの事情を把握していて、しかも情報をくれそうな高位貴族の知り合いなんて、あいつしかいないんだもん。それで、その情報を携えて、お望み通り登城してやるわ。密告しにね」

そう。彼は「報告についての認識を変える」と言っていた。

おそらくラウルも、この一連の事件にきな臭さを感じていたのだろう。王冠破損には、エルスター家の不手際でなく、なにか深遠な事情があるのではないかと疑っていた。

だとしたら、報告に上がる行為は「自首」なんかではない。ヨーナスは罪人ではなく、むしろ被害者だ。ならばアリアは、扉を蹴破る勢いで王城に飛び込んでやる。

そのためには、大罪に憑かれることとなった人々が、どうした経緯で宝石を持つに至ったかを、調べる必要があるのだ。ただ、それだけ。

それだけだが――ラウルが差し出してきた手を、躊躇いなく取れる今の状況に、どこかほっとしている自分がいた。

「じゃあ、行ってくる。今ならまだ追いつけるかもしれないし」

「待って、アリアちゃん」

善は急げ、と踵を返したアリアを、ヨーナスが呼び止めた。

「それなら、これも持っていってくれないか」

彼が上着のポケットから引っ張り出したのは、くしゃくしゃに折れてしまった、数枚の紙だった。

「待って、今、鼻水に濡れたハンカチと同じところから出した、それ？」

「ご、ごめん。でもインクは滲んでないから」

あたふたとしながら彼が広げたそれには、見知らぬ言語が並んでいた。

「なにこれ？」

「ガザラン小王国の、例の冠に関する伝承を調べたんだ。もしかして昔にも、冠が溶けたり、大罪が逃げたり、ということがあったんじゃないか……そうしたら、原因や対策がわかるかもしれないと思って」

ヨーナスはここ最近、王立図書館に籠もっては、史料を書き写していたのだと聞き、アリアは目を見開いた。

自分が宝石を回収している間に、養父は養父で、王冠破損の原因を明かすために奔走していたのだ。

「語学は不得手だから、ずいぶん時間がかかっちゃって……。僕と同い年くらいの親切な司書がいて、彼が手伝ってくれたから、なんとかここまでは訳せたんだけど」

ふっくらとした指が示す箇所には、原文と思しきガザラン語と、ヨーナス自身が添えた訳文とが書かれていた。

宝石についての記述は難解で、訳文も途切れ途切れだ。

その後に、七つの大罪がいかに邪悪なものであるか、またそれを封じたかつての英雄がどれだけ偉大であるかの記述が続き、文はこう締めくくられていた。

――金の枷を解くなかれ。一滴の……さえ、時をかけ、大いなる災厄を導く。

「結局、詳細を記した文献は見つからなかったし、意味も、完全にはわからなかった。手掛かりにはならないかもしれない。でもなんだか、この『金の枷』という部分が気になって」

これは僕の推論でしかないけど、と前置きしつつ、ヨーナスは続けた。

「金の枷って、台座の部分なんじゃないかな。大罪を、台座が枷となって封じていた。ここの語がわからなかったんだけど、一滴の……とにかくほんのわずかな傷とか、油断でさえ、枷全体を弱らせて、封印が解かれてしまうっていうことなのかな、と」

「すごい」

『すげえ』

いつもぽやんとしている養父の、初めて見せた推理力に、アリアたちは思わず心からの賛辞を送った。

「ヨーナス様、ガザラン語が読めるの?」

「い、いや、司書が手伝ってくれたからで……。肝心の、台座がどう傷付くといけないかもわかっていないし、そもそも、僕の管理が悪くて傷が付いてしまったのかもしれないし」

「なに言ってんの。王冠は蔵に入れたきり、ずっと放置してたでしょ。自然に傷が付くはずないじゃない」

　思わず、興奮に声が弾んだ。

　王冠は、エルスター家以外の誰かに傷付けられたのだ。たとえば、運搬時。あるいは、審査の際。金の台座を少し傷付けるだけでいいなら、誰でも「封印の解除」は可能だということだ。

　そしてその人物がわかれば、いよいよ破損はアリアたちの責任ではなくなる。

「わかった。貸して。あの上出来な頭をお持ちの聖騎士に、それも解読してもらう。使えるものは全部使わなきゃ」

「う、うん。よろしくね。いや待って、心配だから僕も一緒に行くよ」

「一人でできることを二人でやっても仕方ないでしょ。聖騎士殿の屋敷にはあたしが行くから、ヨーナス様は王立図書館に行って、関連文献を全部借りてきて。王様に『密告』するときに、あったほうがいい」

「そうか。そうだね」

　先ほどまでとは打って変わって、意欲が満ち溢れている。アリアは次々と指示を飛ばした。

　バルトもいそいそと肩に乗り、身支度を済ませたアリアとヨーナスは、玄関で別れる。

「行ってらっしゃい、ヨーナス様」

「うん。アリアちゃんも気を付けてね。あと、うっかり場の空気に流されて、求婚に頷いたりしないでね。心から愛し合っているなら止めないけど、でもやっぱり、ちょっと展開が早いっていうか、心の準備がっていうか……」

「どんな流れに乗ったらそうなんのよ。『質草としての婚姻なんていらない、結婚するまでもなくあんたがあたしに尽くすのは当然のこと』、って突き付けてやるわ」

「それでこそアリアちゃんだ」

ヨーナスはほっとしたように笑って、一つ先の馬車で去っていった。

（……もっと早く、周りに頼っておけばよかったのかな）

もう一台の馬車に乗り込みながら、アリアはふと、そんなことを思う。

ヨーナスの言うとおり、早々に報告に上がっていれば。

ラウルが追いかけてきた時点で、頼ってしまえば。せめて、素直に事情を告白していれば、もっと早い段階で、ここまでこぎ着けていたかもしれなかった。

（なんでだろう。どうしても、抑えられなかった）

自分はもう少し、要領のいい人間だと思っていたのだが、今回については、感情が勝ちすぎた。大切な相手のことだと見境がなくなってしまうのは、きっと自分の悪癖なのだろう。

アリアは己を戒めるように、胸に下げた金貨を握り締めた。

「行こう、バルト。今度はあたしが、あの男を捕まえにいかなきゃ」

『おう』

瞳をきらりと光らせ、二人はヴェッセルス家への道のりを進んだ。

馬車を急がせれば、途中で追いつけるかもしれないと思っていたが、意外にも彼の馬車は見当たらない。優雅な外見に反して、なにかと移動の速い男である。

（んもう、追いかけても捕まえられないって、すごく苛々する）

初めて逆の立場に置かれ、舌打ちを漏らしそうになりつつ、アリアはとうとうヴェッセルス家に到着してしまった。

仕方がないので、しっかりと猫をかぶりなおし、「可憐な男爵令嬢」として扉を叩く。

夕暮れの訪問など非常識だが、幸いにも、今のアリアには絶好の口実があった。

「突然の訪問をお許しくださいませ。聖騎士様が、手に傷を負ったと伺い、居ても立ってもいられず……。精霊の加護の宿った薔薇の露をお届けしたくて」

籠には、小道具として仕込んでいた香水瓶がそのままになっていたのだ。

驚く家令や使用人たちに、楚々とした態度で応答しつづけ、アリアはとうとう、ヴェッセルス家の応接間にたどり着くことに成功した。

「恥じらいつつも、どうしても愛しい方のお役に立ちたい」と決意を滲ませた態を演じると、使用人たちからは「頑張って」と言わんばかりの、温かな視線が返ってくる。

どうやら、屋敷中の皆が、堅物令息の初めての「恋路」に興味津々であるらしい。つくづく、可憐で無害な美少女を演じてきてよかった。

飲み物を出され、待つことしばし。

香り高い紅茶が冷めてくるのに比例して、アリアの機嫌も着実に急降下を始めた。

ラウルが全然やって来ないからだ。

「なんですぐ来ないのよ。レディを待たせやがって。百年先まで根に持つぞ」

『おい、声にドスが利いてるぞ、気を付けろ。誰かこっちに来てる』

バルトは窘めつつ、やがて首を傾げる。

『ん？　あいつの精霊力じゃねえな。精霊力っていうよりむしろ――』

「ええ？」

アリアが、肩に乗ったバルトを振り向いた瞬間、応接室のドアが開いた。

「やあ、淑女をお待たせしてしまって申し訳ないね」

ただし、入ってきたのはラウルではない。それより年嵩の、気さくな雰囲気の男だ。

「ごめんね、アリア嬢。ラウルのやつは夕方頃から出かけて、まだ戻っていないんだ。じきに帰ると思うから、それまで、僕と話さないかい？　あの子の意中の相手というのに、つい興味が抑えられなくてさ」

張りのある声に、品良く調えられた衣装。

彼が器用にウインクを決めた瞬間、肩のバルトが、小さく息を呑んだ。

『気を付けろ、アリア』

機敏な動きでソファに腰を下ろし、膝の上で優雅に両手を組む男。

「ああ、申し遅れてしまった。僕はドミニク。ラウルの叔父だ。三年ほど前かな、エルスター家の蔵の定期視察に加わった際、会ったことがあると思うんだけど、覚えているかなあ」

指先に触れたダイヤを無意識に弄ぶ彼を見て、バルトは唸るようにして告げた。

『こいつの指輪に……「強欲」が憑いてる』

8 ダイヤを巡る攻防

「ラウルのやつも隅に置けないな。こんな可愛らしい女に慕われているなんて」

「そんな……。ご迷惑でないことを祈るばかりでございます」

「君に好かれて、迷惑に思う男なんて、きっと目か心の病を患っているんだよ。そんなやつがいたら、僕が名医を紹介して、仲介手数料をぶんどってあげるから、教えてね。報酬は山分けしよう」

「まあ、ドミニク様ったら。ありがとうございます」

「本心だよ。あ、紅茶、よければ飲んでね。お気に入りの銘柄なんだ。香りがいいでしょ？」

大罪に憑かれているというドミニク・フォン・ヴェッセルス。

彼と話してアリアが最初に思ったのは、ずいぶんとまともに見えるな、ということだった。

「色欲」に蝕まれて息を荒らげていた王妃やラウル、「暴食」に意識を乗っ取られて草を食みだしたヨーナスに比べれば、いたって穏やかというか、理性を保っているように見える。

（「強欲」が憑いてから日が浅いのか……それとも、ダイヤが小粒だから、大罪も分割されてるとか？）

恥じらいがちに会話に応じながらも、アリアは冷静に、目の前の男を観察した。

整った顔立ちに、人好きのする笑顔。派手すぎない品のよい装い。

抑揚のある口調、大罪に憑かれてなお統制の取れた動き――いや、どちらかといえば、制御されすぎているように見える。

（こいつの笑顔は、完璧すぎる）

アリアは密かに、警戒心を強めた。

どんな人間だって、長く話せば話すほど、ちょっとした欠点や悪癖、鼻持ちならない態度が見え隠れするものだ。天才的に話のうまい人間だって、十話題を振れば、一つくらいは微妙な相槌を返してしまったり、間が空いてしまったりする。

けれどドミニクにはそれがない。

話題は常に淀みなく変わり、笑みは不自然さを感じさせない絶妙さで保たれ、相槌のタイミングも一度として外さない。

彼の視線は、こちらが脅威を感じない程度に逸らされ、けれど要所要所でしっかりと相手を射貫いた。アリアが首を傾げれば、彼も一拍遅れて首を傾げ、アリアがソファに座り直せば、やはり彼も、ごく自然な間を開けてそれを追いかける。

これを十分も続けられれば、人はたちまち、彼のことを好きになってしまうだろう。

(こいつ)

相手の歓心を買う研究を続けてきた、アリアだからこそ直感した。

(人の心を操ろうとしてる。なんか、すごく嫌い)

ドミニク・フォン・ヴェッセルスは、非常に支配欲の強い男であると。

もしや、「傲慢(ごうまん)」に心を染められてしまったマイスナー伯爵と同様に、ドミニクもまた、「強欲」に蝕まれたことで、性格が変わってしまったのだろうか。

その気のない相手から関心を「引き出す」、好意を「奪う」。そのための手管を使っている姿がこれなのだとしたら、説明は付く。

(だとしたら、大罪は彼の魂に、相当深く食い込んでる。心して引き剥がさなきゃ)

アリアはにこやかな笑みの下でそう覚悟を決め、ドミニク救済のための策を練り始めた。

『アリア、アリア。色男だからって話し込んでんじゃねえよ。さっさとずらかろうぜ』

と、膝(ひざ)の上をちょろちょろと走っていたバルトが呼びかけてくる。

『さすがに、事前準備もなしに、いきなり指輪は引っこ抜けねえよ。ラウルの叔父っていうなら、ラウル経由で回収すりゃいい。なんか嫌な予感がするんだ、さっきの今で、無茶することねえよ』

どうやらバルトは、完全に腰が引けてしまっているらしい。

目の前に大罪があるというのに、発破をかけるどころか撤退を呼びかけるなんて、すっかり、ヨーナスやラウルの属する「無茶するな」隊に加わってしまっているようだ。

（考えてみれば、最近ずっとこんな調子だけど）

いったいいつからバルトは、こんな弱腰になってしまったのか。

宝石をすべて回収しないことには、精霊としての命だって危ういくせに、そんな調子で大丈夫なのだろうか。

アリアがしれっと聞き流していると、バルトは苛立（いらだ）ったように尻尾をぴしぴし打ち鳴らした。

『おい、変なこと考えてんじゃねえぞ。止めてるんだからな。ここで危険に突っ込もうものなら、俺は怒るからな。ヨーナスも、あのラウルだって、絶対めちゃくちゃ怒るからな！』

肩で怒鳴り立てるので、一般人（ドミニク）には精霊の姿が見えぬのをいいことに、アリアは埃（ほこり）を摘（つ）まむふりをして、バルトの尻尾を摑（つか）んで首元まで引き寄せた。

『ちょっ！　おいこら！』

騒ぎ立てる相棒のために、紅茶のカップを取り上げ、口元を隠しながら小声で告げる。

「ならバルトがあの男を呼んできてよ。あたしじゃ身動きが取れない」

『強引に会話ぶった切りゃ済むだろうが！』

紅茶のカップを傾ける。

さすが伯爵家、高い茶葉を使っていると見える。花のような香りだ。だが、ドミニクがなにかを仕掛けてくる可能性も視野に入れ、紅茶は飲む「ふり」に留（とど）めておいた。

傍目（はため）にはゆっくりと紅茶の香りを味わいながら、カップの下で、アリアは早口でバルトに囁（ささや）いた。

「無理よ、動けない。自然に見えるけど、巧妙に引き留められてる」

これは半分言い訳で、だが半分は事実だ。

ドミニクの話運びは如才なく、早口でも威圧的でもないというのに、「ではそろそろ」と切り出す隙をこちらに与えない。

なんとなくだが、こちらがどれだけ強引に会話を打ち切ろうとしても、たとえばほかの話題を突き付けて、あるいは紅茶を引っかけてでも、彼はアリアをこの場に留めようとするのではないかと思われた。

同じ手口を思いつくアリアだからこそ察知できる、それは独特な緊張感だ。

彼がなぜこちらを引き留めるのかわからない。けれどなにか、彼には思惑がある。

甥（おい）についた悪い虫を見定めようとしているのか、――それとも、「鳥（ラーベ）」の正体を勘付いたのか。

『でも……』

「早く。あんたが呼びに行くほうが早いでしょ」

カップを傾けること、三回目。

バルトは逡巡（しゅんじゅん）の末に頷（うなず）いた。

『わかった。あいつの精霊力を辿（たど）るなら、俺のほうが適任だもんな。戻ってくるまで、くれぐれも無茶すんなよ』

再三念押しして、するりと扉の下から消えてゆく。

（そういうの、巷（ちまた）じゃ『フリ』って言うんだけどね）

アリアは視線を引き戻しながら、カップを下ろした。

その拍子に、手の一部がネックレスを掠める。

（さて）

位置を直すふりをして金貨を軽く握り締める頃には、アリアの意志は固まっていた。

（あのダイヤ、どうやってかすめ取ってやろうか）

もちろん、ラウルが駆けつけてくる前に、仕事を終えるつもりだった。

だって、目の前に狩るべき獲物があって、自分には狩るべき理由があって、どうしてのんびりと、他人の助力なんかを待たなくてはならないのだろう。

そうとも。王に諸々の報告をするとは決めたが、べつに回収を中止するとは言っていない。

ヨーナスのためにも、バルトのためにも、宝石は揃っていたほうがいいに違いなかった。

（おだてて指輪を見せてもらう、っていうのが自然かな）

おずおずと紅茶の感想を述べながら、頭ではそんなことを考える。

この顔で決める上目遣いと賞賛は、特に男性相手ではかなりの成功率だ。ドミニクが警戒心の強い人間であっても、指輪を見せびらかすことくらいはするだろう。話の流れ上、断る理由などないのだから。

だが、指輪を首尾よく抜き取ったところで、「それじゃ」と立ち去れるわけもないだろう。

この男を振り切るためには、昏倒させるくらいのことは必要そうだ。

（やっぱり鈍器？　ああ、洗剤さえあれば、気絶なんて簡単にさせられるのに）

悔しいが、バルトの言うとおり準備不足だ。ここは日を改めるべきだろうか。

だが、せっかく大罪付きの宝石を見つけたのだ。せめて経緯くらいは聞き出しておきたい。

彼はどうやってこの指輪を得たのか。

もしそれが、誰かから最近贈られたものならば、きっとその人物こそが黒幕だ。正体がわかれば、この騒動は一気に解決にまで持ち込める——。

「ああ、楽しくてすっかり話し込んでしまったな。困った、日が暮れてきたぞ」

と、ドミニクが思い出したように、窓の外を振り返る。

彼は笑みの名残を残したまま、親しげにテーブルへと身を乗り出した。

「肝心の用件を済ませていなかった。ラウルのために朝露を持ってきてくれたんだよね。彼はまだ帰らないようだから、よければ僕が預かろうか?」

「まあ。お手を煩わせてしまうようで申し訳ないです……」

(ははは こいつには泥のついたコートさえ預けたくないけどね)

警戒心も相まってか、この時点でドミニクへの信用度はゼロだった。

彼の外面は完璧だと思うのに、思うからこそ、本能的な嫌悪が先立つ。大罪に憑かれると、人はこんなに魅力を損ねてしまうものなのかと思えば、多少哀れのような気もするが。

とはいえ、瓶の受け渡しは、指輪に触れるまたとない機会である。

アリアは話に乗ることにした。

「ですが、もしご迷惑でなければ」

「迷惑なんてあるものか。ラウルもきっと喜ぶよ。いやそれとも、直接受け取りたかったと悔しがるかな」

「あまりわたくしを調子に乗らせないでくださいませ。あの方に、そんな風に思っていただけるなら、天にも昇る心地ですわ」

「はは、いいねえ。そんなにラウルのことが好きなんだ」

「そ、それ以上、仰らないで」

歯の浮くような受け答えをしながら、瓶を手渡す。

その瞬間、アリアは、あたかも今気付いたというように、ドミニクの手に向かって軽く目を瞬(しばたた)かせた。

「まあ。素敵な指輪ですのね。どなたかからの贈り物ですの？」

「ああ、これかい？　父が爵位を退いたときに、財産として受け継いだんだ。貴族が身につけるにしては貧相だけど、気に入っていてね。もう十年以上、ずっとこれしかつけてない」

「貧相だなんて、とんでもない。自身は主張しすぎずに持ち主を引き立てる、とても調和の取れた美しさですわ」

ちなみにこれは、アリアが地味な女性を褒めるときの常套句(じょうとうく)である。

（父親からの遺産？　なら、王様から最近贈られたものじゃないってこと？）

賞賛の表情を浮かべながら、アリアは素早く思考を巡らせた。

もしやドミニクのダイヤは、ヨーナスのアメシストと同様、黒幕の意図とは無関係に憑かれてしまったものなのだろうか。

だが、ドミニク・フォン・ヴェッセルスといえば、現伯爵の懐刀。

彼が王の忠臣として、精力的に政務に取り組んでいることは、社交界に入って日の浅いアリアでも知っているほどだ。となれば、彼もまた忠臣の一人として狙われたのかもしれない。

ずっとこのダイヤを身につけているなら、改めて宝石を贈るまでもなしとして。

「わたくし、まさにこうしたデザインの指輪を探していましたの。あの……差し支えなければ、もう少し近くで見せていただいても？」

「そんなに褒めてもらえると、照れちゃうなあ。なにせこれは、僕の唯一の財産なんだ」

にこっと微笑んで、ドミニクが指輪を撫でる。

その瞬間、彼の鳶色の瞳が、ふと暗く淀んだ気がした。

「生まれつき抗えない嫡子との差。どれだけ精力的に国に尽くして、家の権威を上げたとしても、僕が得られるのは、この屑みたいなダイヤだけ」

「え……？」

差し出された手が、ぐにゃりと折れ曲がった気がして、アリアは咄嗟に瞬きをした。

一瞬遅れて気付く。ドミニクの手が曲がったのではない、自身の視界が歪んでいるのだと。

「な――」

「紅茶は気に入ってくれたかな、アリア嬢。君って、本当に素敵な女の子だね」

急に汗が噴き出す。体から力が抜け、まっすぐ座っていられない。

（なん、で……？　飲まなかったのに）

ずる、と背もたれに身を預けたアリアの元へ、ドミニクがゆっくりと回り込んできた。

「柔らかな亜麻色の髪。琥珀の瞳。華奢で、目が大きくて、猫みたいだ。笑顔もいいね。愛らしいのに、わざとらしくない。相槌も適切で、聡明そうだけど、控えめ。それに褒め上手」

でもね、と、指輪の嵌まっていないほうの手を伸ばす。

汗を滲ませたこめかみから、アリアの前髪を払ってやりながら、ドミニクは優しく囁いた。

「そんな完璧な子、君の年齢でいるわけないいんだよ。いるとしたら、それは演技。君は紅茶を飲まなかったね。僕を警戒したから。警戒するだけの聡さと腹黒さが、君にはあった」

ぱちぱち、とわざとらしい拍手をしてみせてから、ドミニクは手を伸ばし、アリアのカップを取り上げた。

たっぷりと残った中身を見下ろして、ふっと笑う。

「でも残念。実はカップの内側に、興奮剤を塗りつけておいたんだ。香りとして揮発するタイプのね。ちなみに解毒剤は紅茶のほうに入ってる。君が素直に紅茶を飲むような、愚かで無害な女の子なら、こんな目に遭わなかったのにね」

「…………っ」

アリアは己の失策を悟った。

毒を警戒したからこそ、紅茶は飲むふりに留めていたというのに、まさかそれが裏目に出るなんて。

「そうそう、それからもうひとつ。君って——小柄だよね」

その言葉に、どんな意味があるのかはわからない。

ドミニクは獰猛な獣のように目を細め、こちらを見下ろしていた。

「あの堅物が、突然君を追いかけ回したときから、妙だと思っていたんだ。君は素敵だけど、その魅力は偽物だからね。なにが彼をして、そうも夢中にさせているのかと。答えは簡単。君が逃げるから、彼は追っていただけなんだ。仕事として」

そのまま、指の背ですうっと頬を撫でるのを、アリアは硬直して見守っていた。

「でも、追いかけているうちに、情が湧いちゃった。彼、あれで、小さくて可愛い生き物に弱いから。……というのが僕の見立てなんだけど、どうかな？『鳥』」

突如、容赦のない力で前髪を摑まれ、カップを再び突き付けられる。

興奮剤を吸わせる気だ。

アリアは咄嗟に息を詰め、顔を背けようとしたが、がくんと大きく頭を揺さぶられ、その拍子に、堪えきれず呼吸をしてしまった。

それがとどめとなったようで、くらりと視界が回りだす。

ドミニクは満足げにカップをテーブルに戻すと、まるで恋人のような馴れ馴れしさで、アリアのすぐ隣に腰を下ろした。

「困るんだよね、せっかくばら撒いた宝石を回収なんかされちゃ。君は、エルスター家管理下の王冠を直したかっただけだろうけど、おかげで、数年がかりの計画がめちゃくちゃだ」

「な、に……？」

理解を脳が拒む。

大罪の憑いた宝石の持ち主は、この事件に巻き込まれた「被害者」。

そんな思い込みのあまり、今の今まで、愚かにも気付けなかった。

ドミニク・フォン・ヴェッセルスは、大罪に取り憑かれた「被害者」などではない。

彼こそが、王の周辺に、上等な宝石をばら撒いていたのだと。

（ああ、そうだ……）

ドミニクは、三年に一度行われる、ヴェッセルス家による視察に加わっていたと言ったではないか。そのときだ。きっとそのとき、国宝に瑕疵（かし）がないか確認するふりをしながら、金の台座を傷付けた。

「まさか、視察の、ときから、仕組んで……？」

「王水（アクア・レジア）」

顔同士を一層近付けて、ドミニクは囁いた。

「ガザランの発明だ。火にくべずして、貴金属を溶かすことのできる奇跡の水。君も、金細工師の一族の養女となったんだから、覚えておこうね。一塗りで、金の台座を傷付けることができる」

脳裏によぎったのは、ヨーナスが懸命に訳したガザラン小王国の文献だった。

――一滴の……さえ、時をかけ、大いなる災厄を導く。

訳せなかった単語は、王水のことを示していたのだ。

特殊な薬液を塗りつけられた台座は、完全な環（わ）の形を損ね、枷（かせ）としての効力を失う。

神聖な冠が、徐々に大罪の力に圧（お）し負け、とうとう封印が解かれてしまう様子が、ありありと想像できた。

「王冠の腐蝕と時期を揃（そろ）えて、忠臣たちに宝石が渡るようにしたのにな。領土も広げぬ臆病な王を、せっせと支える愚物ども。彼らに褒賞を授けるのが、どれだけ苦痛だったかわかるかい？　あいつらのせいで、三年前の謀反は失敗したのに、その功績を称（たた）えるなんて！」

至近距離から、ぎらぎらと瞳を光らせるドミニク。

彼の独白に、少しずつ理解が追いついていく。

褒賞を決める会議。そこに参加できるのは上位貴族のみ。

伯爵の代理も務める、有能なるドミニク。

彼は金鉱を所有する伯爵家の者として、または金細工師の一族として、どの宝石を誰に贈るか、議論を操ってきたのだ。

（三年前の、謀反？）

彼は王を見下しているようだ。領土拡大をせぬ王に業を煮やす――それは、三年前に王政に反旗を翻した、軍部と同じだ。

やたらと潤沢な資金を蓄えていた軍部。金鉱の経営を一手に担うドミニク。

すべてが、緩やかに一本の線に繋（つな）がってゆく。

（でも……だめ、ぐらぐらする……。くそっ、しっかりしろ！）

朦朧としてくる意識に活を入れ、なんとか思考を保つ。

今にも閉じそうな目で睨みつけてやると、ドミニクは「おやおや、粘るね」と愉快そうに笑い、唐突に立ち上がった。

窓辺に近付き、満足そうに夏の夜風を吸い込む。

「まあ、君だけのせいにするのはフェアじゃないか。『暴食』はラウルじゃなくて、どこかのアメシストに憑いちゃったみたいだし、そもそも『強欲』がこの屑ダイヤに憑いちゃったのが、一番の番狂わせだ。てっきり、臆病王の馬鹿でかいダイヤに憑くと思ったのに」

そう言って、彼は軽く指輪に口づけを落とした。

「幸い、僕と『強欲』は相性がいいみたいだけどね。指輪をつけていると、力が湧いてくる」

宝石に「強欲」が宿っていることも、それは持ち主の魂を蝕むことも、もちろん理解しているらしい。

「なぜ、そんな、ことを……」

「わからない？　民に理解させたいからだよ。王は、王妃は、貴族は、信じるに値しないと。愚物に仕切られてすっかり臆病になったこの国には、革命が必要だということをね」

興奮しているのか、ドミニクはだんっ、と窓枠を叩き、町並みを見下ろした。

「王はもっと果断に富むべきだ。この国はもっと戦争をするべきだ。財を蓄え、領土を広げ、皆を一層豊かにする。有能な者はもっと上へ。僕は兄を差し置いて伯爵へ……いいや、伯爵になんて留まらない。さらに多くを手に入れる」

口調は朗々としているが、まるで夢を見ているようでもある。

掌（てのひら）に爪を食い込ませて辛うじて意識を保ちながら、アリアは、自身の推理が正しかったことを理解した。

つまりドミニクは、三年前に謀反が起こった時点から、王政の転覆を目論（もくろ）んでいたのだ。賢王の敷く慎重な治世は、領土や富の拡大を望む軍部派には、臆病に映った。金鉱から得た潤沢な資金までつぎ込んで起こした謀反は、しかし忠臣や、精鋭の騎士たちによって鎮圧されてしまう。だからドミニクは、堅牢（けんろう）な「守り」を蝕むことを思いついたのだ。勤勉で謙虚な家臣を、貞淑な王妃を、そして慎重な王自身を悪徳に染め、求心力を下げるために。

だが予定外のことがいくつか起こった。

ひとつは、「暴食」が、ドミニクの狙ったラウルではなく、小粒のアメシストを所持していたヨーナスに憑いてしまったこと。

それを機に、大罪の存在を知ったアリアが宝石の回収を始めてしまったこと。

なにより、賢王を醜悪な人物に作り替えるはずだった「強欲」が、よりにもよって、ドミニクの持つ小さなダイヤに憑いてしまったことだ。

（こいつ自身は、大罪を制御できると思い込んでるみたいだけど……実際のところ、かなり蝕まれてる）

本分として与えられた以上のものを望み、破壊すら躊躇わぬドミニクの姿は、まさに「強欲」そのものだった。

宝石に憑かれたからそうなったのか、はたまた、おびき寄せてしまうだけの素地が彼にあったのか。答えはおそらく、後者なのだろう。

楽しくて仕方ないというように笑い、ドミニクは唐突にアリアを振り返った。

「君にはずいぶん掻き回されたが、事態はほとんど仕上げの段階だ。今日は記念すべき夜になる。君のことは放置していてもいいくらいだけど……どうしようかな？」

こつ、と近付いてくるドミニクに、先ほどまでとは異なる雰囲気を感じ取り、身を強ばらせる。

鼠をいたぶる猫のような瞳。男がこうした表情を浮かべるとき、ろくなことが起こらないというのは、経験上よく理解していた。

「ラウルと好みが似ているのかなあ？ 僕も好きだよ、小柄な子って。はは、他人のものを取るのだと思うと……なおさらゾクゾクする。すごく、ほしくなってきちゃった」

本来自分のものでないと思うものほど、一層ほしくなるらしい。まさに「強欲」だ。

「言っとくけど、あたしは、あの男のものじゃない。もちろん、あんたみたいな、クソ野郎のものにもならない」

「へえ、それが素なんだ。いいね、嫌いじゃないよ、じゃじゃ馬ならしっていうのも」

ドミニクがゆっくりと手を伸ばしてくる。

全身を走った強い嫌悪感に、アリアは息を詰まらせた。

――君がほしい。

こうして迫って来たのは、ラウルも同じはずだ。なのに全然違う。

ラウルはただ切実にほしがっていただけだった。アリアを支配しようとしなかった。何度も口うるさく諭し、交渉は持ちかけてきたけれど、暴力で言うことを聞かせようとはしなかった。粘つくような獣欲を向けはしなかった。

「もうすぐ帰ってきちゃうかな。このままソファでしちゃおうか。初恋の女の子が、叔父とよろしくやっていた……いいね、一生ものの傷になりそう」

珍しく、アリアが皮肉や罵倒を口にすることはなかった。

それらの時間さえ惜しみ、代わりにドミニクに唾を吐きかけてやったからだ。

――バシッ！

だがその瞬間、激しく頬を叩かれ、アリアの体はソファに叩きつけられた。

「ぐ……っ」

「汚い。僕、そういうのは嫌いだな。大嫌いだ」

「はっ、せっかく、じゃじゃ馬好みって言うから、応えてあげようと思ったのに」

頬を袖で拭ったドミニクが、ぎし、と膝でのしかかってくる。

アリアは咄嗟に虚勢を張った。

（大丈夫。こんなの、なんでもない）

下町育ちだ。少年のふりをして汚れ仕事をしていたのだから、殴られるのや蹴られるのだって慣れている。今は薬でふらついているが、喧嘩は強いほうなのだから。

(黙ってやられてたまるか)

無意識に胸元の金貨を握り締め、反撃を誓った。ベルタの遺した金貨は、握ればいつだってアリアに覚悟を決めさせる。手が細かく震えていることには、気付かないふりをした。

機を窺うのだ。かつてエメリヒにしたように、急所を狙う。

うっとりと耳に唇を寄せると見せかけて、耳たぶを嚙みちぎってやろうか。

身を起こしたところで、急所を蹴り上げればいい。

鼻に嚙みつく。肘で喉を打つ。カップを叩き割って、破片で目を刺す。

なんでもいい。どれかひとつでも、決まってくれれば。

(力を抜くのよ……力を抜く)

スカートの裾に忍び込みはじめた手の感触や、腫れはじめた頬の熱。全身にのしかかる重み。

それらを意識的に振り払い、胸の内で何度も繰り返す。

相手を油断させるのだ。それが、弱者が反撃するときの唯一の戦法。

無力な小動物のように、諦念と従順を装って。おずおずと、相手に身を委ねるふりをする。

できるはず。「可憐で大人しいアリア・フォン・エルスター」を、自分はもう何度も演じつづけてきたのだから。

(力を、抜いて……相手を、受け入れる、ふり)

心臓が狂ったように暴れている。汗が噴き出て、頭ががんがんする。

いやだ。怖い。

けれど竦んでいてはいけない。備えて、やり返すのだ。

「なんて白い、滑らかな肌だろうね。いいなあ。これはちょっと、はまっちゃいそう」

ぐい、と強引に膝を割られた瞬間、アリアは思わず喉を引き攣らせた。

(いや!)

だが叫んだところでなんになる。

誰も助けてはくれないのだ。戦わねば。

息を潜めて、一度身を屈め、それから痛烈な、反撃を——。

(怖い)

はっ、は、と不規則に胸が波打つ。

鼓動に追いつかなかった呼吸が乱れ、涙が滲んだ。

肩を押し返そうとした右手を、関節が抜けそうなほどの強さで摑まれ、頭の上に押し付けられる。金貨を握り締めていた左手も、邪魔だったのか強引に振りほどかれ、右手とひとまとめにされた。

片手でやすやすと動きを封じてしまえる体格の差。

ラウルも似たようなことをしたけれど——彼は「色欲」にやられてなお、アリアの腕を、骨が軋むような強さで握ることはしなかった。

暴れようとした瞬間、頬を打つこともだ。

「い……っ」

「大人しくしていてくれないかなあ。君が嫌がれば嫌がるほど、僕は君を捕らえたくて仕方なくなる。ほしくて、ほしくて、次はなにをするか、わからないよ」

ドミニクの声が興奮に掠れている。

近付いてきた唇に思わず顔を逸らすと、彼はぐいと、アリアの頬を摑んで振り向かせた。

「気分が悪そうだね。でももうすぐしたら、興奮剤がきちんと効いてくる。楽しい夜を過ごそうよ。だって今日は、記念すべき夜になる」

吐き気がして、横たわっているのに全身がぐらぐらする。ドミニクがなにを言っているか、よく聞き取れない。もう、唾を吐きかける力さえ、残ってはいなかった。

（いやだ。怖い。――怖い！）

とうの昔に、精霊を信じることなどやめていた。

だからこんなとき、アリアはなにに縋ればいいのかわからない。

だって、助けを求めて伸ばした手は、いつも宙を掠める。アリアに差し出されていた、ベルタの優しい手は、もうこの世にないからだ。

代わりに差し向けられるのは、忌まわしい男の手ばかり。

押さえつける手。殴る手。そうでなければ、優越感と憐憫をまとわせて、上から「差し伸べる」手。

ああ、それでも二人ほどは、真正面からアリアに手を差し出した男がいただろうか。
一人は財布を握らせてくれて、もう一人は、おかしなことに求婚をしてきた。
だが今、どちらもアリアの前にはいない。いないのだ。
(助けなんて、来ない)
ぎゅっと目を瞑ったそのときだ。
突然、体が軽くなった。
——ガッ!
同時に、鈍い音が響く。
のしかかっていたドミニクの姿が消えていた。
一拍遅れて広がる、ガシャンッ! と窓ガラスの割れる音。
(え……?)
「——下郎が」
ひやりと涼やかな声が降ってくる。
驚きに身を起こし、霞む目でなんとか全容を視界に入れて、アリアは喉を震わせた。
「あ……」
一切の表情を消したラウルが、その場に立っていた。

（予定より時間がかかってしまった）

すっかり朱色より紺色の面積を増やしてしまった空を見上げ、ラウルは整った眉を寄せた。

途端に、周囲を歩く町娘たちが「きゃあっ」と歓声を上げたので、すぐに視線を落とし、歩きはじめる。

精霊じみた彼の美貌は、こんな下町の、視界の悪い夕暮れにあってさえ、周囲の視線を集めてやまなかった。

（本当なら、すぐにでも叔父上に話を伺いたかったが）

エルスター家を出た直後のラウルは、即座に屋敷に戻り、叔父のドミニクを捕まえるつもりだった。なぜなら、この一連の事件に対する違和感が、いよいよ抑えきれなかったからだ。

すなわち、「大罪」に憑かれた宝石の所持者が、王の忠臣に偏りすぎているということである。

ヨーナスたちの発言を信じるなら、「大罪」は持ち主の魂を蝕むらしい。

だとしたらこれは、忠臣たちを狙った工作と捉えるのが妥当ではないか。

ラウルはそう考えた。

よく振り返ってみれば、ヒルトマン家のエメラルドや、マイスナー家のサファイア、そしてクレーベ家のガーネットは、どれも個人が購（あがな）ったものではなく、国王から下賜された品だ。

国王からの品ということは、貴族会議を経て内容が決定されたものということである。

つまり、誰かが議論を操作して、宝石を配することは可能であり、その人物こそが、この件の黒幕である可能性は高いと言えた。

若輩の聖騎士でしかないラウルとは異なり、叔父のドミニクならば、伯爵の代理として上位貴族会議にも出席が許されている。彼に聞けば、どのように褒賞が決まり、与えられているかの情報が得られるだろう。

だが、それを後回しにしてでも、ラウルにはどうしても寄っておきたい場所があったのだ。

だから途中で馬車を飛び降り、舗装の悪い道でブーツを泥まみれにしながら、下町のとある区画を駆け回った。

そして、その甲斐(かい)はあった。

ラウルは、布で厳重に包んだあるものが、ベルトに下げた布袋にしっかり収まっているのを確認すると、長い足で素早く道を進んだ。細い小道ばかりなので、馬車や馬ではなく、徒歩で移動するしかないのだ。

すえた臭いのするこの道は、下町の中でも飲食店街に当たるらしい。

道の両端からぎりぎりまで軒がせり出し、その下の屋台や酒屋からは、夏の夜気と混ざった熱気が、あたり一帯に立ちこめている。

日が暮れるのと比例して、徐々に広がっていく酒の臭いと喧噪(けんそう)──。普段なら、それは活気ある光景として映るのだろう。

しかし今、耳に飛び込む客の声や、テーブルを囲む男たちの表情が、妙な気配をまとっているように思われて、ラウルはふと歩みを止めた。

男たちも、騎士服をまとったラウルをさりげなく観察していたのか、慌てて目を逸らす気配がする。

すぐに杯をぶつけ合って、笑い声を上げだした彼らに、おかしいところはない。

だが、どうしてもなにかが引っかかり、ラウルはしばし、その場に立ち止まった。

（なんだ？）

それは、胸騒ぎ、としか呼べない不確かな感覚だ。

肌がひりつくような、空気が重く感じるような、本能的な警告。

精霊の愛し子と呼ばれるラウルは、常人より身体感覚が優れているためか、あるいは周囲の精霊が呼びかけでもしているのか、ふとした拍子に、こうした勘を発揮することが多かった。

（なにが気に懸かるのだろう）

歩みを再開し、考える。

軽く目を伏せながら、ラウルは感覚を研ぎ澄ました。

あちこちで男たちの声がする。笑い声、野次、罵倒。

ありふれたそれらに混ざって、ときどき交わされる、剣呑な囁き。

多くの男たちは陽気だ。だが、テーブルの合間、店同士の隙間、軒が途切れて暗い影が落ちた場所――ところどころでふと、言いようのない、悪意の凝った気配がする。

時折つんと鼻をつく、独特な臭い。

胃がもたれるようなこれは、店という店が、下町らしく揚げ物ばかりを扱っているせいだろうか。

重く、どろりとした、不穏な気配。

(空気が、淀んでいるな。最近は王都で小競り合いが頻発しているというから、そのせいだろうか。荒れた人心が作り出す空気は——三年前と似ている)

重苦しく、どこか緊張感を孕んだ空気。

それはラウルに、三年前の暴動を思い起こさせた。

軍部が王に向かって蜂起したあの日、ラウルは聖騎士の一人として、王城にいた。

どこからか資金を得て、立派な装備に身を固めた兵に、少数精鋭の騎士として立ち向かったものだ。

あのときの自分は、為すべきことを、すべてしたつもりだった。

城門を破ってなだれ込もうとする兵を倒し、王やその家族を守り抜いた。

暴動の鎮圧後も、叔父ドミニクの提案に沿って、暴動に巻き込まれた人々に見舞金が行き渡るよう、私財を放出したりもした。

騎士として、あらゆる務めを果たしたつもりでいたが——そんなことは、まったくなかったのだ。

——死んだの。死んじゃったの。

アリアの、血を吐くような告白を思い出す。

あの強気な彼女が、目を潤ませていた。声も、金貨を握り締める手も震えていて、その姿は、ラウルの心をどうしようもなく掻き乱した。

いつも目を凛と輝かせている彼女の、あんな心細そうな声は初めて聞いた。

細い体は折れてしまいそうなほど頼りなく、涙をこぼすまいと必死に唇を引き結んでいる顔は、まるで寄る辺ない子どものよう。

暴動の爪痕は、それほどに大きかったのだ。

(私は、騎士としての務めを果たすどころか、三年も嘆き続けている女性の、涙ひとつ止められないでいたのか)

ラウルは知らなかったのだ。暴動があんな形で、いくつもの悲劇を生み出すものだとは。

数日で鎮圧したはずの王城の騒動が、貧しい町に飛び火して、しかも弱き者に広がれば広がるほど、苛烈さを増していくものだとは。

――罪にもならない罪を自首しに行って、死んじゃったのよ。

アリアは仲間を守ろうとしただけだった。ベルタは子どもの尊厳を守ろうとしただけだった。

なのに、片方は心に傷を負い、片方は命を落とした。

薬がなかったせいで。人々が争ったせいで。

誰の手も差し伸べられない、貧しい地にいたせいで。

薄汚い町の中、身を寄せ合うようにして、あちこちで話し込んでいる男たちに目を向ける。

下町の住民たちは、先ほどのアリアとどこか似た表情を浮かべているように見えた。

傷付き、怒りを湛えた顔だ。

（いったい、なんだ……？）

どこからともなく漂う、うごめくような敵意。

肌にまとわりつくようなそれが、いよいよ気になって、ラウルは男たちの一人に声を掛けようと身を乗り出した。

「失礼――」

『やあっと見つけた！』

だがそのとき、下から怒ったような声が聞こえ、動きを止める。

視線を落とせば、足下に、白いトカゲが這っていた。

「君は……」

『宝の守り手、偉大なるバルトロメウス様だよ！　まったく、貴族らしく、大人しく馬車で帰りゃいいのに、こんなところまでほっつき回りやがって』

そうだ、バルト。アリアの相棒を自称する精霊だ。ヨーナスの説明ではたしか、本性は、蔵を守る像に宿っていたドラゴンだが、精霊界での素行が悪くて、トカゲの姿に落とされたとか。

（人語を操るほど高位の精霊なのに、気配が希薄なのはそのためか）

ラウルの精霊力は膨大で、精霊王が顕現しても対等に会話できるだろうと噂されるほどだが、そのぶん、小さき者たち――つまり、風の囁きや火の粉に宿るような、末端の精霊の存在は、姿に気付くことも声を聞き取ることもしにくい。

精霊のほうが圧倒され、畏縮してしまうからだ。

それゆえに、バルトのことも、よほど注意をせねば気配を察知できずにいたのだが――ラウルはふと、白トカゲの声がいつになく聞き取りやすいことに気が付いた。

「君……今朝よりもずいぶん、声が大きくなっていないか。輪郭もくっきりしている」

『んなこた、どおってもいいんだよ！　一大事だ！　いいか、俺とアリアは、おまえを追いかけてヴェッセルス家に向かった。ところがだ』

首を傾げていたら、バルトは苛立たしげに遮り、素早く腕までよじ登ってくる。

咄嗟に差し伸べた掌の上で、精霊は吼（ほ）えるようにして叫んだ。

『おまえの叔父の指輪に「強欲」が憑いてた！　一度撤退しようって言ってんのに、アリアは退かねえ。あいつ、ドミニク・フォン・ヴェッセルスから、今すぐ「強欲」を回収するつもりだ！』

「…………！」

目を見開いたラウルに、バルトは八つ当たりするように尻尾をぶつけてくる。

『あのドミニクってやつ、なんかやばい気配がすんだよ。もしかして「鳥（ラーベ）」の正体に気付いてんのかもしんねえ。だとしたら、アリアが捕まっちまう。早く――ぐえ！』

だが、白トカゲは叫びを中断される羽目になった。

警告を終えるよりも早く、ラウルの拳に強く握り締められてしまったからだった。

「わかった。急ごう」

短く告げるや、ラウルは凄（すさ）まじい勢いで走り出す。

もちろん、バルトを握り締めたままでだ。

『あっ、えっ、ちょ……っ、その、ぐぇ、ごおえええ！』

激しく内臓をシャッフルされたバルトは、末期の叫びのような悲鳴を上げたが、ラウルは構わず走り続けた。

貧民街を抜け、大通りに出ると、待機させていた屋敷の馬車を見つける。だが、馬車に乗っていたのでは間に合わないと判断した彼は、御者から強引に馬を奪い、直接馬を駆りだした。

（なぜ、彼女は無茶ばかりをする）

日の暮れてきた道を全力で飛ばしながら、肩を揺さぶってやりたい衝動を必死に呑み下す。

その冷ややかな佇まいから「蒼月の聖騎士」とまで呼ばれる自分なのに、アリア・フォン・エルスターを前にすると、いつだって、めちゃくちゃに感情を乱されてしまうのだった。

初めて媚を含ませずに、ラウルを見つめ返してきた少女。

あるときは少年、あるときは掃除女、あるときは貴族令嬢と、姿や口調も様々で、会うたびに表情を変える。乱暴かと思えば貞淑で、罵ってきたかと思えばいきなり心の奥底に触れる発言を寄越し、可憐なのかと思えば強かで。

大胆で、こちらが肝を冷やすようなことを平然とやってのけ、頑固で、高飛車で、音のしそうな鋭さで相手を睨みつける。

けれどその瞳は、泣き出しそうに潤んでいる。

彼女は強いが、それは脆さを孕んだ強さだ。彼女は攻撃的だが、それは大切な者を守るための威嚇で、さらに言えば弱さを隠すための虚勢だ。

敵意と警戒心の糸はいつもぎりぎりまで張られ、一歩間違えればふつりと切れそうになる。

華奢な手足を必死に突っ張らせている姿を見ていると、ラウルは無性に、彼女のことを抱き締めたくなる。押しつぶすほどに抱き締めて、安全で温かな場所に運び去りたくなるのだ。

こうした、荒々しいほどの衝動を持つのは初めてのことだ。

ラウルは感情を乱したままヴェッセルス家へと引き返し、馬を繋ぐのもそこそこに、屋敷の中へと足を踏み入れた。

伯爵家令息の帰還に、家令やメイドたちが恭しく迎えに参じるが、彼らに声を掛けることもなく――これも初めてのことだ――、応接室を目指す。

人払いをされているのか、応接室の周囲には使用人を含む人影はなく、扉もぴたりと閉ざされていた。だが、その隙間から聞こえる物音を、ラウルの優れた聴覚は漏らさず拾い集める。

頬を打つような音と、少女の、押し殺した呻き声。

暴力と、アリアの悲鳴。

『ひぇっ』

ラウルの肩に乗り、先ほどまで威勢よく愚痴を垂れていたはずのバルトが、カタカタと震えはじめる。

『あ、あの、聖騎士の旦那、ちょ、ちょっと、その、凶暴な精霊力は、抑え――』

これまでの比ではない獰猛な衝動が、全身を貫く。

扉を開け、その先のソファで、ドミニクがアリアにのしかかっている光景を視界に入れると、目の前が真っ赤になるような感覚を抱いた。

「下郎が」

ぎり、と噛み締めた歯の奥から、ようやく言葉を発することができたのは、親しかった叔父をアリアから引き剥がし、殴り飛ばした後のことだった。

◆

よろりと身を起こしたアリアは、無表情で佇むラウルと、窓辺に倒れるドミニクを交互に見やり、徐々に状況を呑み込みはじめた。

駆けつけたラウルがドミニクを引き剥がし、窓辺まで殴り飛ばしたのだ。

「助けに――」

来てくれたの、と胸を撫で下ろしかけ、途中で口を噤む。

ラウルがドミニクを殴り飛ばした。よかったよかった。

そう、窓辺まで。――窓辺まで？

（は？）

ソファセットから窓辺まで、どれだけの距離があると思っているのだ。

殴り飛ばすというか、吹き飛ばす。

人間の拳で実現されてはならぬ飛距離に、つい、冷や汗が滲んだ。

よく見れば、ラウルの足下では、バルトががくがく震えながら蹲っている。

『やめやめやめやめてくれ！　その凶器みたいな精霊力、早く引っ込めてくれよ！』

「よくも、このような見下げた行いを」

尻尾まで波打たせて震えるトカゲに、しかしラウルは一切構う素振りを見せず、倒れ込んだドミニクにゆっくりと近付いてゆく。

「ぐ……っ」

「その指輪は、回収させてもらう」

呻く叔父を蹴り飛ばして体勢を変えると、取り出したハンカチを使って、強引に指輪を抜き取った。

その際、アリアの聞き間違いでなければ、ごきっと鈍い音がしたようなのだが。

「ぐあぁっ！」

(ひっ！)

ドミニクの漏らしたくぐもった叫びに、アリアは思わず内心で悲鳴を上げた。

(こっ、怖い強い容赦ない！)

人は、自分以上の酔っ払いを前にすると、酔いを覚ますという。

自分以上に怒り狂っている相手を前に、アリアは怒りも嘔吐感も手放し、ただ呆然とソファで固まってしまった。

「無事か」

「え……」

「無事かと聞いた」

不意に、ラウルがこちらを振り向き、足を踏み出してくる。

アリアは本能的に、ソファに全身を押し付けるようにして身を引き――だって、先ほどのドミニクの五億倍ほど怖い――、そんな自分に気付くと、慌てて胸元の金貨を握り締めた。

天にまします我らが母よ。どうか、この魔王みたいな男と向き合う力を。

(っていうかなんでこいつ、こんなめちゃくちゃ怒ってんの⁉)

凄まじい気迫だ。

もし自分に急所があったなら、きっと今頃へそのあたりまで縮み上がっている。

「ぶ、無事……。うん、もう、全然無事。今すぐ華麗なステップ踏めそうなくらい元気」

「頬が腫れている。腕もだ。虚勢を張るのはやめなさい」

こちらの頬や手首を見た途端、ラウルのまとう温度が一層低下した気がした。

アリアは震え上がる。

そうか、彼は、あれだけ忠告したにもかかわらず、無謀にも一人で宝石を回収しようとして大失敗したアリアに、腹を立てているわけだ。

咄嗟に「すみませんでした！」と叫びだしそうになったが、持ち前の勝ち気さが辛うじてそれを制止する。

なぜ自分が彼に謝らなくてはならないのか。

嗅がされた興奮剤が今さら効いてきたこともあってか、アリアの唇はぽろぽろと言い訳を始めた。

「きょ、虚勢じゃない。殴られるのも作戦の内だったし。女の戦いは油断させてからが本番っていうか。殴られた時点でこっちの勝利は八割方決まってたっていうか」

ラウルはかすかに眉を寄せ、無言で目の前に跪く。

言葉よりもよほど雄弁な非難の気配を感じて、焦りがますます募った。

「うん、すごく優勢だったの。あんたが来なくても、一人で宝石を回収できた。少なくとも、三分前まではそう見えた。すぐに逃げ出さなかったことを怒ってるんだろうけど、でもあの状況なら、十人中十一人、自力での宝石回収を選んだんじゃないかな。絶対そう」

彼が手を伸ばしてくる。

アリアは押しつぶす勢いで金貨を握り締め、とうとう声を荒らげた。

「だ、だいたい、あんたがいないのが悪いんじゃない！　人が自助努力しようとしたことに対して、そんなにキレなくたって――」

「遅くなって悪かった」

だが、頬を慎重に撫でる手の感触と、それ以上に静かな声に、叫びは途切れてしまった。

アイスブルーの瞳は、ただ労しげにアリアを見つめていた。

「君の無茶を、私は怒らないことに決めた。だから、怯えて怒鳴るのは、もうやめなさい」

「な……」

大きな手は、相手を威圧することを恐れるかのように、すぐに体から離される。

頬に残った体温の余韻だけを感じ、アリアはすっかり、どうやって彼を罵るべきかわからなくなってしまった。

「なにそれ。怯えてなんて」

「怯えている。君の怒鳴り声は、悲鳴の代わりだ」

「違うわよ。攻撃したいから叫んでるに決まってるでしょ。この睨み顔が目に入らないわけ？」

「今にも泣き出しそうな顔に見える。それに……震えている」

「薬のせいよ。それか、気が立ってるせい。怒りに震えてんの」

「違う」

ラウルはそっと両手を伸ばし、ガラス細工に触れるようにして、アリアの頬を包んだ。

「怯えている」

「…………っ」

「怒らないし、責めない。無茶をするなと、頭ごなしに叱ることはもうしないから……せめてこうしたときは、助けを呼んでくれないか」

こちらをまっすぐ射貫く瞳には、呆れも蔑みもなく、もちろん下卑た欲望すらもない。

彼はいつもの、夜を思わせるような静かな声で、ゆっくりと告げた。

「君は怒っているのではない。傷付いて、怯えている。今度同じ思いをしたときは、私を

――誰でもいい、ちゃんと、周囲に縋ってくれないか。必ず、助けに来るから」

正体のわからぬ衝動が込み上げ、アリアは咄嗟に唇を噛み締めた。

なんだ、これは。こんな、心臓がじわりと焼き付けられるような感情は知らない。

詰られたときよりよほど、泣き出したくなるような。どうしようもなく不甲斐ないような、それでいて許されたような、不思議な感覚。

「アリア・フォン・エルスター。返事は」

「…………」

「はい、と言いなさい」

幼子に対するように繰り返されて、アリアは思い切りしかめっ面をした。

今まさにしようとしていたことを、頭ごなしに命じないでほしい。

さすがの自分だって、こんなに許されてしまったら、素直に頷きくらいする。少し待ってほしいだけだ。今口を開いたら、みっともなく声が震えてしまいそうだから。

(馬鹿じゃないの、この人)

普通ここは、迷惑をかけたアリアを叱るべきところだ。

大口を叩いて、独断専行を働き、挙げ句窮地に陥ったアリアに、「なにをやっているのだか」と呆れるべきところ。

だというのに、なんだって彼は、何度も手を差し伸べてくるのか。

こんな、可愛げもない、跳ねっ返りの、感情的で攻撃的な女に。

（馬鹿じゃないの……）

善良でも高貴でもないアリアに、返せるものなど何もない。

だからせめて、彼の望む返事を寄越そうとした。

「――……まあ」

『おい、後ろ！』

だが、ようやく呼吸を整え、口を開いたそのとき、バルトが鋭く吼える。

アリアははっと顔を上げ、ガラス片を握ったドミニクが、ラウルの背に腕を振り下ろそうとしているのを見て取ると、咄嗟にラウルに向かって身を乗り出した。

「危ない！」

――ゴッ！

鈍い音が響き渡る。

「アリア・フォン・エルスター」

だがそれは、ドミニクがラウルを刺した音でもなければ、アリアがラウルを押しのけおおせた音でもない。

ラウルが振り向きもせず、片手の一振りで、ドミニクを撃退した音だった。

「返事は『はい』」

なおドミニクは、彼の背後でみぞおちを押さえてのたうち回っている。

「は――」

いろいろな感情がいちどきに去来し、瞬間的に無の境地に達したアリアは、シンプルにこう答えた。

「はい」

「よろしい」

改めて思う。この男には敵わないと。

そしてなぜだか、こうも思った。

きっと彼は、言葉の通り――自分が窮地に陥った際には、必ず手を差し伸べてくれる。

それも、上からではなく、真正面からだ。

返事を聞いて満足したのか、ラウルが頬からもう片方の手を離す。

その骨張った大きな手を、なぜだか追いかけそうになってしまい、アリアは自分に驚いた。

先ほどから、心臓がそわそわとして落ち着かない。込み上げる熱に染まった頬が見えぬよう、アリアはこっそりと顔を逸らした。

が、すぐにそれに気付いたラウルに、再び顎を摑まれてしまう。美しい眉をわずかに寄せた彼の顔が――どうしたことだろう、まともに見ていられない。

「顔が赤い。もしや、熱が出てきたのか」

「そうね。そうかも。うん。これは、殴られたのと、薬を嗅がされたせい。間違いなく」

「……もう数発殴っておこう」

静かに立ち上がったラウルのことを、アリアは「待った！」と慌てて制止した。

「そんなにぼかすか殴らないでよ！」

「身内だから容赦するなどと思わないでほしい。見るのが嫌なら後ろを向いていなさい」

「違う、そうじゃなくて」

淡々と闘志を燃やす男を押しのけ、アリアはふと小さく笑みを浮かべた。

つかつかとドミニクに歩み寄ると、その笑顔をすっと打ち消す。

それから、風が鳴る素早さで、男の急所に向かって踵(かかと)を振り下ろした。

「あたしのぶんも残しておいてくれないと」

鈍い音と響き渡る断末魔に、なぜだか床のバルトがぶるりと震え上がった。ラウルまでたじろいだように、視線をわずかに逸らしている。

『ひええ、おっかねえ……』

「さて」

すっかり呻くばかりとなったドミニクの傍らに跪き、前髪を掴んで顔を上げさせた。

先ほどとは真逆の構図だ。やってみると、なかなか気分がよかった。

「共有を兼ねて状況を確認するわ、ドミニク・フォン・ヴェッセルス。あんたの指輪には『強欲』が憑いていた。それどころか、あんたこそが、王冠を傷付けて封印を解き、世間に大罪をばら撒いた張本人だった。この認識に、相違はないわね？」

背後で、ラウルとバルトが驚く気配がする。

だが、彼らはすぐに思考を巡らせ、状況を理解したようだった。

「なるほど、彼なら……」

『ばら撒いた大罪が、自分に取り憑いちゃ、わけねえや。それともこいつは、元々これだけ強欲だったのか？』

それには短く頷きだけ返し、アリアは再びドミニクを問い詰めた。

「一つ教えて。一つ目。あんたが大罪を、王様の忠臣たちに憑くよう仕向けたのは、今の王政に不満があるからね？　三年前、謀反を起こした軍部と同じように。ううん。それどころか、あんたこそが、三年間の謀反に資金を提供していた」

立て続けに殴られ、蹴りつけられたドミニクは、口の端から血を流し、ぼんやりとしている。時折、指輪を捜すように指をさまよわせるのは、それだけ彼の魂が、深く大罪に蝕まれてしまっているからだろう。他の人間たちのように、宝石と切り離されたからすぐ正気に、というわけにもいかないようだ。

だが幸い、大罪から切り離された今、全身が脱力し、攻撃性が失われているようだった。

「三秒以内に吐かなきゃ、後ろにいる聖騎士とあたしで、ぎったぎたに打ちのめすわよ。答えて。あんたが黒幕ね。なんで謀反なんか企んだの？」

アリアが脅しつけると、ドミニクはどこか茫洋とした雰囲気のまま、ゆるりと口の端を持ち上げた。

「……逆に、なぜ満足していられると思うんだい……」

ゆっくりと瞳を動かし、ラウルを捉える。

濁っていた鳶色の瞳に、ほんのわずか、意志の光が戻ったように見えた。

「ほしがらないのは、満ち足りているからだ。血筋、生まれ順、容姿、才能……溺れるほどに加護を与えられて、そのくせ、いいや、だからこそ、つまらなそうにふんぞり返っている」

「叔父上……」

「おまえも、おまえの父親も、そっくりだ。恵まれた人生には飽き飽きした、とばかり、悠然とあぐらを掻いて。どれだけもがいても手に入らなかった、僕みたいな人間には、それがどれだけ嫌みに映るかも、知らないで」

清廉潔白で知られるヴェッセルス伯爵。精霊の愛し子とまで呼ばれるその息子。

どちらも、俗世に囚われぬ高邁な人物だ。それが許されるだけの、潤沢な才能と権力を持っていた。

一方のドミニクは、精霊力も第一継承権も持ち合わせなかった。だから、血を吐くような努力をして、後付けの才能を身につけるほかなかったのだ。

ドミニクはそれ以上、ラウルを罵ることも、露悪的に自身の心情を語ることもしなかった。

会話を拒むように、目を伏せる。

だからアリアは次の問いに移ることにした。

ポケットにしまっていた紙片を取り出し、ドミニクに突き付ける。

「なら二つ目。最後の宝石は何で、誰に送りつけたの」

暴食のアメシストに怠惰のエメラルド、嫉妬のガーネットに傲慢のサファイア。

色欲のルビーと、そして強欲のダイヤ。

七つあるはずの宝石のうち、すでに六つまでをアリアは取り返した。

だが、最後の一つ――「憤怒」が込められているはずの宝石だけ、それが何であるかの情報さえ、手に入っていない。

真っ黒に変色した、滑らかな曲線を描く石。

王冠にこびりついた「宝石」の痕跡を思い出しながら、アリアは凄んだ。

「正直に答えたほうが身のためよ。今すぐ、あんた自身が回収に乗り出すっていうなら、少しは情状酌量だって――」

「無理だよ」

だが言葉は、ドミニクの呟きによって遮られてしまった。

「回収なんて、誰にもできるわけがない」

「はあ？　大層な自信じゃない。七つの内、六つまで回収されといてよく言うわよ」

「それでも、『憤怒』だけは回収できないさ。もうとっくに、広がっているから」

なにげなく付け足された言葉に、なぜだかぞくりと背筋が粟立つ。

ドミニクは、大罪と引き離されたからか、それとも立て続けに殴られたからか、いよいよ、目の焦点が合わなくなってきていた。

「どういう意味？　『憤怒』の宝石はなんなの？」

「ふふ」

ドミニクの瞼が落ちていく。

気を失う直前の一瞬で、彼はアリアを見つめ、物憂げに微笑んだ。

「……なんだと思う？」

そうして、ぐったりと動かなくなった。

「ちょっと――！」

アリアは慌てて紙片を放り出し、昏倒したドミニクの両肩を摑んで揺さぶる。

「ねえ、バルト、こいつにブレスでも掛けて起こせない？」

『おう、やってやらあ――』

「大変でございます、ラウル様！」

だが、バルトがぴしりと床に尻尾を打ち付け、前に進み出たそのとき、開け放されていた扉から、誰かが飛び込んできた。

ヴェッセルス家の家令だ。

老年の家令は、倒れるドミニクや割れた窓ガラスを見て、さすがに狼狽したようだったが、すぐに表情を改めると、こう切り出した。

「コンラート王子殿下から、ご伝言です。下町の民が暴徒化し、王城に押し寄せていると！今はまだ外苑――庭園や図書館のあたりで衛兵が応戦していますが、感化された群衆が次々と集まってきて、このままでは、王城に押し入られそうであると！」

「なんだと」

ラウルが驚いて振り向く。

彼は素早く窓辺に近付くと、身を乗り出し、目を細めた。

「――風が、荒ぶっている」

精霊に愛された彼の五感は、異常を感じ取ったらしい。

ラウルは美しい眉を寄せ、「あの者たちか」と呟いた。

どうやら、心当たりがあるらしい。

「『図書館のあたり』？」

一方のアリアは、家令のもたらした情報の、場所の部分に反応して青ざめた。

王城近くの図書館。そこには今、ヨーナスがいる。

「暴徒たちはなにをしたの？　怪我人は？　どっちが優勢なの!?」

猫をかぶることも忘れて家令を揺さぶると、相手はしどろもどろに答えた。

「た、大量の油を運び込み、方々に撒いているそうでございます。その中を、『怒りの炎で王を焼け』と、松明を掲げて行進しているとか」

「一歩間違えば、自分もろとも火の海じゃないの！」

「はい。ですので、衛兵も応戦に苦慮しているらしく、殿下は至急、ラウル様にも参じるようにと。どうも暴徒たちは、かなり組織立っているようなのです。油も、松明も潤沢にある」

生活苦を持て余した貧民が、衝動のまま王城に突入している、というわけでもなさそうだ。

困惑したアリアは、しかし、家令が続けた次の言葉に、はっと顔を強ばらせた。

「なにより、行進の参加者は皆、金の飾りを身につけているそうでございます。ですので、彼らは下町の民ではなく、謀反軍に買われた傭兵かもしれないという見立てもあるそうで」

金の飾り。

その言葉に、胸の奥をざらりとなで上げられ、アリアは弾かれたように顔を上げた。

――誰にも回収できないさ。もうとっくに、広がっているから。

嘲笑うように告げたドミニク。

『まさか……。そうか』

バルトがぽつりと呟く。

『そうだった……伝承で言われていたのは、「宝石」じゃなくて、「七つの輝き」……』

呆然とした様子で独白する相棒を、アリアも真っ青な顔のまま振り返った。

彼女もまた、ちょうど思い出したのだ。出会った最初、バルトがこう言っていたことを。

――王冠の七つの輝きには、七つの大罪が封じられていた。

――大罪はそれぞれ、近くにある最も相性のいい宝石や貴金属に宿る性質がある。「力ある財宝」にな。

伝承の内容をそのままに述べていたときのバルトは、大罪の宿る先を、宝石とは限定しなかった。財宝、と言ったのだ。

それを、アリアがその場で「宝石」と言い換えてしまい、しかも実際、その後見つかった「輝き」がすべて宝石だったものだから、二人はすっかりこう思い込んでしまった。

大罪は、宝石にのみ宿るのだと。

「……これは、ガザラン小王国の伝承か」

ドミニクの周囲に散らばった、ヨーナスお手製のメモを、ラウルが硬い表情で拾い上げる。

語学堪能な彼は、素早く紙片に視線を走らせると、辞書もなしに異国の言葉を翻訳した。

「大罪をその身に封ずる七つの輝きを称えよ。嫉妬は、炎のごとく燃ゆる瞳の中に。傲慢は、遥(はる)かなる高みを宿す紺碧(こんぺき)の中。怠惰は、魂を安寧に誘う森閑なる緑の中……」

なぜ気付かなかったのだろう。目録には、六つの宝石の名前しか書かれていなかった。

いいや、厳密にはこう書かれていたのだ。

――台座の金、および装飾に使用された宝石。

「そして憤怒は、人の魂を強く照らし出す、太陽と同じ輝きの中。それによって魂が奮い起こされ、そのために多くの血が捧(ささ)げられる、最も禍々(まがまが)しき輝きの中へ」

難解な言い回しを読み終えたラウルが、まっすぐにアリアを見つめる。

そうとも、気絶する直前のドミニクも、同じ場所を見ていた。

アリアが胸に下げた、金貨のネックレスを。

憤怒が宿る最後の輝き。

王冠で唯一、真っ黒に変色してしまったその部分に嵌まっていたのは、宝石ではなく、台座部分と同じ――金だったのだ。

「う、そ……」

アリアはじり、と後ずさり、無意識に金貨を握り締めた。

途端に、体中をめぐる、かすかな高揚感。

ベルタの遺志が、そして彼女に誓った覚悟が、アリアに勇気を分けてくれているのだと思っていたが――これこそが、「憤怒」だったのだとしたら？

（嘘……嘘よ）

金貨を握り締めると、強気になれた。

励まされているような気がして、どんなに不利な状況でも戦いに挑めた。

そうとも、だからこそ自分は、泥棒などという、無茶な方法で宝石を回収しだした。

周囲が止めても、追いかけ回されても、果てには飛び降りる羽目になっても、押し倒されても、それがしたくて堪（たま）らなかった。

（……そう。たしかに、盗み出すことは、心地よかった）

恵まれた連中からお宝を巻き上げる。それでいてぬけぬけと、安全な場所に留（とど）まる。

それは、かつてのベルタができなかったことだから。

盗みを働いてもいないのに、牢に入れられ、死んでしまったベルタ。そんなの、あんまりだ。

ならば自分は盗んでやる。そして絶対に捕まらない。

ベルタの死で傾いてしまった天秤（てんびん）は、それでようやく、釣り合いを取り戻す。

アリアは奪いたかったのだ。取り返したかった。

貴族連中を睨みつける琥珀の瞳には、いつだって、憤ろしい、金色の炎が渦巻いていた。

――うわああ……！

そのとき、夜風に乗ってかすかに、群衆たちの怒号が耳に届く。

広場から距離のあるこの屋敷にまで聞こえるほど、暴徒たちの勢力が増しているのだ。

――怒りの炎で

――王を焼け

徐々に明瞭になりつつある、叫び。

――奪え

――奪い返せ！

うねりのような声を聞き取り、家令が補足する。

「……ご存じの通り、近年の治安悪化を懸念し、国は暴動犯への罰則を強化しておりました。ところが、投獄された一人が惨殺されたと、根も葉もない噂が流れたようなのです。それを機に、住民の一部が暴徒化し、行進を始めたのが、こたびのきっかけだそうで」

アリアも、ラウルも、バルトも、おそらく同じ光景を脳裏に描いた。

形見の金貨を握り締める女。失った妻の結婚指輪を嵌めた男。恩師のくれた腕輪、友人の遺(のこ)した耳飾り、夢を綴(つづ)ったペンの軸にだって、金(きん)は使われているかもしれない。それほどまでに、金は下町でも流通していた。

人々は今、金を握り締めているのだ。「憤怒」の憑いた輝きを。アリアと同じように。

下町の民が貴金属を手にできるのは、ほかでもないドミニク・フォン・ヴェッセルスが、王都中の賃金を引き上げたからだ。彼のおかげで、近年は下町の住人だって、金貨を手にすることは珍しくなくなった。

そして——治安維持を名目に、暴動犯への罰則を強化させたのも、彼だ。

なにもかも、彼の掌の上。

「……どうしたらいいの」

金貨を握り締めたまま、アリアは呆然と呟いた。

美徳に溢（あふ）れた忠臣たちには、それぞれ傲慢と、嫉妬と、怠惰を。

貞淑な王妃には色欲を。

慎重な王には強欲を。

そして、穏やかな民には、憤怒を。

自らの手を汚さず、怒り狂った民に革命を起こさせる。

それこそが、ドミニクの筋書きだったのだ。

「こんなの、回収できない」

着実に迫り来る、人々の怒号と足音に、アリアはしばしの間、立ちすくんだ。

9 黄金を巡る攻防

たどり着いた王立庭園は、それはひどい有様だった。

美しく整えられていたはずの薔薇（ばら）はめちゃくちゃに荒らされ、後から後から現れる群衆に踏みにじられる。散った花弁の上に、時々松明（たいまつ）からこぼれた火の粉が落ち、さらにそこに、誰かが飛ばした泥や血しぶきが覆い被さった。

夜闇の中、あちこちで怒号が響き渡り、放たれた炎がぽつりと周囲を照らしては、すぐに掻（か）き消されてゆく。

群衆は膨らんだり縮んだりを繰り返しながら、じりじりと王城へと近付いていた。

今彼らの先頭は、薔薇園を越え、その先にある図書館のあたり。

さらに門を一つくぐれば、王のいる城へとたどり着いてしまう。

荒らされた薔薇園の手前で馬を止めたラウルは、前に座らせたアリアに再度言い聞かせた。

「ここから先へは連れて行けない。君はここで降りなさい」

「何度も言ってる。好きに降ろすといいわ。そうしたらあたしも、好きに歩く」

それに対するアリアの返答も毎回同じだ。

彼女はなんとしても、ヨーナスのいる図書館まで行くと言って聞かなかった。

胸には金貨を下げたままにしていた。


家令から報せがもたらされた後、真っ先に冷静さを取り戻したのはラウルだった。

「民の持つすべての『憤怒』を回収できないとしても、ひとまず暴動は収めねばならない」

そう告げた彼は、アリアに、金貨のネックレスを外し、このまま屋敷に留まっているよう命じた。自分は聖騎士として、王族の危機に対応しに行くからと。

しかし、彼につられる形で我に返ったアリアは、「あたしも行く」と言って退かなかった。

ネックレスを外すことにも反発した。

金貨は手放したくない。なぜなら、これまでの「大罪憑き」を見るに、宝石と引き離されると、多くは意識を失ってしまうから。この逼迫した状況の最中、信頼できる相手もいないのに昏倒してしまってはかえって危険だ。どうせ自分ひとりが金貨を手放したところで、民に広まった「憤怒」が宥められるわけではないのだから、無意味だと。

ラウルはあからさまに険しい顔になったが、主張に筋は通っていると判断したらしく、金貨の所持については了承してくれた。

一方で、アリアの図書館行きについては頑なに反対した。戦闘行為の行われている場所に女性を連れていくなど、聖騎士としても、一人の男としても、到底許しがたかったからだ。

だがアリアもまた譲らなかった。

現時点で、ラウルは自分の夫でもなければ、婚約者でも恋人でも家族でもない。いったいなんの権利があって、自分の行動を制限するのかと。置いていくぶんには構わないが、そうしたら自分は勝手に屋敷を抜け出し、図書館に向かうまでだと。

啖呵を切る自分を、冷静なもう一人の自分が見下ろしている気がした。

素人の女が戦闘地帯に向かおうなんて、いったいなにをしているのか。

客観的に見て、今のアリアは強情で、しかも足手まといだ。

だがわかっていてなお、アリアはヨーナスの元に駆けつけずにはいられなかった。

利口であること、正しくあること。それらを選んだ結果、大切な人をまた失ってしまったのなら、生きている意味などない。

主張している間、ラウルは無言でアリアを見つめていた。静かなのに、こちらの心臓が飛び出てしまいそうなくらい、大層な迫力だった。

だがそれでも、アリアが懸命に睨みつけていると、やがて彼は溜め息をついた。

「誰かを逝かせてしまう」というのが、アリアにとって最も受け入れがたい心の傷だと、理解しているからだろう。

目の届かぬ場所で無茶を働かれるよりは、腕の中で見張っていたほうがまし。

それがラウルの結論だったようで、アリアは彼の馬に乗って、この場までやって来たのである。

暴動ならば、三年前にも経験している。下町の喧嘩だって慣れっこなので、大したことはないと踏んでいたが――大群がひしめき、火の手まで上がっているこの場は、まさに「戦地」といった感じだ。

さしものアリアも固唾を呑み、忙しなく視線を巡らせた。

『おい、あそこ……あの図書館の入り口に、ヨーナスがいるぞ！』

と、肩に乗っていたバルトが、養父の姿を捉える。

『完全に暴徒に囲まれてるな。一緒に……誰だ？　修道服みたいなのを着たやつもいる』

「司書だな。特権階級ゆえに、攻撃すべき対象として、ともに追い詰められているようだ。あそこが、暴徒の前線だな」

ラウルも同じタイミングでヨーナスを見つけたようだ。

「馬で駆けつける。君がいては危険だ。下りなさい」

「絶対いや」

冷静沈着な聖騎士は、短く呼びかけたが、アリアもまた端的にそれを拒否した。

「アリア・フォン・エルスター」

「あたしからすれば、選択肢は『ヨーナス様の元にたどり着く』しかないのよ。今あんたに従いながら行くか、後からあんたの足を引っ張りながら追いかけるか、それだけの違い。選ばせてあげる。どっちがいい？」

ラウルは再度、溜め息をついた。

「しっかり摑まっていなさい」

アリアは思わず笑みをこぼした。

なんて理解のある男だ。

「はっ！」

ラウルはぐいとアリアの腰を抱くと、もう片方の手で強く手綱を鳴らした。

馬はただちに主人の意を汲んで疾走を始め、まるで精霊のように宙を駆ける。

宵闇を切り裂くような軌跡に、暴徒たちは振り向くやぎょっとして道を空け、ラウルたちは難なくヨーナスの前へと躍り出た。

「ご無事か」

「ラウルくん！　と、アリアちゃん!?」

嘶きと同時に馬から飛び降りたラウルに、ヨーナスは天の助けとばかりに声を上げる。

だが、ラウルに続いて馬を下り、ヒールを履き直しているアリアに気付くと――馬の腹を刺さないよう脱いでいたのだ――ぎょっと目を剝いた。

「なな、なんで君が一緒に来るんだ！　危ないじゃないか！　すぐ屋敷に帰りなさい！」

「こっちのセリフよ！　ヨーナス様ったら、ほんとすぐ暴漢に絡まれるんだから。物語のヒロインですかってての。あたしが蹴散らしてやるから、ヨーナス様は下がってて！」

「ああもう！　信じられない！　ラウルくん、なんで連れてきちゃうの!?」

馬から下りるや、ざっと片足を引いて構えを取ったアリアに、ヨーナスが頭を抱える。

心配性の養父を置いて、アリアは目の前の暴徒たちを睨みつけた。

「あんたたち」

すぐ傍まで迫っている男たちは、十人弱。

皆、体のどこかに金の宝飾品を身につけ、手には棍棒やナイフ、そして小ぶりな樽を持っている。おそらくそれが、撒いて回っているという油なのだろう。

少し離れた場所では、松明を持った大量の男たちが、衛兵と応戦している。油を撒く先遣隊と、火を持って行進する本隊というわけだ。

本隊の持つ火が、先遣隊の撒いた油に落とされてしまえば、たちまち火の海。

これはとにかく、暴徒に放火させないための戦いであると言える。

「この人を狙うのはお門違いよ。彼は、一見貴族のようだけど、中身を四捨五入したら平民なの。それもうだつの上がらない、安月給の部類の平民よ。狙うならよそを当たって」

「ひどいよアリアちゃん！」

凛と声を張ったアリアの背後で、ヨーナスがさめざめと抗議する。

「でも事実だもの」

「どうだかなあ」

アリアはしれっと肩を竦めたが、暴徒は主張を受け入れてはくれなかったようだ。

代表と思しき、体格のいい男が、唇を歪めて笑った。

「そこにいるおやじどもは二人とも、いい服着てんじゃねえか。ぶくぶくと肥え太ってよお」

「色男の騎士様も、がたいがよくていらっしゃる。さぞ豪勢な飯を食ってんだろうなあ。俺たちとは大違いだ」

「てめえらの残飯だけで、俺たちは余裕で三日腹を膨らませられるって、考えたこともねえだろうなあ！」

勢いづいたのか、ほかの男たちも次々と同調しだす。普段なら男たちをたじろがせるラウルの美貌も、憤怒に駆られた相手には効かないようだ。

ラウルが剣の柄に手を掛けると、男たちは一層興奮の度合いを強めた。

「ほら、都合の悪いことを言われたら、すぐ切り捨てだ！　俺たちのことなんざ、虫けら同然と思ってやがる！」

「その調子で、マルクのことも処刑したんだろうが、ええ!?　可哀想に、火炙りなんかにしやがってよお！」

「あいつは、ちょっとふざけて、お偉方の悪口を言っただけだろうが！」

どうやらマルクというのが、この騒動のきっかけとなった人物のようだ。

(苛烈な処刑なんてなかった、そんなの妄言だって、説得できたらいいんだろうけど)

アリアは慎重に男たちの表情を窺いながら、すぐに「無理だ」と考えを棄却した。

男たちの瞳は、異様にぎらぎらと光っている。ほとんど理性を失っている状態だ。

マルクの件はあくまできっかけに過ぎず、それについてだけ誤解を解いたところで、彼らの「憤怒」は収まらないのだろう。

「ぶっ殺してやる！　俺ァ、手違いで捕まっちまったダチを釈放してくれって、高い金払って代書屋に嘆願書を書いてもらったんだ。だが、勤勉と噂の子爵でさえ、目を通しもしねえ。この国の貴族にはうんざりだ！」

「俺もだ！　貴族の屋敷に奉公に出た妹は、可哀想に、平民だからって人とも扱われずにこき使われて、泣きながら帰ってきたよ。謙虚なるマイスナーが聞いて呆れる」

「針子をやってる俺んとこの娘だって、平民風情が自分より立派なレースを持ってるってやっかまれて、クレーベ家の娘に追い出された。嫁入り直前の娘がだぞ。なあ！」

どうやらドミニクの講じた策は、着実に民の怒りを引き出していたようだ。

一時的に怠惰になったヒルトマン子爵や、傲慢になったマイスナー伯爵、嫉妬深くなったクレーベ子爵令嬢の振る舞いが、しっかりと「貴族の悪行」として印象づけられている。

「最近の話ばかりじゃねえ。三年前の暴動のときから、俺たちゃこの国に振り回されたんだ」

「てめえらの都合で、好き勝手どんぱちやってよお。割を食うのは、いつも俺たち平民だ」

「あの冬、何人が死んだと思う」

怒りは増幅する。周囲と共鳴し、過去まで遡って何度も反芻されながら。

男たちはふいに、ぎらりと瞳の色を深める。

「思い知らせてやる！」

相手は騎士だとか、小柄な女だとか――そうした一切の配慮もなく、彼らは大きく、武器を振り回しはじめた。

「下がっていなさい」

素早くラウルが剣で攻撃を薙ぎ払う。

だが、素直に「はいぃ！」と彼の背後に隠れたのはヨーナスと、もう一人の司書だけで、肝心のアリアはといえば、さっとその場に屈み込み、男たちに足払いを掛けていた。

「ほらほら、足下ががら空きよ、この雑魚ども！」

「うわあ！」

尻餅をついた男から、さっと短刀を奪い取る。

棍棒のほうは片足だけ伸ばし、遠くに蹴り飛ばした。

ラウルが柄で男のこめかみを殴っている間に、アリアは泥で目潰しを。

ラウルに蹴り飛ばされてふらついた男のことは、肩を摑んでくるりと反転させ、背後からの攻撃の盾代わりに。

『なんか……』

いつでもブレスを吐けるよう地面で構えていたバルトが、微妙な表情で呟いた。

『アリア、思いのほか強くねえ……？』

さらに言えば、思い切り卑怯な戦いぶりでもあった。

「アリア・フォン・エルスター。助勢はありがたいが、下がっていなさい。危険だ」

ラウルはといえば、華麗な剣戟を披露しながら、あくまでも神妙に告げる。

今また一人を足蹴にしたアリアは、ふふんと口の端を引き上げた。

「ご心配なく。これでも下町じゃ、喧嘩は強かったのよ。さっきは、薬を盛られていいとこなしだったけど、でも今は逆に、体中に力が漲ってる。何人でも掛かってこいって感じ」

技が次々と決まる快感に、彼女は少々酔いしれた。

これまでのアリアは、敏捷なものの、力で圧し負けてしまうというのが不満だった。

なのに今は、本来以上の力が引き出されている感覚があり、男たちが気持ちよく吹き飛んでいく。こんなのは初めてだ。

「なおさら下がりなさい」

だがラウルは、ますます表情を苦いものにした。

「それは興奮剤の影響だ。今は高揚していても、後でひどい痛みに襲われる」

「でもあたし、役に立ってるでしょ？」

「アリア・フォン・エルスター。戦場はドレス姿の女性が臨む場所ではない」

頑固なアリアに、ラウルが思わず溜め息を漏らす。

そのとき、彼の斜め後ろから、

「聖騎士様ぁ！　お助けくださぃ！」

哀れっぽい男の声が聞こえ、清廉な聖騎士は本能的に、そちらに向かって手を差し伸べた。

「どうした――」

――ばさっ！

その瞬間、アリアがラウルの前に回り込み、自身のドレスの裾を巻き上げる。

そのおかげで、被害者を装った暴徒がラウルに投げつけた油の樽は、柔らかい布に弾き返された。

「ご存じ？　ドレスって、こういう風に攻撃を撥ね返すために使えるの」

目を見開いたラウルに向かって、アリアは勝ち気に微笑んだ。

ちなみにヒールには、固い鉄芯も仕込まれている。女の装いは、すなわち武器だ。

「下町の人間の戦い方はいつも卑怯よ。油断しないことね、お坊ちゃん」

「……足を早く隠しなさい」

揶揄には応えず、ラウルは粛々とアリアのドレスを直した。

「うわああ！」

とそのとき、アリアたちの背後から、再び哀れっぽい男の悲鳴が聞こえる。

ただし今度は演技ではなく本物で、声の主はヨーナスだった。

少し目を離した隙に、隣にいる司書ともども、暴徒たちに油を浴びせかけられたのだ。

「でかした！　これで一気に、燃やすぞお！」

先遣隊の活躍を喜ぶように、離れた場所で応戦していた群衆から、松明が投げつけられる。

「危ない！」

ラウルはマントを広げてヨーナスたちを庇い、アリアは咄嗟に、燃えさかる木の棒を受け止めた。

「あっつ！」

うっかり炎に触れてしまい、取り落としそうになるが、なんとか持ち替えて踏みとどまる。

先ほどアリアのドレスが弾き返した油が、すぐ足下に撒かれているのだ。ここで松明を落とすわけにはいかなかった。

「大丈夫か」

「だ、大丈夫、アリアちゃん!? ごめんね！ ありがとう！」

事情を理解しているラウルたちは、さすがに「なんという無茶を」と責めるわけにはいかなかったらしく、心配そうに声を掛けてくる。

「このくらい平気。ヨーナス様こそ油を浴びちゃったんだから、気を――」

気を付けて、と続けようとしたが、アリアの忠告は遮られることとなった。

「な、なんということを！ なんということを！」

ヨーナスのすぐ隣にいる人物が、突然叫びだしたからである。

大慌てで顔を拭っているのは、ともに暴徒に囲まれていた司書の男で、どうやらまともに油を浴びてしまったらしかった。

「聖職者を油で汚すなど！ 精霊の罰が下るぞ！ この愚か者！ ごほっ……、この、愚民どもが！」

時折むせながら、激しく罵(ののし)る男の声を聞き、アリアはふと動きを止める。

聞き覚えがあったからだ。

――この愚か者！

神経質で、こちらへの侮蔑を隠しもしない、男の金切り声。

「お、落ち着いて！　大丈夫ですか!?」

男の激しい罵倒に驚いたヨーナスが、困惑気味に背をさする。

「聖職者でいらしたんですか。それは、荒事なんてびっくりしますよね」

「ふん、今はしがない司書ですがね。それでも、精霊の教えを忘れた日は一日たりとてありませんよ、ヨーナス殿。ああ聖騎士様、どうか彼らに粛正を」

おもねるときには、ねっとりとした猫なで声を出す男。

――なに、悪いようにはしない。仲間を、助けたいんだろう？

ごうっ、と、手にした松明の炎が唸った気がした。

汗が滲む。視界が歪む。心臓がどくどくと嫌な音を立てている。

胸に下げている金貨が、炎の熱を受けてなのか、布越しに肌を焼くように感じられた。

（なんで、ここに……）

男はごしごしと顔を擦り続け、ようやく気が済んだのか、袖を下ろす。

ヨーナスの陰に隠れ続けていたその顔が、いよいよ炎に照らし出された。

「まったく、許しがたい。私が聖職者のままであれば、この場で教会に訴え出て、彼らを牢に繋いでやるのに」

「で、できれば、あまり彼らを挑発しないでほしいんですが、エ、メ、リ、ヒさん」

かつてアリアを買おうとした男。

咎めたベルタに窃盗の罪をかぶせて、大げさに騒ぎ立てた男。

教会の機嫌を損ねるや慌てて聖職者の座を離れ、どこかに身を隠した男。

――エメリヒ。

呆然と黙り込んでしまったアリアに、一番に気付いたのはラウルだった。

「アリア・フォン・エルスター？」

「…………」

アリアはなにも答えられなかった。

口の中がからからに干上がる。

地面から突き上げるような衝動に、声も出せずにいた。

「どうした。いつまでも松明を持っていては危ない。こちらに寄越しなさい」

ラウルが伸ばした腕を、咄嗟に避ける。

それからまじまじと、己が握り締めている松明の存在を意識した。

炎。

ついで、エメリヒを見る。

油をかぶった男。

ぞく、と、背筋から首にかけて、羽根で撫で上げられたかのような感覚が走った。

今、自分はなにを考えた。

(松明を、渡さなきゃ)

胸の内で、必死に己に言い聞かせる。

自分のドレスの裾にだって、油は掛かっているのだ。唯一無事なラウルに松明を預け、腕力の強い彼に、遠くまで投げ捨ててもらう。あるいは、土をかぶせて火を消す。そうしなくては。

(でも)

けれどアリアは、こうも思わずにはいられなかった。

この松明を、ほんの少し、あの男に近付けてやれば。

すごく――胸がすく光景を見られるのではないか?

(べつに、殺しはしない)

すぐ隣に、有能な聖騎士がいるのだ。憎い男に火をつけてやったところで、すぐに消火されてしまうだろう。だが、ひどい火傷は負うかもしれない。歩けなくなるくらいの。

それならいい。少しでも苦痛を、この傲慢な男に、味わわせることができるなら。

「なんだね、君……?」

エメリヒが当惑した様子でこちらを見ている。

髪を伸ばし、ドレスを着たアリアの正体に、彼は気付いていないらしい。

思わず笑いだしそうになった。

この男にとってアリアは、ベルタは、それほど些末な存在だったのだ。エメリヒはきっと、過去の所業を思い返しもしなかっただろう。

精霊の教えとやらは、一日たりとも忘れたことがないそうなのに。

「……あたしのことを、覚えてる？」

じり、と、松明を持ったまま、エメリヒに一歩近付く。

彼は炎に顎を引いたものの、まだアリアのことを思い出せずにいるようだった。おそらくは、ベルタのことも。

「寂しいなあ。三年前は、一目見るなり、声を掛けてきてくれたのに」

鬼気迫った様子のアリアに、ラウルが静かに息を呑む。バルトもぴんと尻尾を伸ばし、慎重にこちらを見上げた。

「わかった。小さい子が好きなんだ。弱くて、抵抗できない子をいたぶるのが好きなんでしょ。そうよね、真っ先にしたのが、殴って、服を破ることだったし」

「…………！」

ようやく、エメリヒがはっとする。

ヨーナスに至っては、ぎょっとエメリヒを振り返り、真っ青になっていた。

「まさか!?」

「ひっ」

「動かないで」

咄嗟にその場を逃げだそうとしたエメリヒを、アリアは鋭く牽制する。

「ちょっとでも動いたら、すぐにこの松明を投げつける」

金貨を下げた胸のあたりから、獰猛（どうもう）なほどの憎悪が燃え広がり、息苦しいほどだった。

「たとえ誰を巻き込もうが、絶対、燃やしてやるから」

ぎり、と奥歯に力を込めると、血の味がした。

（ああ、なんで彼の言うとおり、金貨を外しておかなかったんだろう）

不思議なことに、頭の片隅では、冷静なアリアが、松明を掲げる自分を見下ろしている。

今の自分が、「憤怒」に蝕（むしば）まれているのは、理解しているつもりだった。

理解して、そのうえで、うまく折り合いをつけているつもりだった。

だって、ほかの宝石とは異なり、金は何百という民とで分け合っているのだ。取り憑いている大罪だって、数百分の一に希釈されているだろうと、どこか軽く考えていた。

あるいは、自分の怒りは窃盗行為ですっかり発散してしまったのだろうと。

その証拠に、暴徒たちを前にしても、一緒に革命を起こしたいだなんて思わない。

だが、違った。アリアは単に、憎しみの対象を見つけ出せていなかっただけなのだ。

エメリヒを前にした途端、全身を揺さぶるような凄（すさ）まじい感情の嵐に襲われ、呼吸もままならない。

今すぐ飛びかかって、彼の顔を引き裂いてしまいたかった。

ベルタの死を、ほんのひとかけらでいい、償わせてやりたかった。

「そ、そうだ、嬢ちゃん……」

突然、仲間のはずの司書に松明を向け出したアリアを見て、倒れていた男たちが掠れた声を上げる。

すっかりラウルや衛兵に無力化されていた彼らは、救世主を仰ぐように、アリアに腕を伸ばした。

「燃やせ……！」

「そいつに火を投げつけろ！」

「そうすりゃ、ここは一気に、火の海だ！」

彼らの声は切実だった。

残虐を喜ぶ暴徒というよりは、助けを求める被害者のような声だった。

「届けてくれよ、俺らの声を！」

「奪い返せ！」

「俺たちを巻き込んでもいいんだ。なあ、燃やしてくれ！」

それはそうだ。なぜ気付かなかったのだろう。彼らは実際のところ被害者だ。

戦闘を楽しむためではなく、訴えたいなにかがあるから、炎を携えてこの場にやって来た。

それぞれに奪われたものがあり、取り返したいものがあり、けれどそれが叶わなくて。

胸が張り裂けるような痛みを抱えて、だからこんなに怒っている。

憤怒。

それは大罪なんかではない。正義だ。

誰かを救うための強い意志。使命を果たすために与えられた、心を奮い立たせる感情。

『おい、アリア！　アリア、なに考えてんだ！』

猛る炎が、持ち手を握るアリアの指までをも焦がす。

どこか遠くに相棒の声を聞きながら、ゆっくりと、松明を持ち直した。

『よせ！　やめろ！　一歩間違えば、ここいら全部が燃えちまうぞ！』

「いけ！　投げろ！」

「貴族どもを燃やしちまえ！」

男たちが囃し立てる。ラウルたちは動かない。動けないのだ。

強引に松明を奪おうにも、その瞬間、アリアが松明を叩きつけてしまえば終わりだから。

それくらい俊敏にアリアが動けることを、彼らは知っているから。

「……はは。油のせいで、揚げ物の屋台みたいな匂いね」

声が、揺れる。

「美味しそうな匂いだと思わない？　屋台って、孤児には売ってくれない人も多いから、お腹いっぱい揚げ物を食べるっていうのが、下町時代の夢だった」

睨みつけたエメリヒは、顔面蒼白になって、小刻みに震えていた。

被害者みたいな顔をして、怯えやがって。

「院長にも買ってあげたかったなあ。自立したら、どうやって恩返ししようかって考えるの、好きだったのよ。孤児は義理堅いの。あげたいものは、たくさんあった」

怯えた顔をすべきは、ベルタのほうではないか。苦しみを訴える権利があるのは、目の前のクソ野郎ではなく、清廉だった院長のほう。

老齢の彼女は、真冬の牢に囚われて、どれほど寒い思いをしただろう。荒くれ者に囲まれ、どれほど恐ろしい思いを。食事も出されず、どれほどひもじい思いを。

「温めてあげたかった……」

ぎゅ、と、松明を握り締める。

あんまりだと思った。

蛆虫みたいな男はのうのうと過ごしているのに、人を慈しみ続けた彼女は、凍える牢で人生を終えてしまったなんて。

「抱き締めてあげたかった。毛布にくるんで、温かいスープを飲ませて……あの人があたしにしてくれたように、あたしが……っ、今度は、彼女を、守りたかった……っ」

なのにできなかった。

引き留めた腕は宙を掻き、ベルタは独り、空の向こうへ。

なにもかもを、奪われたのだ。

「許さない」

ならば、取り返さねば。

奪われたなら、奪い返す。苦しみには苦しみを。命には命を。

帳尻を合わせることの、なにがいけない。

「あんたなんか、殺してやる——！」

「アリア・フォン・エルスター！」

松明を振り上げようとしたその瞬間、大きな声で名を呼ばれた。

声の主は、ラウルだった。

彼は、相変わらず美しい、冬空を思わせる瞳で、まっすぐにアリアを見つめた。

『憤怒』に呑まれてはいけない」

動きを止めたアリアに向かって、大きな手を差し出す。

「松明を、渡しなさい。人の道を外れてはならない」

——あなたたちが人間になりなさい。

なぜだかラウルの姿が、ベルタと重なって見えた。

（ああ……）

今さら、気付く。

姿形はかけ離れているけれど、ラウルとベルタはそっくりだ。

その揺るぎない正しさと、優しさが。

まっすぐな眼差しが。心の底から、アリアを信じて疑わない在り方が。

（院長）

不意に、厳しかったベルタの顔が脳裏をよぎり、アリアは瞳を揺らした。

足下がふらつく。興奮剤で追いやっていた痛みが、一斉に体のあちこちで存在を主張しはじめ、頭が割れそうになった。

(院長、院長、院長)

エメリヒが憎い。やつから何もかもを奪ってやりたい。いいや、ベルタはそんなことを望みやしないだろう。

人としての在り方。彼女がアリアたちに求め、教えたもの。

ささやかなぬくもりや、ちょっとしたキス。許し。

けれど、頬が思い出した優しい記憶は、すぐにどす黒い憎悪に塗りつぶされてしまう。

逃がさない。殺してやる。絶対に許さない。

「アリア・フォン・エルスター」

再度、彼が名を呼ぶ。

「アリア」

己の名を紡ぐ、美しい唇。

それを見て、アリアはぽつりと、「約束を果たさなくては」と思った。

さっき自分は、エメリヒを怒鳴りつけた。

ラウル曰く、この怒鳴り声は、悲鳴の代わりだそうだから。

怒るのは、傷付いているということで、怯えているということだから、同じ思いをしたときは、ちゃんと、周囲に縋らなければならない。

そう、彼と、約束をしたから。

「――……ラウル」

唇が、震える。

体に収まりきらない憎悪が、めちゃくちゃに暴れ回って、全身が内側から千切れてしまいそうだった。

「苦しいの。……助けて」

張っていた糸が切れてしまったように、目の端にじわりと涙が滲んだ。

どす黒い怒りは、ただただ、苦しかった。

「もちろん」

ラウルは即座に動いた。

力の緩んだアリアから松明を奪い、油に濡れていない遠くの石床に投げる。

その展開を願ったはずなのに、取り上げられてしまった松明を見た途端に、抑えつけていた憎しみが再燃し、アリアは衝動のまま、エメリヒに摑み掛かった。

「だめ……！　やっぱり、許せない……っ」

「アリア」

「殺してやる。殺してやる！」

「アリア」

そのまま馬乗りになろうとしたアリアを、ラウルが食い止める。

悲鳴を上げるエメリヒを振り向きもせずに逃がし、ラウルはアリアの拳を掌で止めた。

「やめなさい」

「止めないで！　あいつを……っ、あいつから、全部奪ってやらなきゃ！」

「だめだ」

腕を振り上げれば、腕で。足で蹴ろうとすれば、足で。

体すべてを使って動きを封じられ、気付けば抱き締められているような格好になる。

ごく至近距離から、ラウルは静かに告げた。

「あの男がどうなろうと構わないが、君の拳が傷付く」

「な……っ」

「君に見てほしいものがある」

驚きに言葉を失ったアリアの前で、ラウルは素早く、自身の腰の辺り――ベルトに括りつけられていた布袋を探った。

器用な指が取り出したのは、薄く割られた、両掌ほどもある石片だった。

「なに……？」

「牢の壁。そこに使われていた、煉瓦の一部だ」

ざらりとした手触りの、赤茶けた石を、ラウルは宝石でも扱うような慎重さでアリアに掲げてみせる。

宵闇の中、遠くで燃える炎を手掛かりに目を凝らし、アリアははっと息を呑んだ。

「君の話を聞いてすぐ、ベルタ院長が囚われていたという牢に向かった。なにも守れなかった聖騎士だが、せめて、祈りを捧げたかった。すると、雑居房の壁にこれを見つけて……その一部だけを割って、剝がさせてもらった」

ラウルの持ち帰った煉瓦には、木炭でびっしりと、字が書かれていた。

角張った、右上がりの、女性の筆跡。

「これ、は……」

「遺言だ」

それはベルタの文字だった。

「文字の書かれた壁は、広範囲にわたっていた。多くは日付と、どんな厚意を受けたかという記録だった」

書かれていた文字を、ラウルは静かな口調で再現してみせた。

看守の一人から木炭を頂く。無聊を慰めよとの由。精霊の恵みが彼に降り注ぎますように。

一番換気のよい場所に、物売りの女性が寝床を替わってくれた。精霊に感謝を。

隠し持っていた林檎を一口分けてもらった。背中をさすってもらった。咳を気遣ってもらった。思い出話を聞かせてもらった。字を教えた。それ以上の学びを得た。精霊に感謝を。

「…………っ」

ぐう、と喉が鳴った。

ああ。どうして彼女は、どこまでも彼女なのだろう。

下にいくほど木炭が薄く、文章が短くなっているのは、力が入らなくなっているせいだ。

途中から文字が横に傾いているのは、起き上がれないまま書き記したせい。

だというのに、ベルタの人を信じ、愛する心は、かけらも揺らぎやしなかった。

闇の中に見出した希望を数え上げる、その一文字一文字から、感謝の念が伝わってくるかのようだった。

「擦ればすぐに消えてしまう字だ。だがこれは、三年もの間、牢の壁に残り続けた。囚人たちが触れなかったからだ。聖域を守るように、囚人たちは彼女の遺言を守り続けた」

「――……ふっ、……う、……」

最後の記述は、最も弱々しい筆跡で、こうあった。


頭に入れた教養と、心に込めた愛は、誰にも奪われない。

学び、愛し続けなさい。

アリア。わたくしの可愛い子どもたち。


それを読んだ瞬間、堰を切ったように、涙が溢れ出した。

「うあああ……っ!」

「彼女は」

石片を握り締めるアリアを、ラウルが、強く抱き締めてくる。

幼子に言い聞かせるように、彼は静かに囁いた。

「なにも奪われなかった。大切なものはすでに、彼女の中にあったから。教えと誇りを胸に抱き、何者にも尊厳を冒されることなく、天に昇った。なにも、奪われなかった」

奪われなかった、という言葉をラウルは何度も繰り返した。

「だから、アリア。奪い返さなくていい。彼女は満ち足りたまま天に昇ったんだ。どうか彼女の献身を、否定しないでほしい。彼女の教えを、守ってほしい」

涙はとめどなく頬を流れ、顎を伝い、胸元の金貨に落ちた。

いくつもの滴が金貨を叩くごとに、暗闇のようだった怒りが薄れ、少しずつラウルの言葉が染みこんでいく。

祈るような声だと思った。静謐で、揺るぎなくて、でも切実な響き。

「――『汝、隣人を、愛せよ……己を愛するがごとく』」

しょっちゅう祭壇の前に跪き、祈りを捧げていたベルタの背中を、しわがれた声を、なぜだか思い出す。

彼女が何度も何度も、聖書を暗唱するものだから、不信心なアリアたちでさえ、すっかりその一節を覚えてしまった。

「『学びを絶やすこと、なかれ。知識は、闇を照らす光』」

覚えている。一言一句違わず。

本当に大切なものは奪われない。たとえ、外にぶら下げた財が、盗人にすべて奪われてしまうことがあっても、頭に入れた教養と、心に込めた愛は、けっして誰にも奪われない。

だから、アリア。
干しぶどうみたいな、しわくちゃの修道女は、必ずアリアと目を合わせて言った。
学び、愛し続けなさい。
愛とは、人を許すこと。
「『天に』」
呟く唇のすぐ横にも、涙は後から後から、滑り落ちていった。
精霊なんて、結局のところ、信じてはいなかった。
でも祈りを捧げる行為は、いつの間にか癖になった。
だって、彼女が口うるさく言うから。
「『天にまします、我らが……母よ』」
アリアを置いて天に昇ってしまったベルタのことを、祈りの中では、母と呼べるから。
――精霊の定めた法は、守らねば。
凜としたベルタの声を遠くに聞きながら、ふうっと、意識が薄らいでいくのを感じる。
(そうね)
ラウルにだろうか。それともベルタに。アリアは頷き返したつもりだった。
(精霊なんてクソくらえだけど)
我らが母の教えなら、まあ、守ってやってもいい。
「アリア」

『アリア!? アリア!』

「アリアちゃん!」

男たちが呼びかける声が聞こえる。皆一様に、焦った声だ。

(騒がないでよ)

心配しなくていい。

もう怒るのはやめたから。

あの男のことはやっぱり許せないけれど、王都を巻き込んで丸焦げにするのは、勘弁してやる。刺し殺すのも、絞め殺すのも。

とってもとっても嫌だけど、ベルタがそう言うのなら。

彼女が——幸福であったなら。

ラウルの腕に抱き留められたまま、アリアは気を失った。

だから続いて起こった出来事は、すべて後から聞いたものだ。

『アリアぁ……しっかりしろよ』

横抱きにされたアリアに、バルトはちょろりと駆け寄ったらしい。

『おまえ、なんて顔で泣くんだよ。見てらんねえよ』

八つ当たりするようにぴしぴしと尻尾を鳴らし、彼はトカゲの前肢で、アリアの顔をぺたぺたと撫でた。

目先の暴徒は無力化したとはいえ、群衆は続々と、王城にやって来る。

アリアの持つ金貨が涙で「宥められた」だけで、民に広まった憤怒のかけらは、あと何百、何千と残っている。

けれどバルトにとって、そんなものはどうでもよかった。目の前で気を失い、その後も静かに涙をこぼすアリアのことが、心配で、哀れで仕方なかった。

『ごめんな。こんなことに、巻き込んじまってごめんな』

彼は悔いていた。

アリアにこんな形で過去と向き合わせてしまったことを。軽い気持ちで、宝石の回収を唆したことを。トカゲの姿を言い訳に、ほとんどを彼女に任せてきてしまったことを。

勝ち気で排他的に見えるアリアが、本当は繊細で愛情深い少女だと、途中から気付いていたくせに。

『ごめんな……』

バルトは、心の底から謝った。

王冠にまつわる一切のことは、自分に責任があったのにと、初めて強烈に意識した。

精霊と、人間。偉大なるドラゴンと、卑小なる生き物。これまで一切揺らぐことのなかった傲慢な隔たりを忘れ、ただただ痛切に、少女の涙を止めたいと願った。

アリアを、助けたいと。

『あとは、全部俺がどうにかするから。もう、泣くなよ』

そうして、バルトがそっと、トカゲの舌でアリアの涙を舐め取った、そのときだ。

ごおおお、と、大地が轟くような音が響き、バルトは驚いて舌を引っ込めた。

『えっ？　……えっ？』

一拍遅れて気付く。

大地が唸っているわけではない。この轟音は、自分の体が立てているのだと。

『ええっ!?』

ぐんと体が膨らむ。破れた鱗からたちまち新たな鱗が覗き、宝石のように硬質な光を放つそれは、瞬く間に全身を覆った。細い紐のようだった尻尾は、大の男が両腕を回しても届かぬほど太いものに。小さかった爪は、まるで甲冑か、大剣のように頑強なものに。

とうていアリアの顔に乗っていられない大きさになったバルトは、変化が始まった瞬間地面に飛び降り、それでもすぐに足場がなくなってしまうと、本能の導くまま、空に昇った。

そう、宙を、翔べている。

夜空にゆったりと浮かぶ彼の姿は、正真正銘、ドラゴンであった。

「その姿は……」

ラウルが驚きを滲ませてこちらを見上げている。

長身の彼が、今や人形のように小さく見えることから、バルトは自分の大きさを理解し、ついで、自身になにが起こったかを把握した。

『あー……』

本来の姿に戻るために、バルトに課された「精霊の条件」。

心から、人を助けたいと願うこと。

『なるほどな。なーるほど。そういう……』

すとんと腑に落ちてしまえば、後はバルトの思うままだ。

彼は、艶々とした瞳をきらりと光らせると、勢いよく天を目指した。

『任せろってんだ！』

人に取り憑いて久しい大罪を、宥め、引き剝がすもの。

乙女の涙と、ドラゴンの炎息。

月に齧りつけそうなほど高く舞い上がった後、バルトは太い首を巡らせ、地を見下ろした。

町から王城へと続く、松明の行進。

猛々しかった憤怒の炎も――こうして見れば、風に揺れる蠟燭の炎のように、寂しく、頼りない。

『なんて哀しい炎だよ』

ぽつりと、バルトは呟いた。

憤怒というのは、もっと勇ましく、禍々しい感情なのだと思っていた。

攻撃的で、苛烈。まさに燃えさかる炎のように、力強いものなのだと。

だがどうだ。遥か高みから見下ろす怒りの火は、金色をした涙のようだ。

滴のように連なって、ゆらゆらと揺れている。

バルトは、大きく息を吸い込むと、行進する人々に向かってではなく、天に向かって口を開いた。

ぐう、と、体が膨らむほどに力を溜め込み、一気に吐き出す。

炎息。

おおおん、と、一帯に音を轟かせたそれは、空をも揺るがし、夏の夜にゆったりと浮かんでいた雲を、激しく掻き回した。

ぽつん……。

形を変えた雲から、やがて、一滴の雨粒が落ちてくる。

ぽつん。ぽつ、ぽつ……。

まるで雫が雫を呼ぶように、雨粒は次第に量を増し、王都一帯は見る間に、バケツをひっくり返したような大雨になった。

「雨……?」

「雨だ。嘘だろう、こんな夏の夜に」

「乙女の涙だ」

夏に突然降る雨――乙女の涙。

予測不能で厄介で、どうか止んでくれと願わずにはいられないもの。

「なんだよ、雨かあ」

人々は困ったように空を見上げ、ついで、掲げていた松明を、持て余すように眺めた。

こんな大雨では、炎の行進なんてできやしない。

「おい、どうする」

「どうするも、こうするも」

あちこちで、顔を見合わせたり、肩を竦めたりする人々の姿が見える。

やがて彼らは、ずぶ濡れになりながら、来た道を引き返しはじめた。

これまで抑えきれずにいた怒りを、雨でゆっくりと冷やしながら。

その後三日三晩続いた大雨は、人々の蜂起の念をすっかり挫いてしまった。だってこんなどしゃ降りの中では、松明も剣も持てやしない。

一向に止まない雨に、人々が不安を覚えはじめたとき、王城からの触れが届きはじめる。避難所を準備したことや、食料や飲み水を用意してあること。この雨で家業に大きな損害を出した者は、秋の税を減免すること。

手厚い支援を起案したのは、都令を務める、勤勉なるヒルトマン子爵だった。

精力的に実務に当たるマイスナー伯爵やクレーベ子爵も支援に当たり、慈悲深き王妃もこれに口添えしたという。賢君と名高い国王は、これを速やかに承認した。

暴動を許した三年前とは異なり、もう二度と、民の命を掌から漏らしやしない。

そんな強い意志を感じさせる対応に、民は思い出した。

そうだ。

そうだった。

暴動の冬で失ったものは取り返しがたく、哀しみと怒りに囚われることはいまだある。

けれどその後、いいや、暴動の渦中だってすでに、王はなにくれとなく、民に手を差し伸べていたではないか。

殴りつけてくる手もある。押さえつけてくる手もある。

けれど、闇に浮かぶ星のように、ささやかに、そして確かに、自分たちに向かって差し出されている手もある。どちらを見るかは、自分次第だ。

雨が上がり、民が落ち着きを取り戻しはじめた頃、もう一つ、民の心を弾ませる触れが出た。

起案したのは、若き美貌の伯爵令息、ラウル・フォン・ヴェッセルス。

思いがけないその触れを聞きつけて、民はこぞって、貯め込んでいた金貨や握り締めていた金細工を、役所に預けに行った。

これをもって、金に取り憑いていた「憤怒」は、滞りなく回収された——。

エピローグ

「ふふん、大漁、大漁。値切りはセンスとテクニック。磨き抜かれた値切りトークのキレもさることながら、生まれ持った値切り審美眼(センス)は、我ながら恐ろしいほどだわね」

『一個あたり銅貨三枚の揚げ物を値切り倒したくらいで、安上がりな女だよな……』

とある、夏の終わりの昼下がりのことである。

町娘に扮したアリアは、秋の到来を予感させる伸びやかな青空の下、市の賑(にぎ)わいを通り抜けていた。

腕の中には、揚げたての白身魚のフライ。肩には、アリアにしか見えない相棒の白トカゲ。

晴天に恵まれた石畳はからりと乾き、声を張り上げる売り子や客は騒がしいが、季節柄、暑苦しいというほどでもない。

要は、最高のおでかけ日和(びより)。

思わず鼻歌が漏れるほどには、アリアは上機嫌だった。

この日のために用意した、歩きやすい革の靴は、軽快なリズムを刻んで噴水広場へと向かう。そこが待ち合わせ場所だからだ。

ところが、噴水が視界に入った途端、彼女はドスの利いた声で「冗談でしょ」と、可憐な唇を引き攣らせてしまった。

待ち人――噴水を背にしたラウル・フォン・ヴェッセルスが、直立不動の構えでこちらを待ち受けていたからである。

目深に被るよう命じたフードは、風に吹かれたのか早々に外され、白皙の美貌を露わにしてしまっていた。せめて噴水の縁に腰掛けていてくれれば目立たないのに、姿勢よく立ち尽くしているものだから、視線が集まる、集まる。

「どう見たって、お忍びに下町の市にやって来ためちゃくちゃ高貴なお方じゃん……」

『よーしアリア、回れ右だ』

「賛成」

速やかに踵を返したが、その途端、冬の湖のように静かな声が、

「早く戻ってきなさい、アリア」

とこちらを呼び止めた。

彼の声は、低く穏やかなくせに、やたらとよく通るのだ。

精霊王のために割れた海原のように、ざっと人の波が割れる。

ばっちり彼と目が合ってしまったので、もう、逃げることはできなかった。

「……こっそり待っててって言ったじゃない。あんただと目立ちすぎるから、あたしが買い出しに行ったっていうのに、これじゃまったく意味がないわ」

花道と化してしまった空間を早足で通り抜け、彼の手を掴んでほかの場所へと避難する。

噴水に腰掛けてのんびりと小腹満たしを、という算段だったが、こんな大量の好奇の目に晒されながらでは、ちっとも「のんびり」なんてできなかった。

「自覚あるわけ？　あんたは平民じゃないし、騎士ですらない。貴族の中の貴族、次期ヴェッセルス伯爵なのよ。下町に出没していい身分じゃないの。せめて座って待っててよ」

「だが、立っていなくては、君の危機にすぐに駆けつけることができない」

「なんであたしが危機に遭う前提なのよ。ここはあたしのホームだっての」

「だって君は、歩くたびに厄介事に巻き込まれる」

馬鹿にしてんの、と睨みかけたが、ラウルはいたって真剣な顔をしている。そこがたちの悪いところだ。

知り合う時間を重ねるごとに思うことだが、彼はその冷ややかな佇まいとは裏腹に、大層過保護かつ心配性な男で、どうもアリアのことを、歩きたての幼児かなにかと勘違いしている節があった。

やれ、屋台で絡まれなかったか、道中で人とぶつからなかったか、怪しい人間に声を掛けられなかったか、疲れてはいないか――、淡々と、しかししつこく問うてくるので、アリアは目立ちすぎの待ち方を見逃してやる代わりに、それらの質問の一切を黙殺した。

ついでに、人気のない場所に落ち着くや、「はい、ご注文のフライ。銀貨三枚よ」と揚げ物代をふっかけてやる。

だが、彼が「ああ。買い出しを任せてすまない」と金貨をひょいと渡してきたので、その大ざっぱさに再びキレた。

「なんっで、元値銅貨三枚の揚げ物に金貨を寄越すのよ！　馬鹿なの!?」

「こうしたときは多めに払うものだ」

「多めが過ぎてもはや頭の具合が心配になんのよ、そういうのやめてよ！」

脈絡もなく大金を渡されたとき、普通の人間が抱くのは警戒心だと思うのだ。

あまりにぶっ飛んだ経済観にアリアは出鼻を挫かれ、結局銅貨三枚だけをせしめたのだが、ラウルはといえば、小さく笑みを浮かべるだけだった。

「君はやっぱり、お人好しだ」

「……そりゃどーも」

彼のすかした発言には、毎度嚙みつかずにはいられないものの、このすかした唇が象るかすかな笑みは、どうしたことか、嫌いになれない。

そして、アリアと話すとき、彼はほかの誰と話すときよりも頻繁に、こうして頰を緩めた。

「秋が近付いたとはいえ、まだまだ暑いわね。揚げ物はミスったかもしれない」

なんとなく彼の顔を見ていられなくて、アリアは手頃な壁に背を預けながら、話題を変えた。

するとラウルは、物珍しそうにフライを見下ろしつつ、頷く。

「だが活気がある。民が賑やかに過ごしているのを見るのは、心地いい」

漂った油の匂いになにを思ったか、彼はぽつりと付け足した。

「ちょうど、一月経った」

「……そうね」

アリアもまた、静かに頷きを返した。

蜂起のあった日から、一月。それとも、大雨によって「憤怒」が宥められた日から一月というべきだろうか。

夏から秋へと季節を渡る、このほんの短い期間は、アリアたちにとって怒濤の一月であった。

まず、蜂起の炎を完全に鎮めた。

あの夜ラウルは、気を失ったアリアをヨーナスに託してから、衛兵たちに倒されていた民を捕らえ、王城の一部に集めた。

彼らが昏倒している間に、コンラート王子を通じて国王に緊急の奏上をし、これまでの経緯を報告。慈悲深い王は熟考の末、民を処罰することはせず、毛布と食料を持たせて放免した。

同時に、関係者の処罰。国王の前に引きずり出され、ドミニクは素直に罪を認めた。

処刑を覚悟していたようだが、実際のところ彼が直接犯した罪は、国宝に王水を塗りつけたことしかない。ただし、三年前の軍部への資金提供は重罪であるとして、流刑に処された。

身分と財産をすべて剝奪されて生かされることは、もしかしたらドミニクにとっては、死刑よりも過酷であったかもしれない。

これに伴い、伯爵位継承権保持者が自分一人しかいなくなったため、ラウルは聖騎士の職を離れ、正式に次期伯爵を名乗るようになる。

現ヴェッセルス伯爵は、弟の監督不行き届きがあったとして、一年の減俸。

エルスター男爵も、速やかに事態を報告しなかったとして、半年の減俸を命じられる。

アリアもまた、国王の前に呼び出された。窃盗の罪で牢獄行きに違いないと思い込んでいた彼女だったが、驚くべきことに無罪放免を言い渡された。

ただし、国王直々に、「目的が正しかったとしても、行為が誤っていては罪となる。次はない」と諭されたが。

なぜだかアリアの横で跪いていたラウルは、なぜだか深々と頭を下げ、なぜだか当然のような口調で「言い聞かせます」と応じたが、アリアはそのことがいまだに納得できない。

うむ、と頷いた国王の隣には、ラウルとよく似た美しさの王妃が、取り澄ました様子で腰掛けていた。

彼女はアリアと目が合うと、扇の陰から目配せを寄越した。そこにあったのは、おそらく感謝の色。意識が朦朧としていてなお、彼女はアリアの顔も発言も覚えていたらしい。

アリアはどんな表情を浮かべてよいかわからず、奇妙な居心地の悪さを感じながら、国王夫妻に礼を取った。

さて、それと前後する形で、王城からは王都の民を救済するための様々な策が講じられた。

大雨への対策に便乗する形で、ラウルが起案したのが、「憤怒」の憑いた金を回収するための策だ。

「新金貨を導入する、ねえ……」

早々に揚げ物を食べ終えてしまったアリアは、町行く人々を眺めながら、ぼんやりと呟いた。

そう。ラウルが出させた触れとは、古い金貨や金製品と引き換えに、新しい金貨を渡す、というものだったのである。

この王国で流通している金貨は、もう何十年も意匠が変わっていない。

当時は採掘される金の量も十分ではなく、混ぜ物も多かったため、ものによっては形が崩れてしまったり、くすんでしまっているものもあった。

それを、この機に刷新するというのである。

ドミニクから奪い上げた大量の金鉱が背後にあるからこそできる、豪胆な国策であった。

新たな金貨には、これまでの王冠の意匠に加え、麦の穂の縁取りが施されている。

これはすなわち民草の象徴であり、民が国政を支え、王と共にあり続けることを表しているのだと、ヴェッセルス次期伯爵は説明した。

金貨に民が登場したこと、民とは立派な国の一部であるという主張を、人々は大いに喜び、こぞって新金貨をほしがった。

さらに、触れが出てから十日の内は、新金貨導入を記念して、交換量に応じて銀貨を与えるという。

人々はいよいよ熱狂し、家中の金品をかき集めてまで、新金貨への交換を願った。

なに、一時的に形見を手放したところで、役所がそれを処分することはない。

新金貨に替えて、その日のうちに買い戻せば、形見が銀貨の土産を連れて帰ってくるのだ。

そんな調子で、王都内の金貨はあっという間に新金貨に塗り替えられ、古い金貨や金品に憑いていた「憤怒」は、役所の最奥に移された王冠に、次々と吸い取られていった。

今人々が手にしているのは、すっかり大罪を浄化された、清らかな金である。

もちろんアリアも、ずっと胸に下げていた金貨のネックレスを外し、王冠に「憤怒」を吸わせた。元通りに身につけてもよかったが、大罪に精気を吸い取られたからか、金貨はやけにくすんで見えたので、アリアはそれをラウルに頼み、溶かしてもらった。

今頃ベルタの金貨は、新しい金貨の一部に溶け込み、誰かの懐の中だ。

ラウルは律儀に、引き換えの新金貨を渡そうとしてきたが、アリアはそれを断った。おまけの銀貨もだ。

ちなみに、この銀貨を上乗せする策は、あくまで「憤怒」を溜めがちな貧困層を支援するためのもので、貴族は受け取ってはいけないことになっている。

なのに欲を掻き、こっそり平民に紛れて銀貨を受け取ろうとした輩は、速やかにラウルの手によって記録された。

欲深い家臣の名だけを連ねた帳簿は、内々に提出され、賢君と名高い国王は、それは深い笑みを浮かべてラウルを労ったという。ドミニクの縁者として減俸されるべきところを、「君には早く出世してもらわなきゃね」と、ラウルを重用する姿勢を見せたそうだ。

一石で二鳥も三鳥も仕留めてしまうラウルに、アリアは感嘆するやら慄くやらである。

それと、もうひとつ。

ドラゴンの姿を取り戻したバルトは、その直後に巨大な炎息を使ったことにより、すぐに消耗してトカゲの姿に戻ってしまった。

が、本人はあまり、それを気にしていないらしい。

なんでも、「コツを摑んだ」らしく、「その気になりゃいつでもドラゴンの姿になれる」から、日頃は燃費のよいトカゲ姿のほうが好都合なのだそうだ。

すっかりアリアたちとの生活に慣れきってしまったらしく、彼は彫像の中に戻ることも、精霊界に帰ることもせず、蔵やアリアの肩をちょろちょろと動き回っている。

王都中に散らばった「憤怒」のかけらは、厳密に言えば全部を回収しきっていないので、王冠はまだ、完璧な姿を取り戻したわけではない。このまま精霊界に戻っては、きっと職務怠慢で処罰を食らってしまうから——と、そんな打算もあるそうだった。

そう。新金貨をちらつかされても、古い金貨や金製品を手放さない人間は、まだいる。

あの夜に「乙女の涙」を浴びなかった人間も。

彼らの中に、今もまだ、「憤怒」はひっそりと息づいているのだ。

だが、大部分が回収されてしまったせいか、「憤怒」の残滓がある今の状況は、大罪が解き放たれる前とさして変わらない気もした。

「憤怒」はあるのだ、そこかしこに。

誘惑に負ける心、他人を見下す心、欲張る心、そんなほかの大罪とともに、怒りはごく自然に、誰の魂にも宿っている。

ときに怒りに蝕まれ、ときに哀しみに打ちのめされながら、かすかな希望を信じて、今日も人々の営みは続いてゆく。

「……めでたし、めでたし」

いつも通りの景色を取り戻した町を前に、アリアはぽつりと呟いた。

元通りだ。人々は穏やかで、ときどき怒りに駆られて。王冠はほとんど姿を取り戻し、ヨーナスは無事で、相変わらず薄給に喘いでいる。

アリアの胸元からは金貨が消えたが、肩にはバルトが増えたので、きっと釣り合いはとれているのだろう。

だからこれで、なにもかもが元通り。

主には、この有能な男のおかげで。

静かに下町の民を視察しているラウルに、アリアは皮肉っぽく笑いかけた。

「敏腕伯爵令息のおかげで、この国は今日も平和だわ。結局あんたって、めちゃくちゃ貴族向きなんじゃないの。『汚らしい俗世とは関わりたくありません』みたいな顔して、聖騎士やってた人間がさ」

「そんなことはない。貴族特有の腹の探り合いには、正直困惑している」

油のついた指を丁寧にハンカチで拭った彼は、神妙に首を振る。

「だが、早く功績を重ね、ドミニクがかぶせた汚名を返上しなくてはと、気を張っている」

そうして、真正面から、アリアを見つめた。

「でないと、君に堂々と求婚できない。以前の求婚は、ヴェッセルス家が処分された時点で一度取り消させてもらったが、数年内には必ず、再度申し込む予定だ」

「……ば」

恥ずべきことに、罵倒が口を衝くまでに、少々時間が掛かってしまった。痛恨の極みだ。

「馬っ鹿じゃないの。いいえ、ここは断定すべきね。あんたは馬鹿の中の馬鹿よ」

「なぜ」

心底不思議そうに首を傾げられたので、アリアは思わず叫んでしまった。

「どう考えても、あんたがあたしと結婚する理由なんてないでしょうが！」

この男は、釣り合いという言葉を知らないのだろうか。

アリアは下町出身の孤児で、今は貴族の養女になったとはいえ、しょせん、減俸に処された貧乏男爵家の娘だ。この性格で、しかも国王に「次はない」と言われた前科持ち。

一方のラウルは、「蒼月の聖騎士」から格上げされ、今や「氷の次期伯爵」と呼ばれる男だ。彼自身は、家から犯罪者を出してしまったことに負い目を感じているようだが、身内であっても公平かつ迅速に叔父を処分してみせたことで、ラウル自身の評価はむしろ高まっている。そのことに本人だけが気付いていない。

だいたい、「夫となってともに責任を負うから、早く罪を自白しに行こう」というのがそもそもの求婚の動機だったはずだ。だがすでに報告は終えたし、この件の処分はなされた。押し倒されたぶんは彼が自分で手を刺したし、彼の叔父に襲われたぶんもすでにやり返した。つまり、ラウルが責任を取るべき事項なんて、まったくないのである。

「理由なら、最も重大なものがある。私は君を――」

「言っとくけど、あたしにだって好みはあるんだからね」

真顔のまま、とんでもない口説き文句を寄越そうとしているのを察し、アリアは素早くラウルを遮った。

距離を取るように、ぴしりと相手の鼻先に、指を突き付ける。

「よくって。あたしが結婚したいのは、棺桶に片足を突っ込んだ裕福な独居老人なの。数年後に莫大な財産を寄越してくれる相手なの。あんたに少しでも、かする要素がある？」

「私の財産は、すべて君の好きにして構わない」

「重いうえに違う！　本来の持ち主が生きてるんじゃ、どうしても気兼ねするでしょうが！　誰憚ることなく、心置きなくお金は使いたいのよ。でもあんた、どう考えても五十年先もぴんぴんしてるじゃない！　無駄に鍛えられた体しやがって」

「鍛えておかないと、君を守れない」

アリアの人差し指をそっと下ろしながら、彼は臆面もなく告げた。

「私は生涯、君を守りたい」

「あーーーーーーーーーーっ」

どストレートな発言に耐性のないアリアは、大声出してごまかすという、あまりにも芸のない措置に出た。

肩でのんびり揚げ物を頬張っていたバルトが、びくりと跳ねて地面に駆け下りる。

「聞こえなかった。風のせいで全っ然聞こえなかった。空っ風が吹き始める時期ね、季節の移ろいを感じるわ。今日はもう帰ろうかしら」

「アリア」

「そうそう、今夜はバーデン伯爵の夜会があるんだった。主催者の年が年だから、きっと理想のジジイもやって来るはずよ。気合いを入れて臨まなきゃ。心が弾むわ」

「アリア」

ラウルは、指を摑んだ手を滑らかに移動させ、アリアの腕そのものを握った。左手で引き剝がそうとすると、そちらの手もそっと摑まれる。

気付けば、両腕をしっかり拘束され、顔を寄せられていた。彼の身のこなしが静かすぎるせいで、油断すると、いつもこうした目に遭わされる。

「再婚の決め手ってなんなのかしら。これまでは独居老人本人の趣味嗜好(しこう)ばかり意識してたけど、案外その家族っていうのが肝かもしれないわよね。後添えだけど、実のご子息たちともうまくやれますよ、っていうアピールが肝要なのかも」

「アリア」

「だとしたら、老人受けを追求するんじゃなく、その子ども世代の受けというのも意識した露出を」

アリアは勝手に紅潮しようとする頬を懸命に宥め、ぺらぺらとまくし立てていたが、ふいに、その声は遮られてしまった。

「…………！」

ラウルが、唇をもって彼女の口を塞いだからである。

「――精霊の忌み嫌うもの、偽りの舌」

やがて、ゆっくりと身を起こしたラウルは、長い指で、アリアの唇をなぞった。

「心にもないことを言うのはよしなさい。あまり嫉妬を煽るようなことばかりを言われると、君の口を封じたくなってしまう」

「ふ……っ、封じた後に言ってんじゃないわよ！」

アリアは耳の端までを真っ赤にして抗議した。

「信じられない、このど変態！　破廉恥！　性騎士！　なにこんな、自然に……！　よくって、あんたからの求婚なんて、たとえヴェッセルス家が公爵になろうが、絶対、絶対――」

「よろしい」

こつ、と額同士をくっつけて、ラウルは、それは美しい笑みを浮かべた。

「今度は、『舌』ごと封じよう」

「過去三分の発言をすべて撤回します」

怖じ気づいたアリアは速やかな撤退を図る。

ラウルは「残念」と、真意の見えない無表情で呟いたが、そこで腕を離すことなく、しっかり言質を取りはじめた。

「確認する。バーデン伯爵の夜会に出るのはやめなさい。彼は真っ先にブラックリストに載った強欲な男だ。――返事は？」

「……………」

「なお、異議を唱えるというのなら、そんな口は今すぐ封じて」

「はい」

強ばった顔で即座に頷いたアリアに、ラウルはなおも踏み込んだ。

「もうひとつ。男の前で煽情的な装いをしようなど、論外だ。自分が嗜虐心を煽る魅力に溢れているのだということを、君はもっと、自覚したほうがいい」

「……………」

「返事は？」

苦虫を五千匹ほど嚙みつぶした顔をしていると、ラウルがとうとう、両手を頰に移動させてくる。

「どうやら異議がありそうだから、この舌は――」

「ああ、もう！」

ついに我慢の限界を超えたアリアは、近付いてくるラウルの顔を、両手で押し戻した。

「はい！　はい、はい、はい！　頷きゃいいんでしょ！　はいったら、はい！」

大声で叫ぶ。わかっている、これでは逆ギレだ。

だが、この美貌の男が滲ませる色気は、なんだかとてつもなく心臓に悪い。

命を守る行動を取ろうとすると、必然、こうならざるをえなかった。

(なんでこんなに、押されまくんなきゃいけないのよ！　このあたしが！)

しょせんは世慣れぬ、堅物の坊ちゃんだと思っていたのに。

だがまあいい。バーデン伯爵の悪い噂(うわさ)はアリアも小耳に挟んでいた。

ひとまず今夜は大人しくして、またほとぼりが冷めた頃を狙って、ラウルに見つからぬよう、カモを探しに行けばいいのだ。

なんとか自分を納得させていると、ラウルはひどく満足そうな笑みを浮かべた。

「よろしい」

珍しく、しっかりと口の端を持ち上げた笑みがあまりにも美しくて、つい見とれてしまう。

その隙を突くように、彼は突然、アリアの頭になにかを掛けてきた。

「ご褒美に、これをあげよう」

しゃらり、と金鎖の擦れる軽やかな音。

胸元に感じるかすかな重みから、宝飾品を押し付けられたと思ったアリアは、咄嗟(とっさ)に顔を顰(しか)めた。出会ってから数ヶ月、彼がひょいと渡してくる贈り物は、いつも高額で底知れなさがあるのだ。

「いや、いらないから！　女を買う客じゃあるまいし、毎度毎度高額な贈り物をしてくるのは勘弁してって、いつも――」

だが、ぐいと乱暴にネックレストップを引っ張り、その手触りに思わず言葉を途切れさせる。

繊細な金の鎖に繋がれていたのは、新しい金貨だった。

「……なにこれ」

「新貨幣だ。古い金貨を預けたのに、君が一向に新しい金貨を受け取らないから、ずっと気になっていた。君はしょっちゅう、金貨を握り締めていたのに」

「いつも握り締めるって、人を守銭奴みたいに。いや、そりゃお金は好きだけど」

アリアが常に金貨を握り締めていたのは、べつに金運を呼び寄せたかったからではない。

ただ、ベルタとの絆を感じていたかっただけで、真新しい金貨を渡されたところで、まったく意味はないのだ。

「ていうか、この鎖、すっごい繊細なんですけど。まさか純金じゃないでしょうね。元のネックレスの何倍すんのよ。こんなの渡されても、扱いに――」

困る、と続けようとして、アリアは不意に押し黙った。

鎖をしゃらしゃら揺らした拍子に、金貨の裏側が見えたからだ。

そこには、あの特徴的なベルタの筆跡で、こう彫られていた。


――心に込めた愛は、けっして誰にも奪われない

「これ……」

「新貨幣を鋳造している工房に頼んで、特別に彫ってもらった。筆跡も、なるべく再現してもらったつもりだが、中途半端に似せるくらいなら、書体は変えたほうがよかったかもしれないと、今でも少し悩んでいる」

ラウルは、悩みなど感じさせない静かな表情で告げてから、呆然としているアリアの代わりに、そっとネックレスの位置を直してくれた。

「彼女の死を曖昧にするための慰謝料よりは、彼女の言葉を刻んだ金貨のほうが、君も持ちやすいのではないかと思って」

「…………」

「べつに、思い出ごと忘れようとしなくてもいい。憎しみをすべて、手放さなくてもいい」

彼の瞳は、氷と同じ色をしているくせに、どこまでも温かかった。

「万が一この金貨に、再び『憤怒』が取り憑いたとしても、私が必ず、君を宥めに行くから」

ぽろ、と涙がこぼれ、アリアは、ああもうと思った。

(ああもう。ああもう)

絶対誰にも捕まらないと、天なる母に何度も啖呵を切ったというのに、こんなの——彼に、囚われてしまう。

「……今のは、目にごみが入ったの」

「ああ」

「本当よ」

「ああ」

「『ああ』は一回」

「一回しか言っていない」

アリアが乱暴に目を擦りながらそっぽを向けば、ラウルは礼儀正しく視線を逸らし、代わりに空を見上げる。

「……今日は風が強いからな」

正直者の彼がひねり出した嘘が、あまりにも下手くそなので、アリアは泣き顔のまま噴き出してしまった。

(捕まらないわ。あたしは絶対、この男に捕まらない。捕まらないんだったら)

いつもそうしてきたように、金貨を握り締めて唱えてみるけれど、三回自分に言い聞かせても、ちっとも確信が持てないあたり、果たして効果はあるのかどうか。

アリアは金貨を握り締めるのをやめ、真新しいそれを、そっと太陽にかざしてみた。

心に込めた愛は、けっして誰にも奪われない。

(でも、心ごと奪われちゃったら、どうすりゃいいわけ?)

天なるベルタに尋ねてみるが、答えなどあるはずもない。

目を細めるアリアを、ともに空を見上げるラウルを、呑気にフライをついばむバルトのことを——金貨の弾く光が、いつまでも照らし出していた。

番外編

贈り物を巡る攻防

地上に堕とされてずいぶん経つが、人間というのはよくわからない生き物だと、精霊バルトロメウス――バルトは思う。

いいや、正確には、「一部の人間は」よくわからない、と言うべきか。

バルトの知る大抵の人間は、欲望に素直で単純だ。うぬぼれが強く、損得に左右され、愛するよりも愛されたいと望む。美しいものに弱く、そうした対象を見つけると、男ならたちまち相手を支配したいと望み、女なら相手からちやほやされたいものだと願う。

だがどうも、彼と最近親交を深めている二人の人物――アリア・フォン・エルスターと、ラウル・フォン・ヴェッセルスは、その法則には当てはまらないようだった。

「アリア。帰り道にたまたま人気の宝飾店があったので買ってみた。つけてみてくれないか」

ある冬の、穏やかな昼下がりのことだ。

昼食も済んで、さてのんびり昼寝でも、とバルトが男爵家の暖炉前で寛いでいると、ラウルが大量の贈り物を携え、屋敷へとやって来た。

もちろん彼の目的は、意中の相手、アリアを振り向かせることである。

いや、肝心のアリアは、頑なに彼からの好意を認めようとしないが、バルトからすれば、ラウルの行動は、どこからどう見ても、雌鳥の歓心を求め、せっせと貢ぐ雄鳥のそれだった。

「いや、いらないいから。会うたびに贈り物をするのはやめてって、いつも言ってるでしょ？」

案の定、アリアが速攻で耳飾りの受け取りを拒否すると、ラウルはめげずに焼き菓子を差し出してみせた。

「ならこれを。帰り道に偶然人気の菓子職人と出会ったので作ってもらった。食べてほしい」

帰り道に偶然人気の菓子職人に出会う状況自体に無理があるのに、さらにその場で調理してもらったという展開がどうかしている。

明らかな嘘に――この清廉な男は本当に嘘が下手だ――アリアが顔を引き攣らせていると、

「これもだめか」と考えたらしいラウルは、豪奢な毛皮を取り出した。

「ならばこの毛皮を。帰り道にたまたま熊と遭遇したので狩ってみた。着てみてくれないか」

「王都で帰り道に熊と遭遇するわけないでしょ!?」

無表情ながらしれっと告げるラウルに、とうとうアリアが叫び出す。

「下手な嘘をつくのはやめてよ！」

「だって、君のために手間や時間をかけたと知られたら、なぜか君が怒るから」

両手を頭に突っ込むアリアとは裏腹に、ラウルはやはり静かに返す。

「それでも私は、君が喜ぶかもしれないと思うと、贈り物をせずにはいられない」

真正面からの物言いに、アリアがぐっと黙り込む。

そう、このつんけんした少女は、こうした正面攻撃には大層弱いのだ。

「もう！　もう！　もおおお……！」

両手で顔を覆って天を仰いだ彼女、そしてそれを見守る青年を、バルトは興味深く見つめた。

ラウルは不思議な男だ。鳥でもないのに、そして女なんていくらでも自由にできそうな顔をしているのに、相手を支配するのではなく、こんなにいそいそと貢ぎ続けるなんて。

そしてアリアも不思議だ。これだけの美男に傅かれておきながら、それを拒否するなんて。

いや、たしかにラウルの愛情の重さには引くが、もしこれがほかの令嬢だったなら、たちまち恍惚の表情を浮かべるだろうに。

『おっ、この焼き菓子、美味そうじゃん。なあアリア、食い物だけでももらっておけよー』

どちらかと言えば、同じ雄同士、ラウルに肩入れしがちなバルトは、食いしん坊を装って、二人の間に入ってみる。

『俺も食いたいし。すでに買っちまったもんを、全部突き返すのも酷だろ？　な？』

「まあ……、焼き菓子だけなら」

背中を押されたアリアは、しぶしぶ焼き菓子を受け取った。

少しだけほっとした顔をしているのは、たぶん、彼女も好意を撥ねのけるのが苦手だからだ。

アリアは敵意には過剰防衛で返すが、愛情を向けられると、途端に怯むところがあった。

「あ、美味しい」

ラウルに促され、その場で食べてみると、菓子は彼女の好みであったらしい。

呟きが漏れ、一瞬、無防備で愛らしい少女の顔になる。

だが、それをラウルにじっと見られているのに気付くと、たちまち真っ赤になった。

「じろじろ見ないでくれる？　はい、紙くずあげる」

居丈高な発言で動揺をごまかして、包み紙をラウルに押し付ける。

『おいおい、アリア。天下の伯爵令息になんつー扱いだよ』

「ああ、ありがとう」

だが、非難するバルトとは裏腹に、当のラウルは礼を寄越してきた。

「大切にする」

のみならず、氷の伯爵令息は、真摯な表情でそれを畳み、懐にしまおうとするではないか。

「や、やめてよ！　ゴミよ？　捨ててよ！」

「だってこの冬、君から初めて形の残る贈り物をされた」

さすがに慌てたアリアに、ラウルは淡い笑みを浮かべて応じる。

「嬉しい」

『うわあ……』

横で見ていたバルトも、これには変な声を上げてしまった。

なんだろう、この「初めて人間の友達ができた孤独な化け物」みたいな純粋さは。

男は氷の伯爵令息で、羨望と畏怖を一身に集める人物のはずだったが、なぜか今、バルトは彼に哀れみを覚えた。子分にして可愛がってやってもいい。

（まあでも、アリアはこういう、雨に打たれた捨て猫みたいな風情のやつ、意外に見捨てられない性格だしな）

ならばこれはこれで、いいのかもしれない。

きっと彼女も、口ではきゃんきゃん言いつつも、内心では男に絆されているのだろう。

だが、次にアリアが見せた反応は、バルトの想像とは異なるものだった。

「……そう。嬉しい？」

しばし黙りこくったかと思いきや、にこっと微笑んだのである。

「あたしが喜ぶと、あなたは嬉しいのね？」

「ああ、もちろん」

「なら、贈り物なんかより、もっとあたしが喜ぶ頼み事があるんだけど」

「なんでも言いなさい」

これは珍しい展開だ。

頼られたという事実に、ラウルがアイスブルーの瞳をわずかに光らせて身を乗り出す。

アリアは愛らしくはにかみ、小首を傾げて告げた。

「宝物庫の目録を隣国用に翻訳しなくてはいけないのだけど、あたしでは正確な文法がよくわからないの。代わりに翻訳してもらえる？　今週中に」

おお、珍しく男を頼ったぞと思ったバルトの向かいで、ラウルは即座に頷いた。

「任せなさい」

アリアが取り出した大量の目録を、彼はこともなげに受け取り、屋敷を去って行く。

静かにやる気を漲らせている男の後ろ姿を見送ってから、バルトは傍らの少女に切り出した。

『珍しい風の吹き回しじゃねえか、アリア。おまえが他人を頼るなんて。ま、いい変化だけど』

「だって、いい足止めになるでしょ？」

『足止め？』

目を瞬かせながら振り返ると、相棒の少女はしかめっ面でラウルの背中を見送っていた。

「そ。うちに来すぎなのよ、あいつ。おかげでここ最近、夜会参加も外出も、全然できない」

『おまえ、まだ後妻を狙う路線、諦めてなかったのか？』

バルトは呆れた。まさか頼ると見せかけて、相手を追い払う口実だったとは。

それに、まだ関係の浅いバルトから見ても、ラウルはその涼やかな美貌とは裏腹に、執着した相手を熱心に囲い込む性質の男だ。

すでに幾度となく夜会への参加を阻まれておきながら、まだ逃げ出せると思っているとは。

『もう諦めろよ。俺だって、アリアには嫌らしいジジィより、あいつとくっついてほしいわ』

「あら。今のあたしが会いに行こうとしているのは、若い男よ」

『へっ？』

予想外の発言に、尻尾を揺らす。

すると、アリアはふふんと笑って、唇に人差し指を立ててみせた。

「内緒よ。明日はどうしても、あいつに知られずに行きたい場所があるの」

『そ、そんな』

「だいたい彼、ちょっと一方的すぎるのよ」

アリアはうーんと伸びをして、「明日はなにを着よっかな」などとご機嫌で去っていくが、残されたバルトはそれどころではない。

（え、なにそれ、密会？　浮気？　修羅場になんねえ？　大丈夫？）

いくら今の二人が、公式になにかを約束する関係にはないにせよ、アリアはもう少し、あの男の執念深さを理解すべきだ。

それにバルトは、ちっともラウルを歯牙にも掛けないアリアの様子が、少々寂しかった。

男に縋り付かない自立心はアリアの魅力だが、あまりに情を突き返す姿ばかり見せられては、なんだか悲しくなってくる。

やはりバルトとて精霊。色恋に簡単に翻弄される人間を小馬鹿にしつつも、本当のところは、人が人を想う姿、心を通わす瞬間を見守るのは、何より心地よいことなのに。

（えー……）

素直でなく、単純でもないアリア・フォン・エルスター。

歯ごたえのある彼女は、人間を見下しがちな精霊にとって最高に刺激的な友人だが、その冷たさが、今は悲しい。

張り切って翻訳作業に勤しむのだろうラウルを思い、バルトはしなりと尻尾を垂れた。

◆

『なー、ラウル』

次の日の昼、アリアは本当にうきうきと屋敷を去って行ったので、取り残されたバルトは、ラウルの屋敷を訪れてみた。やはり彼のことが気になって仕方なかったのだ。

伯爵家の厳重な警備も、精霊の前では意味がない。ラウルの放つ精霊力を辿り、するすると光を伝って移動すると、果たして図書室に彼はいた。

「どうした。すまないが、今は取り込み中だ」

案の定と言うべきか、彼は大量の資料を積み上げ、早速翻訳作業に取りかかっていた。

白皙の美貌を目録に向け、ひたすらペンを走らせている。凄まじい速度だ。

とはいえ、分厚い、それも専門用語に溢れた目録を訳すわけである。いくら聡明な彼でも、やはり一週間はかかるだろう。

『あのさ、そんなしゃかりきになんなくていいよ。適当に訳せばいいからさ。時間もかかるし』

「大丈夫。すでに九割は終えたところだ」

『いや早くね？』

こちらの想定を軽やかに上回ってゆく能力の高さに、思わず突っ込みが口を衝く。

「早いだなんて。彼女が外国語の習得に難儀していたことに、もっと早く気付くべきだった。目録の翻訳を終え次第、実践的な辞書を編纂して贈るつもりだ」

『うえ？　え、あ、おう……』

頼まれ事をこなすどころか、悠々とこちらの想定を超えていくラウルの愛の重さに、バルトは思わず顔を引き攣らせてしまった。

「今度こそ、喜んでくれるだろうか」

『…………』

ついで、男のあまりの健気さに、やはり尻尾を垂らしてしまった。

（いいやつなんだよな）

ちょっと愛情表現の規模が大きすぎるというか、初恋を重篤にこじらせているだけで、彼は本当にアリアのことを想っているのだ。

（引き換え、アリアのやつ、ラウルの扱いが雑すぎねえ？）

気心知れた仲だからこそ、アリアへの苛立ちが込み上げてきて、バルトはぺしぺしと尻尾を床に叩きつける。

そうとも、その生い立ちから男嫌いになるのは理解できるが、彼女はさすがに男の情というものを蔑ろにしすぎだ。

ラウルはこんなに、まるで真綿で包むように彼女を大切にしようとしているのに。

勝手に同情心を極めたバルトは、ラウルの肩にちょろりと駆け上がり、ぽんと前肢を置いた。

『ラウル、あのさ。あんま思い詰めるなよ。いいか、恋愛に必要なのは程よい距離感なんだ』

「なにを言っている？」

『相手が冷めた態度なら、こっちもちょっとは肩の力を抜かなきゃ。相手が口実を作って男漁り（あさ）に出かけるんなら、こっちも女漁りに出かける。そのくらいでちょうどいいんだよ。な？』

べつに、バルトに告げ口する意図はなかった。この単純な精霊は、単に自分の持てる語彙（ごい）で、目の前の相手を慰め、諭したかっただけなのだ。

だが。

――ピシャーン！

先ほどまで晴れ渡っていた空に、にわかに雷鳴が走り、バルトはぎょっと窓を振り返る。

『ひえっ!?』

が、すぐ近くからそれどころではない精霊力の荒ぶりを感じ、こわごわと男に向き直った。

「なにを、言っている？」

アイスブルーの瞳が、まるで氷のような冷たさと威圧感でこちらを射貫（いぬ）いている。

男漁り、の語が、予想の何倍もの威力でラウルを揺さぶってしまったのだということを、バルトはその瞬間悟った。

『ええと』

短い前肢を持ち上げて、ぶるぶると震える口を塞ぐ。

『なにを……言っちゃったんだろう、な？』

てへ、と小首を傾げてみるが、当然そんな上目遣いがこの相手に効くわけもない。

『あ、あ、あの』

無言で席を立ったラウルを前に、バルトは滝のような冷や汗を流しながら、何度も己の頬をひっぱたいた。

◆

『なあ、落ち着けよラウル。ラウルってば！』

一応、バルトとしてはその後も最善を尽くした。

即座にアリアの居場所を割り出し、馬を駆りはじめた男に、必死にしがみついて、道中ずっと話しかけるくらいには。

『だってほら、アリアとおまえって、べつに婚約者でもなんでもないわけじゃん？　いや、わかる、わかるよ、実質的におまえはアリアの庇護者だ。でもあくまでアリアの認識としては、赤の他人じゃん？　だから、行動を止める権限はないっていうか』

「赤の他人」

『これでアリアが痛い目に遭っても、自業自得っていうか。な!?』

「痛い目」

だが、諭すための言葉は、結果としてラウルを煽る方向にしか作用していない。

ラウルはますます剣呑に目を細めると、馬を蹴って速度を上げた。容赦のない早駆けに、しがみついているバルトの内臓はシェイクされそうだ。

『ひえええええ！』

これで、アリアが「若い男」とよろしくやっている現場でも見てしまった日には、いったいどんな修羅場が繰り広げられるのだろうか。

『お、落ち、落ち着……っ』

震え上がりながら話しかけていたバルトは、ふと、自分たちが辿っている道に見覚えがあることに気付き、目を瞬かせた。

『あれ？　これ、孤児院に行くときの道？』

向かうのは下町、中でもひときわ治安が悪い一帯。

貴族令嬢ならまず通らないだろうそこは、しかし、アリアが月に一度必ず訪れる、孤児院へと続く道だったのである。

ぐんぐんと迫る古びた教会と、その隣に併設された孤児院。

垣根で覆われた小さな庭に、一瞬、遠目でアリアの横顔を捉える。

彼女は笑みを浮かべながら、孤児院の少年たちに、何かを配っているところだった。

少年たちが大喜びで拳を突き上げると、アリアは気安く笑って、ばしんと彼らの肩を叩く。

密会や浮気とはかけ離れた、微笑ましい光景だった。

『あ！　ああ！　そっか！「若い男」って、孤児院の子どもたちのことだったんだ！』

庭での光景を視界に入れたバルトは、ほっと胸を撫で下ろす。

『なんだよアリアめ、もったいぶった言い方しやがって！　ラウル、安心しろ。俺の早とちりだ、男漁りなんかじゃ全然なかった！』

「ではなぜ、彼女はわざわざ口実を作って、私を遠ざけた？」

だが、ラウルは相変わらず、精霊力を荒ぶらせたままだった。

「怪しい」

氷のような瞳は、まっすぐに彼女を見つめている。

アリアはちょうど、少年たちに合図し、孤児院の中へと引き返しはじめたところだった。

庭からは、扉一枚で厨房へと繋がっている。中にはすでに誰かいたようで、少年たちが無邪気にその名を叫んだ。

「中に入れて、フランツ兄ちゃん！」

折しも孤児院のすぐ近くまでたどり着いたラウルは、馬を宥めつつ、静かに目を細める。

バルトもまた、慌ただしく記憶と名前を照合しだした。

フランツ。

かつて、病の彼を救うためにアリアが身売りを決意したほど目を掛けていた弟分で、今もまだ孤児院に残っている少年だ。一つ年下と言っていたから、今は十六歳ほどか。

（じゅ、十分、恋愛対象としてはありえるな！　まさか……逢い引き？）

冷や汗を浮かべながら想像を逞しくしていると、その隙にラウルはもう孤児院の敷地内へと移動していた。それも、玄関にではなく、厨房へと繋がる庭の方角にだ。

『お、おい！　勝手に入っていいのかよ！　しかも庭に回るとか』

「訪問を前に庭を愛でているだけだ」

ラウルはしれっと答えるが、その美しい瞳に庭など欠片も映っていない。

彼は、武技に優れた男らしく完璧に気配を殺すと、滑らかに扉の前に移動してみせた。

『お、おい、ラウル！　よ、よせよ、盗み聞きなんかよぅ』

どうしよう、修羅場だ。修羅場が始まろうとしている。

（い、いや、さすがにほかの子どもたちがいる場で、フランツとイチャついたりしねえよな!?　きっと健全な仲なんだよな!?　はっ、それとも、もはや夫婦同然の公認の仲だったり）

己を宥めようとすればするほど、思考はむしろ追い詰める方向に傾いていった。

「ほーらあんたたち、さっさと手を洗って。今日はあんたたちをこき使うために来たんだから。ご褒美は仕事が済んだ後！」

幸い、扉越しに聞こえるアリアの声は、今のところ、ちっとも色めいた様子ではない。

「まったく、アリアったら。久々に来たと思ったら、俺たちの労働力目当てとはさ」

だが、その直後に続いた声に、バルトは思わず耳をそばだてた。

声変わりの済んだ、青年の声。ほかの幼い少年たちのものとは明らかに異なる。

「久々じゃないわよ。先月来たとき、たまたまあんたがいなかっただけでしょ、フランツ」

「ダチに誘われて出稼ぎに行ってたんだ。アリア姉を見逃すんなら、行くんじゃなかった」

「よく言う。あたし自身よりも、あたしが持ってくる差し入れ目当てのくせに」

アリアの返答は手厳しいが、声は親しみに満ちている。かなり気安い仲のようだ。

「……仲がいいな」

隣でラウルがぽつりと呟いたのを見て、バルトは『あわわ……』と前肢を口に当てた。

この聖職者然とした男が、その実大層嫉妬深いのを、バルトは知っている。特に、アリアが彼の名をなかなか呼んでくれないのを気にしているので、彼女が気軽に呼び捨てにするというだけで、フランツは十分、嫉妬の対象になりえた。

しかも、窓越しにちらりと見えたフランツは、ラウルとは系統が異なるがなかなかの男前ではないか。これはまずいぞと、バルトは一層焦りを募らせた。

(やめてくれよ。孤児院の仲間相手に嫉妬と精霊力を爆発させたりなんかしたら、アリア、絶対激怒するからよ！　こじれるからよぉ！)

と、すでにこの時点でハラハラの展開だというのに、扉の向こうのアリアがこう続けた。

「ま、今日会えてよかったわ。実は、ちょっと愚痴りたいこともあったからさ」

「なに？　あ、もしかして、前にも言ってた聖騎士サマ？」

「今は聖騎士を辞めて、次期伯爵になったのよ」

よりにもよって、この場面でラウルの話題に触れにいったのである。

（どど、どうしよう！　愚痴？　うざいとか？　しつこいとか？　やっぱあんたがいいとか!?）

ぶるぶる震えながら隣を窺うと、ラウルは剣呑な表情で息を潜めている。

（えー！　この場でラウルをこき下ろすのだけは、よしてくれよアリア！）

さすがに彼が可哀想で見ていられない。それに、逆上した彼は、アリアから離れるどころか、むしろ自棄を起こして束縛に走りそうで怖かった。

（なあ、やめろ！　今ならまだ間に合う！　おまえ自身のためにも、ラウルのことを拒絶するのはやめてくれ！）

扉の向こうの厨房では、どうやら調理が始まったらしい。ボウルを取り出す音や、卵を割る音、粉をかき混ぜる音が慌ただしく響く。甘い匂いが漂いはじめたところを見るに、調理というより製菓だろうか。

ここの子どもたちは皆、アリアやフランツを含めて、菓子作りに慣れているようだった。

「なに、愚痴って。次期伯爵に口説かれてんだろ？　金持ちの色男に言い寄られて、嫌なことなんかある？」

作業の合間に、フランツが尋ねる。

バルトは『よく言った！』と拳を握ったが、アリアはすぐに溜め息で応じた。

「だから嫌なんじゃない。大きすぎる格差は、むしろ負担だわ」

ばっとラウルを振り返る。険しい顔になっている彼を見て、バルトのほうが震えてきた。

「彼、しょっちゅう贈り物をしてくるのよ。高価な宝石とか、毛皮とか。そういうのって――」

（うざい？　むかつく？　ぶっ殺したくなる？）

あわわ、と口を押さえながらバルトは想像したが、実際に続いた言葉はこうだった。

「悔しいな、って」

まるで途方に暮れた子どものような、頼りなげな呟き。

隣に立つラウルも、切れ長の目を瞬かせている。

フランツも予想外だったようで、「へ？」と聞き返すと、アリアはどうやら粉を麺棒で叩きつつ、ぶっきらぼうに続けた。

「だからさー。あたしは本来、プレゼントは贈られるより、贈りたい性格なの。わかる？」

「ああ。アリア姉、院ではずっと長女役だったからな。基本的に世話焼き体質だし」

「そう。ま、実際には貧乏だから、立派な贈り物ができるわけじゃないけどさ。でも、気持ちとしては常に、こっちが贈りたいの。喜ばせたいし、ぎゃふんと言わせたいわけ」

贈り物というのは、べつにぎゃふんと言わせるためのものではないような、とバルトは思ったが、口には出さなかった。隣のラウルが目を見開き、一層真剣に聞き耳を立てているからだ。

「もらったら、返したいじゃない。この前だって、本当はそのさらに前にもらった贈り物のお礼に、クッキーを焼こうとしてたのよ。なのに、あいつが息つく間もなく次の贈り物を仕掛けてくるから、結局全然返せなかったし！」

しょせん！　プロの味には！　敵わないし！

だんだんと粉を叩きつける音が響くたびに、隣で精霊力が緩んでいく気配がする。

「あいつ、一方的すぎんのよ！　攻撃の間合いが短すぎんの。ちょっとはあたしからも受け取りなさいよね！」

ラウルはとうとう片手を持ち上げ、無言で口元を押さえはじめた。

「それで、ここに菓子作りに来たって？　屋敷の厨房でやりゃいいじゃん」

「屋敷でやったことは、なぜか全部やつに筒抜けになるから、それじゃサプライズにならないでしょ。どうせ味では敵わないんだから、せめて驚きをトッピングして付加価値上げないと」

負けず嫌いな彼女らしいことを吐き捨て、アリアはついで嘆息した。

「あーあ。あいつが気前のいい金持ちイケメンなんかじゃなくて、ケチで平凡な男だったらよかったのにな。これじゃ全然、追いつかない」

おそらくそれは、「精霊力に溢れた美貌の次期伯爵」であることに価値を置かれてきたラウルにとって、初めて向けられた発言だったであろう。

媚びられ、擦り寄られてきた男には、むしろ肩書き以外の部分を丸ごと肯定するような、とてつもなく甘美な言葉に響いたはずだ。

「ひとまず、近日中にこのクッキーを送り付けるわ。やつは翻訳作業で、さすがに身動きが取れないはず。ふっ、あたしのリードだわ」

「プレゼントって、そんな攻防するように贈るもんだっけ？」

「いいの。とにかく、たまにはあたしのほうから贈りたいんだってば」

呆れたようなフランツの相槌（あいづち）は、すぐにアリアに遮られてしまった。

「絶対驚かせてやる。予告なしに伯爵家に押しかけたら、どんな顔をするかしら」

ふふん、と、勝ち気に微笑んでいる姿が容易に思い浮かぶ。

ふと隣を振り返り、バルトはあんぐり口を開けてしまった。

冷ややかと評判のはずの伯爵令息が、今や片手で顔全体を覆い、俯（うつむ）いていたからだ。

その指の隙間から見える白皙の美貌は、すっかり赤らんでいた。

『……ラウルやーい。おまえ、アリアが来ても、なにも知らなかったふりを通すんだぞ』

「…………」

『っていうかまず、その真っ赤な顔どうにかしろよ。なあ』

つんつん、と前肢でつつくと、ラウルはしばしの沈黙の後、「無理だ」と呟く。

「……愛（いと）おしすぎて」

珍しく感情を波立たせている男に、バルトは「そうかい」と天を仰ぐ。

だがまあ、呆れた口調とは裏腹に、バルトもまた、口元をにやけさせていた。

まったく、この二人ときたら、ほかの人間と違って、自分がちやほやされることをちっとも望みやしない。アリアに至っては情を突き返すばかりで、さては相手を嫌っているのかと思いきや――。

（自分のほうから愛したい、って言うんだもんな）

本人は絶対に認めないだろうが、アリアの言動を平易に表すとそういうことだ。

往路からは一転、ずっと赤らんだ顔を片手に埋めたラウルとともに、バルトはゆるゆると、孤児院からの道を引き返した。

あとがき

初めましての方もお久しぶりの方も、こんにちは、中村颯希です。

突然ですが、皆さまは強気なヒロイン、少し具体的に言うと、強気で口が悪くて流れるように罵倒を決めて啖呵も切るのだけれどもその実人情派で脆い部分もあってなんだかんだお人好しで根性があって機転一つで窮地を脱するヒロインはお好きですか？　私は大好きです。

本作は、そんな勝ち気な女の子と、それに匹敵するほどの強さを持った青年がばちばちと攻防する様を書きたい！　という強い欲求のもと生まれました。人間、いろいろな欲求を持ち合わせているものですね。なお、七つの大罪モチーフという大好物もねじ込んでしまいました。

私の欲求と性癖をハッピーセットのように詰め合わせたこの作品は、お陰様でイチゼン先生によってコミカライズされ、同じくイチゼン先生の麗しい挿絵を得て、このたび小説としても刊行されました。先生の描かれる生き生きとしたアリアを、どうかイラストでも漫画でもご堪能いただければ幸いです。

このように素敵な書籍を刊行してくださった編集者さまやデザイナーさまに、この場を借りて御礼申し上げます。また、手に取ってくださった読者さまにも、特大の感謝を。

強気で猫かぶりなアリアの攻防を、どうか楽しんでいただけますように。

二〇二四年　二月　　中村颯希

著

中村颯希（なかむらさつき）

近著に「ふつつかな悪女ではございますが
～雛宮蝶鼠とりかえ伝～」（一迅社）、
「神様の定食屋」（双葉社）など。
強気な女の子と、威勢のよい啖呵を描くのが、
三度の飯と同じくらい好き。

画

イチゼン

漫画家兼イラストレーター。

「この世界がゲームだと俺だけが知っている」

挿絵＆コミカライズ（KADOKAWA）、

「WIXOSS」カードイラスト（タカラトミー）・

スピンオフ漫画（ホビージャパン）などなど。

猫かぶり令嬢 アリアの攻防

2024年2月28日　初版発行

著 ——— 中村颯希
画 ——— イチゼン

発行者 ——— 山下直久
編集長 ——— 藤田明子
担当 ——— 藤田明子／吉田翔平
装丁 ——— 名和田耕平デザイン事務所
（名和田耕平＋澤井優実）
編集 ——— ホビー書籍編集部
発行 ——— 株式会社KADOKAWA
〒102-8177
東京都千代田区富士見2-13-3
電話 0570-002-301（ナビダイヤル）

印刷・製本 ——— 図書印刷株式会社

●お問い合わせ　https://www.kadokawa.co.jp/
（「お問い合わせ」へお進みください）
※内容によっては、お答えできない場合があります。※サポートは日本国内のみとさせていただきます。※Japanese text only

ISBN 978-4-04-737714-1 C0093

王都を揺るがす
駆け引き！

漫画
イチゼン
原作
中村颯希

カドコミにて連載中！

FLOS COMIC コミックス第1巻 4月5日発売！